LA GENÈSE

DE L'HUMANITÉ

DU MÊME AUTEUR

SAINT-QUENTIN. — IMPRIMERIE JULES MOUREAU.

LA GENÈSE

DE

L'HUMANITÉ

PAR

LOUIS JACOLLIOT

Auteur de la *Bible dans l'Inde*, des *Fils de Dieu*, de *Christna et le Christ*
et de l'*Histoire des Vierges*.

LA TERRE ET L'HOMME.

TRADITIONS INDOUES ET CHALDÉENNES.

LA LÉGENDE
DE LA GENÈSE DANS L'INDE.

PARIS

LIBRAIRIE INTERNATIONALE

A. LACROIX ET Cᵉ, ÉDITEURS

13, FAUBOURG MONTMARTRE

1879

L'Inde! Il y a dans ce mot quelque chose de grand et de vénérable, de vague et de mystérieux, même après tant de siècles ! *l'Inde*, la plus ancienne portion civilisée de l'ancien monde, le berceau des croyances religieuses qui, dans leur unité, leur simplicité et leur grandeur primitives, semblent avoir embrassé, comme une vaste formule, tous les cultes qui, depuis, se sont partagé les peuples ; *l'Inde*, le théâtre des événements historiques les plus inattendus, les plus grands, les plus merveilleux ; *l'Inde*, qu'ont visitée tour à tour les dieux, les héros, les philosophes, les hommes avides de science et les spéculateurs les plus hardis dans tous les siècles ; *l'Inde*, dont Sésostris, Darius, Alexandre, Tchinguiz-Kan, Timour, Baber, Nader-Shah, Napoléon, ont rêvé, tenté ou achevé en partie la conquête. Voilà le pays dont nous devons essayer de retracer l'histoire, et de faire connaître surtout l'état actuel, mais dont le passé et l'avenir intéressent au plus haut degré l'humanité tout entière, car le passé de l'Inde recèle dans ses profondeurs quelques-uns des principaux traits de l'histoire du monde, et son avenir se lie d'une manière de plus en plus intime au sort des grandes nations européennes. D'ailleurs, sous le point de vue scientifique et sous celui du perfectionnement intellectuel de l'espèce humaine, l'étude des temps anciens de l'Inde ou du monde brahmanique fait essentiellement partie du progrès général de l'humanité, et ainsi, *comme révélation encore attendue, nous pouvons dire que ce passé des premiers âges de l'Inde appartient à l'avenir.*

De Jancigny,
Aide de camp du nabab d'Oude.

INTRODUCTION

LES FETICHES DE LA SCIENCE OFFICIELLE.

Ce qui frappe le plus le penseur qui, libre de tous préjugés, étudie le fonctionnement des différentes sociétés qui se sont succédé dans le monde, c'est de voir combien est important le rôle joué dans la science par l'esprit de parti et l'égoïsme de caste.

Il faut des siècles pour qu'un progrès conquis, une vérité démontrée descendent dans la foule et viennent augmenter le patrimoine commun.

Il faut des siècles pour que prêtres, initiés et savants consentent à parler devant ce qu'ils appellent *le vulgaire ignorant* le langage de la raison, et à abandonner publiquement quelques-unes de ces ruines hiératiques, quelques-uns de ces préjugés scientifiques, dont, en particulier et entre eux, ils ont depuis longtemps fait justice.

Notre époque est affectée de cette faiblesse, au moins autant que celles qui l'ont précédée, sans avoir pour excuse de son étroitesse d'esprit, de son peu de courage, la crainte des bûchers du Saint-Office ou des proscriptions du pouvoir civil.

Nous n'avons pas l'amour de l'Humanité! Il semblerait que chaque homme ne fasse partie d'un corps social que pour ne s'y occuper que de ses seuls intérêts, et s'y faire, par tous les moyens, une place plus vaste et plus commode que celle des autres.

Arrivés à un certain niveau, les parvenus privilégiés serrent leurs rangs et s'organisent pour la défense de leurs appétits satisfaits. Partout, dans les croyances religieuses, dans la science, dans les institutions politiques et sociales, dans la loi, ils s'efforcent de créer une immobilité qu'ils croient protectrice de leur situation... Les castes naissent... Les plus élevées s'entourent de fortifications contre celles qu'elles ont dépassées à la course. Elles proclament que l'Humanité est arrivée à son *summum* de progrès, de justice, de bonheur et de science, et que tout est bien dans la nation pourvu que personne ne crie trop fort...

Lorsque Denys, gorgé, dormait sur son lit de fleurs, tout Syracuse devait être heureuse et faire silence... ; et quand l'aventurier se réveillait, c'était pour proscrire Platon, c'est-à-dire la raison, le progrès et la liberté !

Dans cette conspiration sociale, la science officielle et les savants titrés jouent un rôle persévérant, raisonné, d'autant plus important qu'il est pour ainsi dire occulte, et échappe dans ses effets lents, mais fatals, à la perception et à l'appréciation des masses.

De même que le prêtre se conduit par cette formule :

« Il faut un Dieu tel que nous l'avons imaginé, jaloux, irascible et vengeur, pour contenir le peuple. »

De même le savant officiel se conduit par cette autre :

« Il faut maintenir le peuple dans une ignorance savamment calculée, et ne répandre dans les classes intelligentes que des variétés expurgées, si l'on veut dominer et diriger facilement l'ensemble. »

De là une science religieuse que l'on enseigne dans les temples, qui est la négation de la raison et de la liberté humaine.

Et une science officielle qu'élaborent de prétendus corps savants, que dispensent l'Université et les séminaires, et que l'on triture, dose et formule à des degrés différents pour l'enseignement primaire, secondaire ou supérieur. On s'étonnera peut-être de me voir mettre l'Université et l'enseignement clérical sur la même ligne, je dois donc expliquer ma pensée.

La plupart des professeurs de l'Université sont des hommes fort éminents, beaucoup même sont des savants à qui il ne manque pour jouer un grand rôle que de n'avoir pas à compter avec les dures nécessités de la vie qui paralysent l'indépendance de leur pensée et de leur plume; esclaves d'une discipline étroite, sans cesse surveillés par le personnel administratif du lycée, inondés de circulaires ministérielles, ils prennent peu à peu l'habitude d'oublier leur individualité, et de couler leurs leçons dans un moule uniforme que l'autorité supérieure leur impose.

Malheur à qui s'écarte de la ligne tracée ; averti d'abord, envoyé dans un poste inférieur ensuite, puis finalement brisé, il apprend, aux dépens de sa tranquillité et du pain de sa famille, ce qu'il en coûte pour vouloir *être un homme et faire des hommes*.

J'ai retrouvé, mourant de misère à Paris dans un bouge, un de mes anciens professeurs qui, à vingt-deux ans, était agrégé, et enseignait l'histoire dans une des plus grandes villes de France.

Un jour, les inspecteurs arrivent au lycée ; ils se rendent tout droit à la classe du jeune professeur, que ses notes de l'école normale représentaient comme un esprit trop libéral.

A cette question faite au cours d'examen : — Que dites-vous de l'acte de Brutus ?

Un de nous répondit :

— En politique, le poignard est un moyen que la conscience humaine réprouve ; mais de quel mépris charger la mémoire de tous les aventuriers qui passent le Rubicon, et foulent aux pieds les lois de leur pays ?

Monsieur l'Inspecteur, auteur d'un gros diction-naire grec, qui avait fait sa fortune dans l'Université et dans la librairie classique, en entendant ces pa-roles, attacha ses petits yeux gris sur le pauvre pro-fesseur qui pâlit, et, scandant ses paroles, il ajouta :

— Quel est le traité d'histoire que vous suivez ?

— Celui que notre professeur nous fait chaque jour, répondit l'élève, inconscient du mal qu'il allait causer.

Huit jours après, une dépêche ministérielle en-voyait le malheureux agrégé d'histoire dans une in-fime bourgade du Midi, qu'il finit par quitter égale-ment, après des tracasseries sans nombre. C'était une âme sensible, un caractère plus délicat que vigoureu-sement trempé ; il ne survécut quelques années à sa

vio brisée, que pour aller échouer sur un grabat d'hô-
pital.

Pendant ce temps-là, Monsieur l'Inspecteur et le
gros dictionnaire grec continuèrent à prospérer l'un
par l'autre. L'enseignement de l'Université est le
reflet de la politique du gouvernement sans nul souci
des intérêts de la nation : après 1830, il fut libéral ;
le coup d'État et les de Falloux essayèrent de le jeter
dans la voie cléricale, et sans leurs vieilles traditions
de libre pensée, les universitaires se faisaient sacris-
tains.

C'est pour cela que je repousse l'enseignement de
l'État, érigé en système, avec la même force que
l'enseignement des séminaires.

Tout corps, toute caste, tout homme qui dirige
l'éducation publique, le fait dans son intérêt exclusif.
L'éducation donnée ainsi est le produit des passions et
des intérêts de ce corps, de cette caste, de cet homme ;
elle n'est pas le reflet du progrès social et des besoins
de la nation.

Je suis las de tous ces directeurs, jacobins, autoritaires, doctrinaires et ultramontains, dont pas un
dans son programme politique ne veut placer la raison de tout le monde au-dessus de la raison des groupes, qui ne combattent tels ou tels systèmes que pour le
remplacer par le leur, et je trouve les gens qui veulent fonder une république autoritaire, aussi ridicules

que ceux qui rêvent une monarchie républicaine.

L'éducation entre les mains de l'État est un moyen de gouvernement ; tous les partis l'accepteront comme une arme de défense préventive, dès qu'ils seront au pouvoir. Aujourd'hui Robespierre serait pour l'éducation de l'État, laïque et obligatoire. Demain Montalembert serait pour l'éducation de l'État, cléricale et obligatoire.

La formule importe peu et chaque parti l'acceptera du jour où il sera chargé de l'appliquer.

Il ne faut pas d'arme à deux tranchants qui puisse servir indifféremment à droite et à gauche.

Donc, dans les programmes de l'avenir, pas d'enseignement par l'État... Abolissons comme en Amérique le ministère de l'instruction publique ; laissons faire l'initiative individuelle ; attendons tout de la liberté. La France n'est pas une incapable, pour être constamment mise en interdit par ses doctrinaires obérés de dettes, ou ses politiciens sans emploi.

Il n'est pas sans intérêt de voir quelles sont, malgré les progrès de la science, les bases de l'instruction qu'on donne à nos enfants. Histoire et chronologie n'ont pas encore osé se dégager des entraves de la Bible.

La Terre a été créée il y a six mille ans.

L'Homme provient d'un couple unique que Dieu a créé pour habiter cette planète.

L'Histoire des peuples et des races commence avec les fils de Noé.

Sem a peuplé l'Asie,

Japhet l'Europe,

Et Cham l'Afrique.

On enseigne que Cham a été le père de la race inférieure des nègres, parce qu'il avait manqué de respect à son père, etc. ; et mille autres niaiseries de cette force *qui sont destinées à faire des hommes...*

En philosophie, on ne sort pas d'un spiritualisme étroit, d'un anthropomorphisme ridicule, et l'on croit avoir tout fait quand on a découpé l'âme qu'on prétend immortelle en facultés bonnes ou mauvaises, et que l'on a prêté à Dieu les passions et les faiblesses de l'humanité.

Lisez tous ces livres prétendus classiques, revêtus de toutes les approbations nécessaires, et dites-nous s'il est bien extraordinaire que la plupart des hommes de notre époque ne sachent rien à vingt ans, pas même le grec et le latin, pour lesquels on a sacrifié dix ans de leur existence.

C'est en vain que la géologie et l'astronomie comptent par centaines de millions les années qui se sont écoulées depuis le moment où la terre, s'échappant du soleil, a commencé à tourner autour de son foyer générateur ; en vain que les espaces infinis sont un *tout* animé, habité par des êtres organisés suivant les milieux, et dont toutes les parties sont mues par des lois générales identiques ; en vain que notre modeste planète est un simple rouage dans l'ensemble, en vain que les vieilles populations de l'Asie ont conservé d'antiques traditions en harmonie avec les découvertes de la science... nous ne sortons pas de la Bible et de la chronologie d'Usserius, et quiconque s'avise de secouer le joug, d'indiquer le passé comme une superstition, d'initier ceux qui l'écoutent aux conquêtes du présent et aux espérances de l'avenir, *est déclaré de par l'enseignement imposé, aussi bien laïque que clérical,* indigne de former la jeunesse à la science de la vie.

En remettant l'instruction aux mains d'un groupe d'hommes autoritaires, qui la dirigent suivant les besoins d'une dynastie, ou d'un programme politique, on instruit d'après des nécessités de caste, *on ne donne pas la vérité scientifique.*

Et cependant, à aucune époque de notre histoire, nous n'avons senti davantage le besoin de faire plus rapidement des citoyens et des hommes utiles qu'aujourd'hui. Un nouveau droit vient de naître dans le monde, qui, au progrès par la moralité, par le bien, par la liberté et le développement de l'individu, oppose la réussite par la force comme l'*ultima ratio* de l'Humanité.

Que dis-je un droit nouveau ?

C'est le droit de Tamerlan, de Tchenguiz-Kan, d'Attila, et de Timour, que les Germains entourent de formules hypocrites pour légitimer des attentats qui feraient rougir les Apaches des prairies américaines.

Écoutez ces accents que le professeur Schopenhauer laisse tomber de sa chaire pour conduire les brutes prussiennes à de nouveaux pillages :

« Dans le monde de l'homme, comme dans le règne animal, *ce qui règne c'est la force et non le droit*, le droit n'est que la mesure de la puissance de chacun ! »

Max Stirner va plus loin, et il s'écrie avec un cynisme ironique, qui fait l'admiration de tous les *apprentis incendiaires* des Universités de Berlin et de Heidelberg :

« Que m'importe le droit, je n'en ai pas besoin, ce que je puis acquérir par la force, je le possède et j'en jouis, ce dont je ne puis m'emparer, j'y renonce, et je ne vais pas en manière de consolation me pavaner avec mon prétendu droit, avec mon droit inprescriptible. »

Autrement dit : « Pillez votre voisin sans s'inquiéter de son droit, si vous avez la force, si vous êtes dix contre un ; si vous ne pouvez enfoncer sa porte, renoncez-y, et attendez l'occasion favorable. »

Il y a quelques individus en France, fort allemands

sur ce point et qui ne se gênent pas pour acquérir les biens du voisin *par la force, sans avoir besoin du droit;* nous avons l'habitude de leur envoyer des gendarmes. Aujourd'hui que cette théorie est devenue le guide *pratique* d'une nation voisine, nous n'avons plus qu'une chose à faire, c'est de la traiter à la première occasion comme nous avons fait des bandes d'Attila dans les champs catalauniques.

Que la France se prépare, se hâte de faire des hommes, car avant peu, pour l'honneur de l'Humanité, et pour conserver sa civilisation, sa nationalité, sa richesse acquise par quinze siècles de génie et de travail, il lui faudra anéantir une nouvelle invasion des barbares.

Vous connaissez le docteur Strauss, celui de la vie de Jésus, le même qui a écrit deux in-folios pour prouver que Jésus et les évangiles ont été fabriqués après coup par des habiles, il passait pour un philosophe de race ; naguère il nous encensait dans son livre sur Voltaire ; aujourd'hui il nous traîne dans la boue pour faire plaisir à M. de Bismark.

Toute l'indépendance du même philosophe n'a pu tenir devant les exploits de ses maîtres, le viol et l'incendie l'ont grisé, et, à son tour, il chante la louange du pillage à main armée et du canon.

« Une intelligence plus profonde de l'Histoire, dit-il, nous a appris que c'est l'instinct d'expansion des peuples qui éclate dans l'ambition des conquérants, et qu'ils ne sont que les représentants d'aspirations générales. La suppression de la guerre n'est pas moins chimérique que la suppression des orages, *et ne serait pas moins dangereuse, l'ultima ratio* des peuples sera dans l'avenir comme par le passé *le canon !* »

Comment trouvez-vous ce cerveau allemand, décrétant dangereuse la suppression de la guerre?...

On peut soutenir que cette suppression, rêvée par toutes les âmes généreuses, est chose presque impossible eu égard à la nature imparfaite de l'homme,... mais la déclarer dangereuse,... il faut être aussi privé de sens moral qu'on l'est sur les bords de la Sprée pour oser soutenir pareille chose.

Nous comprenons qu'à la chute de l'empire romain, les aspirations générales des peuples encore barbares les aient portés à de longues et sanglantes guerres pour s'établir sur un coin de terre plus ou moins favorisé, y vivre et s'y développer, et que le penseur ne trouve rien là que de naturel ; mais, à notre époque, alors que de toutes parts les peuples demandaient à la paix et à la fraternité le progrès et le bonheur, alors qu'un vent de cosmopolitisme commençait à unir toutes les races dans l'amour de l'Humanité, légitimer, sous prétexte d'aspirations et d'expansions, le pillage à main armée, les guerres de race, et l'ambition des conquérants, c'est faire un retour complet à la barbarie, et c'est là, quoi qu'ils en aient, que marchent les Allemands.

Mais pour ces beaux exploits, la loi morale, que toutes les civilisations ont admise, sur les bords du Gange, de l'Euphrate, du Nil, du Jourdain, du Tibre et de la Seine, cette vieille loi morale, qui a parlé à la conscience de tous dans le passé et le présent, les gênait... ils l'ont abolie.

« La loi morale n'existe pas, s'écrie Max Stirner, tout se réduit à des lois physiques. »

Après tant de massacres et l'annexion de deux provinces contrairement à la volonté des habitants, il n'y avait plus moyen de conserver le masque hypocrite du droit ; ce n'est pas plus difficile de supprimer le droit que la morale... Et toute l'Allemagne répète avec Schopenhauer :

« Le droit n'est que la mesure de la puissance de chacun. »

Vous êtes assez puissants pour vous emparer de la ferme et des troupeaux du voisin, vous avez le droit.

On croit rêver en lisant de pareilles folies.

A côté de ces esprits faux, qui raisonnent comme un syllogisme scolastique, sans s'inquiéter de l'absurdité des principes qu'ils posent, il y a les rêveurs qui ont la bière triste et qui considèrent la guerre comme une distraction à leurs vapeurs de brasserie.

Le docteur Vischer module ainsi son opinion avec une pointe de mélancolie qui sied bien à un enfant de la blonde Germanie :

« Une des manières les plus efficaces de secouer les angoisses de la vie, c'est de se mêler au mouvement fougueux de la guerre ; celui qui ne compte plus avec la vie, éprouve au milieu des images de la mort, qui l'assaillent de toutes parts, un réconfort intime, les nuages qui l'obsédaient se dissipent, et il jouit de la vie elle-même avec plus de plénitude et d'intensité. »

Voilà qui est entendu, quand vous éprouvez les angoisses de la vie, vous faites la chasse à l'homme et, après avoir expédié quelques-uns de vos semblables, vous éprouvez un réconfort intime, et vous jouissez de la vie avec plus d'intensité.

Ces ignominies sont tellement *stupides* que nous ne ferions qu'en rire, si elles n'étaient pas dirigées contre nous.

Pendant cinquante ans, les hommes d'État prussiens ont préparé la dernière guerre, en soufflant la haine de la France dans le cœur de leurs ilotes, de l'école primaire à l'Université... Ils préparent maintenant de nouveaux pillages et de nouvelles annexions, en pervertissant le sens moral des générations qui s'élèvent, et en leur enseignant que toute aspiration est légitime, du jour où l'on est assez fort pour la satisfaire.

Jusqu'à présent les peuples qui en appelaient aux champs de bataille, avaient soin de crier bien haut qu'ils ne se battaient que pour le droit et la justice; la mauvaise foi s'ingéniait à mettre la raison de son côté; cette hypocrisie même était un hommage rendu au bien... Mais les Allemands modernes ont changé tout cela, ils font la guerre pour conquérir, — lisez piller — et tout peuple doué d'une grande expansion, — lisez appétit — a le droit de dévorer son voisin qui, suivant l'expression de Schopenhauer, — *n'a pas assez de puissance pour donner la mesure de son droit.* —

Ils ont beau ne savoir se battre que cinq contre un, ces Tudesques aux pieds plats, détruire et ravager à faire honte aux Vandales ; on a beau savoir dans le monde entier que les choses se seraient passées autrement si nous avions combattu à nombre égal; au lieu de dire : nous avons été vainqueurs parce que nous étions un million contre une poignée d'hommes, il faut qu'ils fassent de leurs incendies, de leurs massacres, de leurs victoires inespérées, le prix de leur supériorité absolue dans le domaine du progrès.

« La dernière guerre, dit *Alexandre Ecker,* nous a fourni la preuve que l'histoire des nations repose également sur des lois naturelles, et se compose d'une série de nécessités absolues, série dans laquelle la balance penche toujours du côté du progrès. »

De quel progrès ?

S'il s'agit du progrès dans l'espionnage, dans le perfectionnement des engins de destruction, dans l'oubli de toutes les lois d'humanité, de toute générosité, de toute grandeur d'âme, oh! vous avez raison, professeur Alexandre Ecker, vous êtes en progrès.

Seulement ce progrès-là n'est qu'un retour en arrière : nos soldats s'étaient battus en Crimée et en Italie, en donnant la main à leurs ennemis; nous étions en train de restreindre la guerre à une lutte courtoise, semblable à un duel de gentilshommes; vous avez préféré les orgies des Cimbres et des Teutons. C'est affaire à vous, mais ne parlez pas de progrès, de ce progrès humanitaire qui rêve l'apaisement universel, et le règne du bien pour le bien... Vous faites honte à la race humaine quand vous prononcez ce mot.

Et puis, voyez-vous, le progrès que vous avez choisi, que vous avez préféré, est si facile à acquérir quand on a trente-six millions d'habitants, et qu'on paye le plus fort budget de la guerre du monde entier, que vous feriez mieux de ne point crier si fort, car, voyez-vous, Allemands! on vous hait bien ici... et cependant rien qu'à la pensée que nos soldats pourraient un jour aller vous demander des comptes... nous sommes effrayés d'avance des pages que l'histoire de l'humanité aurait alors à enregistrer.

Henry Heine, qui connaissait bien ses compatriotes, a dit que le génie allemand pouvait se résumer dans ces deux mots :

Mysticisme et brutalité.

A ces deux qualités essentielles des Germains il faut joindre une fausseté d'esprit et de raisonnement telle, que l'idée la plus simple prend, dans leur cerveau, les formes les plus fantastiques et les plus absurdes.

Écoutez Strauss discourant de la république et de la monarchie.

« La république, *dit ce philosophe,* est rationnellement supérieure à la monarchie, et *c'est précisément pour cela qu'il faut préférer la monarchie.* Sans doute il y a dans la monarchie quelque chose *d'énigmatique, d'absurde* même en apparence, *c'est en cela que consiste le secret de sa supériorité, tout mystère paraît absurde,* et pourtant, sans mystère, rien de profond, ni la vie, ni l'art, ni l'État. »

Toute l'Allemagne se pâme devant ce galimatias.

Cela n'en vaut certes pas la peine, cependant, puisque ces gens-là en sont arrivés à ce point d'orgueil, de s'intituler constamment aujourd'hui dans leurs ouvrages *les Éclaireurs, les Directeurs* de l'Esprit humain, voyons ce que vaut un pareil langage, au simple point de vue du sens commun.

Le raisonnement de Strauss se compose de trois

propositions principales, qui, en saine logique, portent en elles-mêmes la démonstration de leur propre fausseté.

Première proposition. — Il faut préférer la monarchie précisément parce que la république est rationnellement supérieure à la monarchie. Si les jugements de la raison ne sont pas le meilleur criterium de supériorité, où rencontrera-t-on ce criterium, puisque la raison est l'unique flambeau de l'humanité?

Proclamer l'infériorité de ce que la raison déclare *rationnellement* supérieur, est le fait d'un cerveau malade et faussé. Il suffit de généraliser ce mode de raisonnement, pour comprendre quel degré inférieur il assigne à l'intelligence qui l'a conçu.

Exemple : L'instruction est rationnellement supérieure à l'ignorance, et c'est précisément pour cela qu'il faut préférer l'ignorance, etc...

Voilà la logique de Strauss.

On ne peut pas dire que je force la note et que ma proposition soit plus ridicule que celle-ci : — « La république est rationnellement supérieure à la monarchie, et c'est précisément pour cela qu'il faut préférer la monarchie... »

Deuxième proposition. — Il y a dans la monarchie quelque chose d'énigmatique, d'absurde même, en apparence, c'est en cela que consiste le secret de sa supériorité.

Le docteur Strauss divague de plus en plus.

Voilà maintenant que le secret de la supériorité de la monarchie sur la république, proclamée rationnellement supérieure par la première proposition, consiste en ce que la monarchie renferme en elle quelque chose d'énigmatique et d'absurde même, en apparence.

Donc la république, rationnellement supérieure à la monarchie, lui devient inférieure, parce qu'elle n'a pas comme elle quelque chose d'énigmatique et d'absurde.

Supérieure au point de vue de la raison, la république est inférieure au point de vue de l'énigmatique et de l'absurde.

Eh bien, alors... si la monarchie ne triomphe que par son absurdité... Mais passons. Voilà la profondeur allemande.

Troisième proposition. — Tout mystère paraît absurde, et pourtant, sans mystère, rien de profond, ni la vie! ni l'art! ni l'État! Cette rêverie métaphysique est réellement merveilleuse, et, sans qu'on l'y oblige, cet Allemand nous déclare avec une certaine naïveté que pour être profond il faut être mystérieux et paraître absurde, puisque, d'après ses propres paroles, il n'y a *rien de profond sans mystère et que tout mystère paraît absurde.* N'est-ce pas également charmant d'entendre dire qu'il n'y a rien de profond, ni la vie, ni l'art, ni l'État, sans mystère et sans absurdité?

A ce compte-là, l'esprit allemand doit être singulièrement profond. .

Voilà comment un des coryphées de la philosophie tudesque repousse la république qu'il regarde comme rationnellement supérieure, pour admettre la monarchie qu'il traite d'énigmatique et d'absurde...

Et ce sont ces raisonneurs, qui n'ont plus aucun rapport avec le sens commun, qui se considèrent comme des élus appelés à diriger l'esprit humain?...

En vérité, ce serait folie de croire que l'Humanité acceptera jamais une pareille direction, et perdre son temps que de leur répondre, si tout cela n'avait pas été combiné, imaginé au lendemain *d'un triomphe passager*, pour remplacer le droit et la moralité par la force brutale, légitimer le pillage, l'incendie des chaumières et les spoliations, rouvrir l'ère des invasions et des guerres de conquêtes, et, sous couleurs l'expansion des peuples, accomplir purement et simplement, en masse, l'œuvre du voleur de nuit qui, rapace et fainéant, s'en va piller l'épargne du travailleur et vider les coffres remplis par d'autres. Oui, ce serait perdre son temps que de s'occuper des rêvasseries de ces buveurs de bière, si leur but avoué n'était pas de mettre en coupe réglée le sang et les richesses de la

France, si tout ne tendait pas à amener de nouveaux envahissements de la patrie...

Organisons-nous donc pour défendre ce vieux champ gaulois que nous cultivons depuis tant de siècles; il a nourri nos pères, nous nous y sommes développés, il ne faut pas que nos enfants puissent dire que nous n'avons pas su défendre leur héritage, et puisque les Allemands les mains rouges de sang arborent le drapeau de la force, pour l'honneur de l'Humanité, ne laissons pas tomber le drapeau du droit.

Pour faire des hommes capables de soutenir cette cause, il faut abandonner résolûment le passé, et marcher sans crainte à la démocratie honnête, modérée, progressive, la seule forme sociale qui puisse donner une énergie et une foi nouvelle à la France.

Le passé a eu ses heures de gloire, on n'y saurait ramener un peuple qui ne croit plus... D'un autre côté, un état social qui ne se maintient plus qu'à l'aide de formules surannées auxquelles on obéit sans les respecter, enfante le règne des doctrinaires, des sceptiques et des intrigants, ces oiseaux sinistres, précurseurs de la décadence.

Il nous faut donc une formule nouvelle, à laquelle on ait confiance, qui enfante des dévouements, des abnégations, *de grandes honnêtetés*.

A l'ère sacerdotale le progrès substitua l'ère monarchique; à l'ère monarchique, le progrès doit substituer l'ère démocratique.

Ce n'est pas que l'évolution commencée par les grands penseurs du xviiie siècle doive s'accomplir en un jour.

Le temps respecte peu ce qu'on a fait sans lui.

Mais il faut nous engager résolûment dans la seule voie qui nous reste ouverte pour ne pas devenir comme les Indous, les Chaldéens, les Égyptiens et les Grecs, un *peuple historique.*

Les nations qui résistent au mouvement général de l'Humanité sont emportées dans la tourmente, les soldats qui s'attardent sont tués par l'ennemi.

La réforme la plus importante à faire est celle de l'instruction publique; c'est par ce vœu que j'ai commencé ces pages, c'est par lui que je veux terminer.

Ce n'est pas ici le lieu de présenter un programme.

La liberté et un état démocratique engendreront une instruction démocratique et libre.

Nous avons vu ce que sont les tendances du génie allemand, réduire l'homme à l'état de rouage inconscient, supprimer toute liberté, toute individualité, n'étudier que des forces physiques et nier les forces morales, ne voir le mouvement qu'au point de vue de l'ensemble, faire l'âme esclave de la vie matérielle, mener les nations comme une immense machine, réduire à l'état d'engrais l'homme qui meurt et les civilisations qui s'écroulent, nier la cause universelle et supprimer Dieu, tel est le dernier état de la science dont les Germains se sont faits les apôtres, science absolue suivant eux, et qui serait le dernier mot de la vérité.

Le dernier mot, pauvres gens!... Chaque école, chaque secte, chaque siècle a prétendu le dire.

Il y a huit ou dix mille ans, peut-être plus, que Kapila, le grand sceptique indou, qui fut le père de Pyrrhon et l'aïeul de Spinosa, sapant l'autorité des Védas, s'exprimait ainsi :

« Il n'y a pas d'autre dieu que la matière et les forces infinies de transformation qu'elle renferme dans son sein. Le sage Manou fait partir la vie de la goutte d'eau; suivant lui, les espèces s'élèvent en profitant des qualités de celles qui les précèdent, le sommet de la transformation pour chaque être est la mort, et l'individu disparaît au profit de l'ensemble. L'homme, en particulier, compte pour si peu, que rien même ne peut lui démontrer sa propre existence et celle de la nature. Peut-être que ce que nous regardons comme l'univers, et les divers êtres qui paraissent le composer, n'ont rien de réel, et ne sont que le produit d'une illusion — *maya* — continue de notre volonté. »

NISMIM   NAMA   NAHAM

Je ne suis en rien. — Rien n'est en moi. — Le moi-même n'est pas.

En citant ces paroles de Kapila, deux textes, l'un l'un de Schopenhauer et l'autre de Schelling viennent chanter dans ma mémoire.

Schopenhauer a dit :

« La nature est l'illusion infinie de la volonté. »

Schelling, exprimant la même idée, mais, comme tout bon Allemand, en la rendant plus nuageuse et plus incompréhensible encore, répond :

« La nature est le miroir magique de l'intelligence. »

Le rapprochement est sensible :

« Peut-être que ce que nous regardons comme l'univers, et les divers êtres qui paraissent le composer, n'ont rien de réel et ne sont que le produit d'une illusion continue de notre volonté. »

(KAPILA)

N'est-il pas curieux de voir ces philosophes des bords de la Sprée, qui prétendent diriger l'humanité vers des sentiers nouveaux, se borner à copier les rêveries des vieux philosophes des bords du Gange ?

Eh bien, non, l'Allemagne aura beau faire, elle ne fera pas reculer le monde par ses idées. Elle aura beau ramener la science au matérialisme antique, supprimer les forces morales et le droit, nous ne la suivrons pas sur ce chemin usé à force d'avoir été battu, bien qu'elle le présente comme un sentier nouveau. Il ne se peut pas que le monde ait travaillé, pensé, étudié pendant des milliers d'années, et ne puisse arriver, pour tout résultat, qu'à renier ses conquêtes, qu'à chercher le vrai dans la poussière du passé sacerdotal ou barbare, qu'à rééditer Kapila et Pyrrhon, qu'à recommencer l'épopée d'Attila.

Au moins ce dernier, quand il saccageait Rome, n'avait pas auprès de lui son Schopenhauer, son Strauss ou son Max Stirner, pour excuser métaphysiquement ses fureurs et lui dire :

Ce qui règne, c'est la force et non le droit.

Le droit n'est que la mesure de puissance de chacun.

Que m'importe le droit, je n'en ai pas besoin, quand je puis acquérir par la force.

Je suis le plus fort ; ne venez pas vous pavaner avec votre droit imprescriptible, etc....

Le reître antique n'avait pas, comme le reître moderne, son docteur Vischer, pour lui conseiller de secouer les angoisses de la vie, par le spectacle des incendies de Bazeilles et de Châteaudun, et des crimes de ses lansquenets ivres. .   .   .   .   .   .

.   .   .   .

Sur le terrain de cette science prétendue nouvelle

qui conduit à la négation des forces morales, nous n'aurons pas malheureusement à lutter qu'avec les tentatives allemandes.

Il y a chez nous, également, un certain nombre de gens qui ont la prétention de jeter les bases définitives de la véritable science, en supprimant toute loi, toute force morale, au profit des forces physiques et purement matérielles auxquelles ils ramènent tous les phénomènes de l'existence. Tout se réduit pour eux aux combinaisons diverses de la matière, et aux lois mécaniques qui régissent ces combinaisons. La psychologie, ou science de l'âme, est remplacée par la physiologie, ou science des forces. Le droit et le devoir ne sont que des faits d'agrégation sociale, n'ayant en dehors de cela aucun caractère obligatoire. La vie n'est plus qu'un phénomène mécanique se perfectionnant graduellement, allant du simple au composé, du minéral à la plante, de la plante à l'animal et de l'animal à l'homme.

Tout : mouvement, pensée, jugement, mémoire, intellience, naît de la matière qui s'organise elle-même, qui à elle seule est le moule, la pâte et l'ouvrier. La mort est une transformation matérielle qui fait disparaître l'individualité de l'être. C'est en vain que la statue a marché, pensé, aimé, cru, voulu ; en vain qu'elle a eu des notions infinies.... Elle retombe dans l'immense creuset où la matière se broie elle-même sans cesse pour se donner l'être. Sa vie, son âme, n'étaient que des phénomènes physico-chimiques.

Cette théorie qui, à l'encontre des Allemands, fait naître le droit, la morale, le devoir, le bien, des penchants naturels de l'homme et des relations sociales, n'arrive pas à un résultat meilleur. Qu'est-ce que le droit, qu'est-ce que le devoir, réduits à l'état de phénomènes physiques?... Et comment ferez-vous respecter ce droit et ce devoir sans faire constamment appel à la force?

Les Allemands, plus logiques, ont supprimé la morale, le droit et le devoir; il n'y a plus que des luttes de forces physiques, et des aspirations qui se légitiment par la réussite.... La réussite est le seul criterium qu'ils invoquent pour prouver que les forces naturelles ont été régulièrement mises en mouvement suivant les lois qui les régissent. Exemples : Vous retournez un champ, vous l'ensemencez, vous le sarclez et l'arrosez, la récolte est abondante.... c'est une preuve que vous avez suivi fidèlement les lois naturelles auxquelles sont soumises les transformations des plantes. Dans le cas contraire, les plantes n'eussent ni germé, ni produit.

Vous vous jetez avec une armée nombreuse sur une contrée qui, par sa richesse, excite vos convoitises, les habitants de ce pays, non préparés, ne peuvent se défendre, vous les écrasez sous le poids du nombre et vous rentrez chez vous chargés d'objets précieux et d'importantes dépouilles. . . . .

C'est une preuve que vous n'avez blessé en rien les lois purement physiques qui régissent les rapports des nations entre elles, car dans ce cas vous eussiez été vaincus... l'homme obéit aussi fatalement aux lois naturelles que les animaux et les plantes.

C'est avec de pareils raisonnements que Schopenhauer, aux applaudissements de toute l'école allemande, a pu écrire cette phrase que nous avons déjà citée :

« Dans le monde de l'homme comme dans le monde animal, ce qui règne, c'est la force et non le droit, le droit n'est que la mesure de la puissance de chacun. »

Les philosophes français de l'école positiviste, en faisant naître *le droit du fait,* au lieu d'apprécier *le fait par le droit,* arrivent au même résultat que les Allemands. Le droit n'est plus *que le phénomène accompli, que le fait réussi.*

A la maxime célèbre par sa brutalité : la force prime le droit, les positivistes ne savent que répondre, car en ne voyant dans le droit et le devoir que des phénomènes biologiques, ils n'ont rien à opposer *aux théories de la force.*

Nous aurons, au cours de ce volume, à étudier

l'origine de cette philosophie *dite nouvelle*, et qui n'est que la copie du *naturalisme* indou que les brahmes de l'école de Kapila enseignaient déjà aux rives du Gange, aux époques anciennes où l'Europe actuelle n'était encore que le pays du renne et des glaciers. En Allemagne comme en France, cette philosophie conduit à la négation de l'Être suprême. Il nous paraît utile de sonder le terrain sur lequel un petit groupe de savants voudraient faire rencontrer ces deux irréconciliables ennemis...

Ils auront beau faire, la patrie du bon sens et de la simplicité philosophique, la patrie de Voltaire, ne tombera jamais dans *le mystère*, *l'énigmatique* et *l'absurde*, bien que, sans ces différentes qualités toutes germaines, il n'y ait, suivant Strauss et consorts, rien de profond, *ni dans la vie, ni dans l'art, ni dans l'État.*

A genoux devant ce caporal prussien qui, suivant l'expression de Henry Heine, frappe ses hommes avec son bâton de *caporal trempé dans l'eau bénite*, le docteur Bluntschli, d'Heidelberg, depuis la guerre de 1870, n'a pas assez de lyrisme dans la voix pour célébrer le droit de conquête et le triomphe de la force.

Quelques mois avant, le même homme écrivait ce qui suit, dans son livre « du Droit international, » art. 289 :

« L'humanité se fait de nos jours une autre idée du droit *et répudie le droit de conquête.*

« La conquête *est un acte de violence, et non un acte légal.*

« La conquête, le fait de mettre un territoire sous la domination physique du vainqueur, n'a pas le pouvoir de créer un droit nouveau, elle peut tout au plus donner un droit temporaire pendant une guerre.

« Pour qu'une conquête puisse engendrer des droits, il faut qu'un des éléments constitutifs du droit vienne s'ajouter au fait de la suprématie du vainqueur... Le traité de paix doit être suivi de la reconnaissance par les populations du changement opéré. »

A la même époque, l'éminent jurisconsulte français, Achille Morin, disait à son tour :

« Produit de la force ou du succès, la conquête n'est pas un droit et ne saurait, par elle seulement, créer un droit définitif; c'est plutôt la négation du droit ; l'accouplement des mots droit et conquête est donc un contre-sens.

« S'il fut admis autrefois que la conquête était un moyen d'acquisition de la souveraineté, c'était dans la supposition qu'il n'y avait pas de droit antérieur absolu, ou bien comme conséquence des entraînements de la guerre, tels qu'on les comprenait alors... Actuellement, il s'agit, non plus d'une question d'intérêt ou d'utilité pour un peuple vis-à-vis d'un autre,

mais bien d'une question de principe, de justice et de
droit international entre nations civilisées, ayant leurs
droits respectifs, et leurs possessions acquises réci-
proquement garanties. Sur ce terrain la guerre étant
encore permise, on peut bien admettre que l'occupation militaire donne certains droits au pouvoir,
mais en tant que nécessités par les opérations et seulement temporaires; et si l'occupation persistait, ce
serait une *domination usurpatrice*, suivant les expressions du jurisconsulte allemand Heffter. »

Ainsi, avant la dernière invasion germaine, les
savants des deux pays étaient d'accord pour admettre
le droit et flétrir *la force*, et ce n'est pas une raison,
parce que les philosophes et les jurisconsultes allemands se sont disciplinés sous le sabre prussien, pour
que les penseurs de la France abandonnent les saines
traditions du vrai, du juste et du bien, et se mettent
à la remorque des Blountschli, des Schopenhauer, des
Strauss et des Max Stirner.

Libre à ces gens-là d'ériger en droit, au moyen
d'un fatalisme résultant de forces naturelles irrésis-
tibles, la barbarie de leurs compatriotes, pour n'a-
voir pas à en rougir; notre conduite doit être toute
autre, car nous croyons au progrès dans l'Humanité,
par la moralité, le devoir et l'honneur, et nous ne
devons pas nous laisser surprendre par ce grossier
trompe-l'œil qui consiste à nier la double nature dans

l'homme, et à soumettre les forces intellectuelles aux mêmes lois qui régissent les forces physiques.

Où donc les positivistes ont-ils pris le droit de nous interdire l'étude des phénomènes de la conscience et des spéculations de la raison? Est-ce dans la méthode expérimentale qu'ils ont puisé ce dogmatisme négatif qui leur fait repousser *a priori* la réalité des faits psychologiques? Mais la méthode expérimentale qui s'applique aux sciences physiques et naturelles n'a pas le droit de se mouvoir en dehors de son domaine; la métaphysique ne saurait être justiciable de ses arrêts.....

Substituer sans raison un système à un autre n'est pas une preuve de progrès, et il ne faut se donner ni comme des flambeaux de vérité, ni comme des disciples de la philosophie de l'avenir, parce qu'à l'âme et à Dieu on aura substitué des forces matérielles, et qu'on aura remplacé *une métaphysique spiritualiste* par *une métaphysique matérialiste*, un Dieu esprit par un Dieu matière.

Ainsi que je le disais plus haut, nous avons besoin de faire des hommes, des citoyens, des soldats, non parce que la guerre, *ce jeu de princes*, est un progrès, non parce qu'il serait dangereux de la supprimer, suivant l'expression de Strauss, mais parce que les Germains rêvent la conquête et l'anéantissement définitif de la patrie, que toutes leurs forces, toutes

leurs pensées, tous leurs moyens d'action sont tour-
nés vers ce but, et qu'il faut nous défendre et ren-
voyer, une fois pour toutes, ces hordes à leur pain
noir et à leurs plaines arides du Brandebourg et de
la Poméranie,

Ces hommes dignes de ce nom, ces citoyens, ce
n'est pas avec les nouvelles doctrines philosophiques
de l'Allemagne que nous les ferons, et nos comptes
une fois réglés, la France devra reprendre la grande
mission civilisatrice qu'elle s'est donnée, abdiquer
tout esprit de conquête, proscrire le brigandage
international, partant prêter son appui au droit
contre la force, et tenir haut le drapeau du devoir,
de la moralité et de la liberté, sans lequel il n'y aurait plus dans le monde *que la brutalité allemande
ou le fatalisme oriental.* . . . .

. . . .

Comme ses aînés, ce livre est plutôt l'histoire du
passé que du présent. Au milieu des luttes actuelles,
nous aimons à nous retirer sous les ombrages mystérieux qui entourent les ruines des vieux temples indous, à faire parler les traditions anciennes, à demander aux pundits et aux brahmes savants leurs
leçons, à rechercher les origines de tous ces systèmes
philosophiques qui se partagent aujourd'hui le monde,
à suivre à travers les âges le développement de ce droit
et de ces forces morales, que les sectaires religieux

ou les conquérants fanatiques ont de tout temps cherché à anéantir dans l'Humanité. Heureux si le modeste édifice que nous cherchons à construire peut dissiper quelques nuages, exhumer quelques vérités enfouies dans la poussière des civilisations disparues!

PREMIÈRE PARTIE

LES PRÉJUGÉS
DE LA SCIENCE OFFICIELLE

On ne peut par aucune opération de l'intelligence acquérir la notion
de choses qui n'existent pas.

Si Dieu, l'infini et l'âme humaine n'étaient pas des réalités, la conscience n'aurait pu en concevoir l'idée.

(Extrait des Sastras.)

*
* *

« ... L'eau s'élève vers le soleil en vapeurs, du soleil elle descend en
pluie, de la pluie naissent les végétaux alimentaires, et de ces végétaux,
les animaux.

*
* *

« Chacun des êtres acquiert les qualités de ceux qui le précèdent, de
orte que plus un être est éloigné dans la série et plus il a de qualités.

*
* *

« L'homme passera, en s'élevant successivement, par les végétaux, les
vers, les insectes, les poissons, les serpents, les tortues, les animaux sauvages et les bestiaux : tel est le degré inférieur.

*
* *

« Telles ont été déclarées, depuis les végétaux jusqu'à Brahma, les
ransformations qui ont lieu dans ce monde. »

(MANOU.)

« La terre est, comme tous les corps lumineux qui nous entourent, un
des atomes d'un tout immense dont nous avons la notion sous le nom
d'infini. »

(TCHARAKA, médecin indou.)

Environ cinq mille ans avant notre ère.

USA. — Traité de l'origine des choses.

LES PRÉJUGÉS

DE

LA SCIENCE OFFICIELLE

CHAPITRE PREMIER.

LES INDOUS FURENT-ILS IMITATEURS DES PEUPLES ANCIENS?

La bibliothèque d'Alexandrie contenait sept cent mille rouleaux ou volumes. Là était toute la science, toute la sagesse antique.

Un brandon jeté par les soldats de César en quelques instants eut réduit en poussière tous les souvenirs, toutes les traditions, accumulés depuis des milliers d'années. Ce sont là services de conquérants... et loin qu'ils vous fassent attacher au pilori de l'humanité, ils vous valent au contraire des couronnes de laurier, tressées par la reconnaissance des peuples et la main de l'histoire. Nous n'avons plus en France, il est vrai, le respect des incendiaires et l'admiration des tueurs d'hommes, nous ne regardons plus la guerre *comme le viril passe-temps des rois*, mais comme un horrible fléau qui

n'a son excuse que dans la défense de la patrie... et malgré le triste réveil qui attendait nos rêves humanitaires, nous
ne changerons pas d'opinion sur le compte de ces *fléaux de
Dieu*, dont le plus clair de la besogne a toujours été de faire
reculer de plusieurs siècles la civilisation. Cependant, combien
de peuples raisonnent ainsi? Tous les aventuriers du sabre
n'ont pas encore disparu de la terre, il faut songer à nos
immenses dépôts artistiques, littéraires et philosophiques, et
veiller à ce qu'ils n'aient pas un jour, sous l'effort de la convoi-
tise germanique, le même sort que la bibliothèque d'Alexandrie. Que de trésors à jamais enfouis! que de secrets perdus
pour le monde! et tout cela parce que ni César ni Pompée ne
voulurent accepter la seconde place dans Rome.

« Les anciens Asiatiques, — dit Moïse de Chorène, cinq
siècles avant notre ère — et spécialement les Indous, les Perses
et les Chaldéens, possédaient une foule de livres historiques
et scientifiques. Ces livres furent partie extraits, partie traduits
en langue grecque, surtout depuis que les Ptolémées eurent
établi la bibliothèque d'Alexandrie et encouragé les littéra-
teurs par leurs libéralités, de manière que la langue grecque
devint le dépôt de toutes les sciences.... »

(Moïse de Chorène, Histoire d'Arménie.)

La Perse et la Chaldée, colonies de l'Inde, étaient restées en
communication constante avec la mère patrie, et la sui-
vaient dans son mouvement littéraire et scientifique.

Ammien-Marcellin nous apprend, avec Agathias, combien
sont étroits les liens de filiation qui unissent la Perse et la
Chaldée à l'Inde.

« Postérieurement à Zoroastre, le roi Hystasp ayant pénétré
dans certains lieux retirés de l'Inde supérieure, arriva à des

bocages solitaires, dont le silence favorise les profondes·
pensées des brahmes. Là il apprit d'eux, autant qu'il lui fut
possible, *les rites purs des sacrifices, les causes du mouvement
des astres et de l'univers*, dont ensuite il communiqua une
partie aux mages. Ceux-ci se sont transmis ces secrets de père
en fils, avec la science de prédire l'avenir, et c'est depuis lui
(Hystasp) que, dans une longue suite de siècles jusqu'à ce jour,
cette foule de mages, composant une seule et même caste, a
été consacrée au service des temples et au culte des
dieux. »

L'Inde fut le grand foyer civilisateur de la société antique,
n'en déplaise à certains savants qui exploitent particulièrement les uns l'Égypte ou la Judée, d'autres la Chaldée
ou la Perse, en faisant de chacune de ces contrées les initia-
trices du monde ancien. Il n'est pas nécessaire de multiplier
les aperçus ingénieux pour faire cette preuve ; il suffit de
relire les ouvrages des grands écrivains de la Grèce, de
l'Égypte et de Rome, dont beaucoup se formèrent à l'école des
brahmes, et qui tous, comme Ammien-Marcellin et Agathias,
indiquent la contrée qu'arrosent l'Indus et le Gange comme
étant le berceau de toutes les traditions primitives, de toutes les
sciences. Nous verrons bientôt, en étudiant, dans leurs détails
si variés, les mœurs et les coutumes que l'Inde a légués aux
peuples anciens et modernes, qu'il faut, avec William Jones,
Colebrook, Burnouf et Halled, pour ne citer que les plus
illustres, admettre la maternité de ce pays, ou prétendre, ce
qui serait absurde, qu'il n'y a pas un peuple, tant parmi
les anciens que parmi les modernes, dont l'Inde ne se soit
empressée d'adopter peu à peu tous les usages, toutes les
croyances, toutes les lois.

Dans son absurdité, cette supposition n'est même pas possible, car toutes les nations ont peu à peu transformé ces

usages, ces croyances, ces lois que leurs ancêtres apportèrent
de la haute Asie, au point d'avoir oublié l'idée première qui
leur avait donné naissance, tandis que l'Inde, quoi qu'en disent
les inventeurs du sémitisme et de la civilisation des Accades,
s'est pour ainsi dire pétrifiée dans sa forme primitive et
présente encore aujourd'hui, aux yeux de l'observateur étonné,
le spectacle d'une contrée qui, depuis vingt mille ans et
plus, conserve ses traditions civiles et religieuses, sous prétexte qu'elles ont atteint la perfection relative qu'il peut leur
être donné d'acquérir sur cette terre.

Sans doute, chez les membres des deux castes inférieures,
les vaysias et les soudras, on ne rencontrera pas les sublimes
conceptions brahmaniques dans toute leur pureté, mais il s'est
passé là ce qui arrive dans toutes les sociétés humaines : il y a
le sommet qui, comme les eaux d'un lac, réfléchit la pureté des
cieux, tandis que le fond reste dans l'obscurité, et il ne viendra
à l'esprit de personne de prouver, à notre époque, l'ignorance
des classes qui pensent et étudient, par l'ignorance des générations en retard dans le progrès intellectuel. Il y a eu de tout
temps et il y a encore, entre le brahme et le soudra, au point
de vue de la science, la même différence qu'il y a entre le
maître et l'esclave.

Dans l'Inde, l'esclave ne s'est pas affranchi du brahme, le
brahme ne s'est pas affranchi des traditions védiques, et
c'est cette immobilité qui permet de retrouver aujourd'hui
toutes les institutions civiles et religieuses dont le monde est
redevable à cette partie de l'Asie, avec l'explication des causes
qui leur ont donné naissance.

C'est avec un réel bonheur que nous empruntons les lignes
suivantes au savant Herder, dans la belle traduction de M. Émile
Tandel :

« Il est évident que le système des brahmes devait être

bon, lors de son établissement, et c'est à ce caractère de
bonté qu'il a dû de se répandre sur un espace aussi considérable, de pénétrer à une aussi grande profondeur, et de durer
tant de siècles. La pensée humaine cherche toujours à se dé-
barrasser, dès qu'elle le peut, des liens qui la retiennent cap-
tive, et bien que l'Indou soit doué d'une patience plus grande
que n'importe quel peuple, il est peu probable qu'il aurait
jamais pris goût à une chose absolument mauvaise. D'un autre
côté, on est forcé de reconnaître que les brahmes ont tellement développé chez ces peuples la douceur, la politesse, la
tempérance et la chasteté que, la plupart du temps, la comparaison avec les Européens est fatale à ces derniers, qui paraissent à côté de l'Indou des hommes dégradés par l'ivresse et le
vice. Leurs manières et leur langage sont élégants, sans avoir
rien de forcé; calmes, bienveillants, propres à l'excès, simples
dans leur manière de vivre, ils élèvent leurs enfants avec une
douceur remarquable. Ils ne sont nullement dépourvus de
connaissances, mais où ils excellent, c'est dans leur paisible
et laborieuse industrie et dans les arts d'imitation; même les
classes les plus inférieures apprennent à lire, à écrire, à cal-
culer. Instituteurs zélés de la jeunesse [1], les brahmes ont à ce
titre, et pendant de longs cours de siècles, rendu d'inappré-
ciables services à l'humanité. Voyez dans les relations des
missionnaires de Halle de quel jugement droit, de quel caractère bienveillant, les brahmes et les habitants du Malabar font
preuve dans leurs questions, leurs réponses, leurs objections,
leur manière d'être en général, et il est peu probable que vous
serez tenté de vous ranger du côté des étrangers qui ont ac-
cepté la mission de les convertir.

« L'idée capitale des brahmes au sujet de la divinité est si
grande et si haute, leur morale si élevée et si pure, leurs

1. Nous donnons, dans le cours de ce volume, tout un livre de Manou
sur l'éducation de la jeunesse.

fables même, lorsqu'on les examine attentivement, sont si délicates et si gracieuses, que nous ne pouvons faire remonter jusqu'à leurs auteurs la responsabilité des absurdes dégradations qu'elles ont subies en passant par la bouche du peuple.

« On doit également savoir gré aux brahmes d'avoir su, malgré toutes les oppressions des mahométans et des chrétiens, conserver pure et intacte leur langue si belle et si riche, sauver quelques débris de l'astronomie, de la chronologie, de la physique, de la jurisprudence de la haute antiquité; car l'usage presque mécanique qu'ils font *aujourd'hui* de ces sciences suffit à leur vie, et ce qui empêche leur développement est ce qui en assure la puissance et la durée.

« Au reste, les Indous ne persécutent personne; ils laissent chaque étranger libre dans sa religion, dans ses connaissances, dans sa manière de vivre.

« Pourquoi n'en agirait-on pas de même à leur égard? Pourquoi, tout en reconnaissant qu'il a conservé les erreurs que la tradition lui a léguées, ne pas lui accorder qu'il est un peuple de bonne volonté? De toutes les sectes de **Foh** — un des noms de Swayambhouva, la cause universelle — qui embrassent la partie occidentale de l'Asie, celle-ci est la plus florissante; elle est plus instruite, plus humaine, plus noble et plus utile que toutes celles des bonzes, des lamas et des talapoins.

« Le Gange, qui a vu naître les brahmes, les voit encore célébrer sur ses bords leurs rites principaux...

« Quelle immense influence cette caste n'a-t-elle pas exercée pendant des milliers d'années sur la pensée humaine, influence tellement grande que, malgré la domination mongole qu'elle a dû subir si longtemps, son importance et ses doctrines sont restées immuables et que son action sur les mœurs et le genre de vie des Indous est si puissante, qu'une autre religion n'en a peut-être jamais produit de semblable.

« Tout chez ce peuple est son œuvre manifeste : son caractère, sa manière de vivre, ses coutumes, ses détails les plus infimes, sa langue, son génie; et quoique cette religion ne laisse pas d'être parfois incommode et tyrannique, les castes même les plus inférieures la respectent à l'égal des lois divines les plus sacrées. Il n'y a que des malfaiteurs, des misérables, expulsés de leur caste, ou de pauvres enfants abandonnés, qu'on voie embrasser une religion étrangère.

« Jamais, quelque malheureux qu'il soit, l'Indou ne dépouillera ce sentiment d'orgueil et de supériorité vis-à-vis de l'Européen qu'il sert, sans lui porter envie : preuve évidente que jamais aussi, tant qu'il existera, ce peuple ne s'alliera à un autre.

« Il est hors de doute que c'est dans le caractère de la nation et celui du climat qu'il faut chercher l'explication d'un phénomène jusqu'ici sans exemple : car est-il un peuple que l'on puisse comparer à l'Indou pour la patience, la soumission et la paix de l'âme? Si l'Indou se refuse avec tant de persistance à adopter les préceptes et les usages étrangers, c'est que déjà l'institution de Brahma occupe son âme tout entière, remplit sa vie, absorbe ses pensées à l'exclusion de toute autre. De là ces cérémonies, ces fêtes si souvent répétées, ces dieux innombrables, ces fables, ces lieux consacrés, ces œuvres méritoires, qui depuis l'enfance saisissent et occupent son imagination et lui rappellent à chaque pas dans la vie ce qu'il est et ce qu'il doit être. Tous les efforts de l'Europe sont venus échouer contre cet assujettissement de la pensée, qui ne finira, croyonsnous, qu'avec le dernier Indou. »

Nous n'avons rien voulu enlever à cette citation de Herder, qui résume admirablement en deux pages le caractère spécial de la civilisation brahmanique.

« Les doctrines des Indous sont restées immuables...

« Tout chez ce peuple est son œuvre manifeste : son caractère, sa manière de vivre, ses coutumes, ses détails les plus infimes, sa langue, son génie..... »

« Tant qu'il existera, ce peuple ne s'alliera pas à un autre...

« Les brahmes ont exercé, pendant des milliers d'années, une immense influence sur la pensée humaine..., etc., etc. »

Que conclure de ces vérités que nous affirmons dans toutes nos études orientales ?

C'est que le reproche d'avoir imité les peuples anciens ne saurait atteindre les Indous. La plupart, du reste, de ceux qui le leur adressent n'agissent que dans un intérêt soit de secte religieuse, soit de caste scientifique.

Au siècle dernier, philhellènes et égyptologues se livraient à des discussions interminables pour savoir quelle était la plus ancienne des civilisations grecque, égyptienne, assyrienne.

Aujourd'hui que l'antiquité des Égyptiens et des Assyriens ne peut plus être mise en doute, c'est l'antiquité de l'Inde qu'attaquent certains égyptologues et assyriologues en retard, qui voudraient bien immobiliser la science dans leurs prétendues découvertes.

L'heure n'est pas éloignée où cette révélation de la vieille mère indoue, dont parle M. de Jancigny, sera, sinon complète, du moins suffisante, pour lever tous les doutes et confondre toutes les mauvaises fois.

L'Inde accumule trop de preuves en faveur de son extraordinaire antiquité. Ruines, sculptures, inscriptions, manuscrits, documents de toutes espèces sur la littérature, les arts, les sciences, les religions et la philosophie, sont livrés à profusion par cette illustre contrée. Ici il n'y a pas de système ingénieux à présenter, il n'y a qu'à traduire, et à exposer la science des brahmes ; ce rôle est trop modeste pour nos savants officiels, et puis le ciel de l'Inde est plein de meurtrières splendeurs, il est plus facile d'ergoter sur un texte de la Bible ou une inscription cunéiforme, dans son cabinet, que d'aller les braver.

Il est certain que si la patrie des Védas, au lieu d'avoir conservé, suivant les expressions de Herder, son astronomie, sa chronologie, sa physique, sa jurisprudence et ses croyances de la plus haute antiquité, ne pouvait être reconstituée qu'à l'aide de quelques fragments de textes recueillis sur des colonnes brisées, ou des chapiteaux couchés dans l'herbe, il y a longtemps que la science titrée lui eût restitué dans l'histoire de l'humanité la place à laquelle elle a droit.

Puis, l'Allemagne semble se recueillir et n'étudier le passé de l'Inde qu'au point de vue philologique ; et nos savants attendent qu'elle ait parlé pour emboucher la trompette à leur tour...

Qu'on ne croie pas à une exagération !

N'est-ce pas hier seulement, qu'en prenant possession de son fauteuil, l'éminent professeur de japonais, M. de Rosny, président de la Société d'ethnographie, disait dans son discours d'installation :

« On commence à nous emprunter nos idées de tous côtés, *sans nous citer bien entendu ;* et j'apprenais dernièrement que la théorie que vous professez depuis dix ans de la science ethnographique, venait de nous arriver d'Allemagne, à la grande satisfaction des admirateurs de la science germanique. Moi aussi j'admire l'érudition germanique, mais je ne crois pas précisément que nous ayons à gagner, en changeant notre manière de faire de la science, contre celle de nos voisins les Allemands. En tout cas, je proteste énergiquement *contre l'attitude des savants français, qui ne savent accueillir que par la conspiration du silence les découvertes de leurs compatriotes non titrés et qui viennent ensuite battre la caisse pour annoncer ces mêmes découvertes, lorsqu'elles reviennent en France sous une fausse étiquette et par un canal étranger*[1]. »

1. Discours de M. de Rosny à la séance de la Société d'ethnographie du 8 décembre 1873.

Espérons que, malgré ces savants qui attendent leurs inspirations de l'Allemagne, ces savants qui, par stérilité d'esprit, se bornent à faire de l'*importation scientifique*, la France occupera une place importante dans l'œuvre de reconstitution de la primitive civilisation brahmanique.

On ne saurait croire jusqu'où vont certains esprits distingués, érudits et chercheurs, du reste, dans leur manie de localiser certaines civilisations, de les expliquer par elles-mêmes, d'isoler les races et les peuples, au lieu de considérer toutes les civilisations comme des actes procédant les uns des autres dans l'histoire universelle de l'humanité.

On va même jusqu'à inventer des civilisations et des peuples qui n'ont jamais existé, pour en faire des initiateurs immédiats, et n'avoir pas à remonter aux rives du Gange.

Nous avions déjà les conceptions aryennes et sémitiques. Voilà maintenant qu'on en a découvert une nouvelle, indépendante des deux autres, la conception touranienne.

A ce sujet, nos lecteurs nous sauront peut-être gré de mettre sous leurs yeux, pour les initier aux procédés de certaine science, une scène digne de Molière, donnée dans une de nos sociétés savantes les plus distinguées, par trois érudits officiels ; Byzance n'a rien produit de plus parfait dans ce genre, c'est à réhabiliter feu Galimatias.

Quelques mots d'explication pour faire comprendre cette discussion. Comme on va le voir, cet épisode ne sort pas du but général de nos études indianistes.

Il s'agissait de savoir quel était le peuple initiateur de la civilisation babylonienne, quelle contrée il habitait, quelle langue il parlait, et quel nom il fallait lui donner.

Deux savants sont aux prises sur la langue de ce peuple et le nom qu'il avait dû porter. Nous copions le procès-verbal [1] :

1. Société d'ethnographie, séance du 3 février 1873.

« M. L. fait une communication sur la langue *accadienne* et présente les raisons qui l'ont empêché d'admettre le nom de *sumérienne* que M. O. veut lui donner.

« M. O. répond : Que des motifs purement ethnographiques le forcent à rejeter l'opinion de M. L. En 1854, il a montré le premier que les inscriptions cunéiformes n'étaient pas inventées par un peuple sémitique, mais qu'elles étaient d'origine touranienne. A cette époque même, il eut l'habitude quelque peu critiquable d'identifier les Touraniens et les Scythes. Il nomma ce langage des inventeurs touraniens, le kasdo-scythique. Plus tard, il le nommait kasdéen. MM. Rawlinson et Hinks, qui n'avaient pas jusque-là pensé à l'existence d'une langue autre que l'assyrien sémitique, nommèrent cette langue l'un le proto-chaldéen, l'autre l'accadien. M. Hinks choisit le dernier terme, parce que le nom d'Accade était cité dans la Genèse, chapitre x, ligne 10, comme une des quatre villes nemrodiennes du Sennaar. Il choisit ce nom, parce que tous les rois, depuis les temps les plus reculés jusqu'aux Babyloniens, s'intitulaient rois des Sumers et des Accades. *Hinks déclare néanmoins que c'était une simple hypothèse pour laquelle il n'avait pas d'autre preuve.* Aussi cette dénomination ne fut acceptée ni par sir Henry Rawlinson, ni par M. Fox Talbot, qui nomme encore ce langage proto-chaldéen. MM. O. et M. se tinrent au mot de kasdo-sémitique et de kasdéen.

« Quelques autres savants acceptèrent provisoirement le nom d'*accadien*, à cause de sa facile prononciation et à cause du nom d'*Accade* se trouvant dans un texte célèbre.

« M. O. a prouvé d'ailleurs que si la langue touranienne appartient à l'un des deux peuples, ce devra être à celui de Sumer, et non pas à celui d'Accade. Il appelle donc définitivement cette langue : langue sumérienne.

« En voici les raisons irrécusables selon lui :

« 1° Les rois touraniens, qui ont porté ce titre de roi des *Sumers* et des *Accades*, ou de *Sumer* et d'*Accade*, mettent le nom de Sumer le premier, ce qu'ils n'auraient pas fait s'ils avaient été des Accades eux-mêmes.

« 2° Le nom de *Sumer* n'est lui-même qu'un nom touranien signifiant le pays, la contrée qui, plus tard, prit le nom sémitique d'Assour, l'Assyrie. Ceci est prouvé par les substitutions assez fréquentes d'*Assour* pour *Sumer* et explique la disparition complète du vocable *sumer*, dans les temps postérieurs de la prédomination sémitique.

« 3° Les Assyriens et les Babyloniens dans le même titre royal, qui seul, d'ailleurs, dans les textes complets, mentionne le nom de *Sumer*, substituent, à ce nom de Sumer, deux caractères idéographiques dont le premier signifie la langue, et dont le second, entre autres valeurs, présente les deux acceptions d'*adoration* et de *vaticination*. Pour les Assyriens le nom de Sumer se rattachait donc ou s'identifiait à celui d'une langue autre que l'assyrien, et en effet le sumérien formait la langue sacrée des Assyriens. Il est à remarquer, en outre, que ce titre de langue sacrée n'est jamais employé par les rois qui écrivaient dans la langue sumérienne, mais que, dans les textes antiques, on substitue à *Sumer* un idéogramme signifiant « pays du vrai seigneur. »

Rien n'étant incertain, ni dans le premier, ni dans le second, ni dans le troisième des arguments qui précèdent — c'est toujours M. O. qui parle — et chacun des trois, d'ailleurs, suffisant à lui seul pour contrebalancer l'attribution de la langue à Accade, M. O. conclut qu'il n'y a aucune espèce de doute possible. Il ajoute que son argumentation en faveur de Sumer constitue un ordre de preuves directes. Mais il ajoute qu'il existe encore un autre indice indirect, tiré du nom même d'Accade. Le voici: le texte cité plus haut de la Genèse parle de Babel, Trech, Accade et Chalané dans le pays de Sennaar.

Or, puisque Sennaar est une domination sémitique et que Babel, Trech et Chalané sont certainement sémitiques aussi, il y a tout lieu de penser qu'Accade est encore un mot sémitique. Cette observation a échappé à Hinks et aux personnes qui l'ont suivi. Les considérations ethnographiques et géographiques avancées par M. L., que l'un signifie le nord et l'autre le midi, ne présentent aucune solidité, car, avec le même droit, on peut juste soutenir le contraire.

M. O. engage donc M. L. à intituler le troisième fascicule de son excellent travail, *Études sumériennes* ; il finit en le remerciant de la bienveillante note qu'il a insérée à la fin de son second fascicule, et dans laquelle il déclare « n'avoir pas cru nécessaire d'insister sur la démonstration du nom d'Accadien. » M. O. croit au contraire que cette démonstration aurait dû venir à la première page.

Voilà donc la théorie de M. L. proprement enterrée par M. O.

Nous nous sommes contenté de donner le procès-verbal seulement de la première partie de cette discussion qu'il eût été trop de relever tout entière. Pour la seconde partie, qui est la réponse de M. Halévy à ces curieuses théories, en voici le texte complet :

« Tandis que les maîtres de la science assyriologique discutent le nom porté par la nation touranienne, qui inventa l'écriture cunéiforme, et initia les Babyloniens dans les connaissances les plus indispensables pour une vie civilisée, qu'il me soit permis de demander si l'existence même d'une nation touranienne sur le bas Euphrate ne renverse pas les notions les plus saines que l'éthnographie, aidée de l'histoire et de la géographie, a fournies jusqu'à présent sur l'ancienne population de cette contrée.

Cette question étonnera sans doute les savants auxquels je

n'adresse. Ils me plaindront peut-être d'ignorer... peut-être m'accuseront-ils de feindre d'ignorer les fortes et nombreuses preuves que les coryphées de l'assyriologie ont apportées depuis vingt ans, pour démontrer le touranisme de l'antique civilisation babylonienne. A ceci je réponds: j'aime mieux paaître ignorant que crédule.

Les preuves données par les assyriologues sont, si je ne me trompe, d'un caractère purement linguistique: on dit que la langue qui résulte de certaines inscriptions découvertes en Babylonie et en Assyrie, ressemble et par son capital lexicographique et par son mécanisme grammatical aux langues touraniennes, surtout aux idiomes ougro-finnois. *Admettons, pour le moment, l'exactitude de cette assertion...* Que faudra-t-il en conclure? Il faudra en conclure, je pense, qu'un peuple touranien, plus ou moins voisin de la Mésopotamie, était arrivé, dans une époque très-reculée, à un haut degré de civilisation, et que cette civilisation touranienne a été adoptée par les Sémites de la Babylonie. Placez ce peuple touranien dans la Susiane, en Arménie, ou, si vous aimez mieux, aux portes du Caucase, ou en Asie-Mineure, là les races aborigènes n'étaient ni sémites ni aryennes, et votre système ne rencontrera pas de difficultés insurmontables. Vous ferez justice des scrupules de vos adversaires, en leur citant la civilisation japonaise, due presque entièrement à la Chine [1]. Vous leur direz : puisqu'on écrit au Japon des livres chinois, pourquoi les Babyloniens n'auraient-ils pu rédiger des épigraphes dans la langue de leurs civilisateurs touraniens? Bref en vous bornant à constater l'origine touranienne de la civilisation assyro-babylonienne, vous resterez dans les limites de vos études linguis-

---

1. M. Halévy formule là une vérité de surface. Les Japonais se son assimilé les coutumes extérieures principales, mais le fond de leur religion, de leurs lois, vient de l'Inde. Il est prouvé aujourd'hui que le japonais appartient à la grande famille des langues samscrites.

guistiques et vous ne rencontrerez que peu de contradic-
tions.

Mais, permettez-moi de vous le dire, vous sortez de ces
limites naturelles, lorsque vous assurez que ce peuple touranien habitait jadis la Babylonie, n'importe quelle partie, et formait un nombreux élément de la population primitive. En cela
vous passez dans le domaine de l'ethnographie et vous devez
vous attendre qu'on vous demandera vos preuves.

Je prends donc la liberté de vous soumettre les deux questions suivantes :

1º Comment se fait-il qu'aucun auteur ancien ne mentionne
l'existence d'un peuple non sémitique en Babylonie, pas même
l'auteur du chapitre x de la Genèse, dont l'antiquité et les
connaissances exactes de la Mésopotamie ne peuvent pas être
révoquées en doute.

2º Un peuple qui a vécu pendant des milliers d'années dans
un pays, ne disparaît pas sans laisser de traces de son existence. Il y a environ deux mille ans depuis que la nationalité
juive a disparu de la Palestine et pourtant le voyageur y entend à chaque pas des réminiscences hébraïques. Je ne parle
que des noms géographiques qui se sont perpétués, quoique
sous une forme altérée. Et la France ne porte-t-elle pas, dans
sa nomenclature géographique, l'empreinte des courants ethnographiques qui ont envahi son sol?

Comment donc imaginer que le peuple le plus civilisé et le
plus original de la Babylonie ait entraîné dans sa perte les
noms géographiques des lieux qu'il habitait, et des villes qu'il
avait créées, tandis que les noms propres d'origine sémitique
sont restés jusqu'à ce jour? *Citez, je vous prie, un seul nom
de montagne, de fleuve ou de ville qui soit dû à cette langue
singulière que vous appelez touranienne.*

Je me contente pour le moment de demander une explication nette sur ces deux points fort simples et d'une nature

ethnographique ; ce n'est pas ici que le côté linguistique de la question peut être élucidé.

Mais j'avoue que j'ai déjà quelques remords d'avoir admis pour un instant la thèse principale de nos savants collègues, savoir le touranisme des documents nommés accadiens par les uns, et sumériens par les autres.

Je les ai toujours regardés comme des textes assyriens écrits dans un système particulier d'idéographisme.

L'excellente étude que M. L. vient de publier sur la grammaire accadienne, ne fait que me fortifier dans mon sentiment ; mais comme je ne veux pas opposer une hypothèse à une autre, je me tiens sur le terrain de l'ethnographie, et je serais heureux d'obtenir une réponse préliminaire aux questions que j'ai cru nécessaire de leur adresser. »

Ce débat est curieux et plein d'enseignement.

Il est hors de doute que les anciennes civilisations assyriennes et babyloniennes ne sont point nées sur le sol même où elles se sont développées.

Tout le monde est d'accord sur ce point.

Mais à la première question qui découle naturellement de cette opinion : quelle est la contrée initiatrice? d'interminables discussions commencent.... Cela dure déjà depuis plusieurs années sans qu'on soit plus près de s'entendre qu'aux premiers jours.

L'un dit : J'appelle Accadiens les peuples d'origine touranienne qui inventèrent les caractères cunéiformes, et initièrent les Babyloniens dans les premières connaissances de la vie civilisée ; la langue qu'ils parlaient, je la nomme langue accadienne.

Moi, dit un autre, je donne à cette langue le nom de Sumérienne, et aux peuples qui la parlaient, celui de Sumériens.

Puis, comme un savant qui se respecte ne peut adopter comme cela des noms imaginés par d'autres, la langue des

cunéiformes reçoit successivement les noms de kasdo-scythique, kasdo-sémitique-scythique, kasdéen-chaldéen, et
proto-chaldéen.

On discute gravement sur ce peuple inconnu, bien et
dûment baptisé une demi-douzaine de fois; on invente des
arguments qu'on proclame irréfutables, à faire pâlir la scolastique et Byzance.... Le public écoute sérieusement, s'imaginant que ces savants lutteurs vont bientôt se mettre d'accord
sur un nom définitif!.. quand tout à coup un troisième parti
s'avance et donne à plein corps dans le château de cartes si
laborieusement édifié...

— Votre nation touranienne n'a jamais existé, dit-il aux
autres... Votre opinion n'est pas même le résultat d'une
hypothèse acceptable, car elle est combattue par les plus
saines notions que l'ethnographie, aidée de l'histoire et de la
géographie, a fournies jusqu'à présent sur l'ancienne population
des rives de l'Euphrate. Ah! si vous placiez votre peuple
touranien imaginaire dans la Susiane, en Arménie, dans le
Caucase, dans une contrée enfin sur laquelle l'histoire du passé
serait entièrement muette, vos adversaires n'auraient rien à
vous répondre faute d'arguments, vous nageriez dans la linguistique pure, et on ne pourrait pas vous suivre sur ce terrain dangereux plein de vieilles souches et de racines.... Mais
je m'en veux d'avoir admis, même pour un instant, cette
thèse impossible *de mes savants collègues*... Un peuple qui a
vécu pendant des milliers d'années dans une contrée, ne disparaît pas sans laisser de nombreuses traces de son existence... Citez, je vous prie, un seul nom de montagne, de
fleuve ou de ville qui soit dû à cette langue singulière que
vous appelez touranienne. Tous vos documents appelés par
les uns accadiens, et par les autres sumériens, sont simplement des textes assyriens écrits dans un système particulier
d'idéographisme...

Ainsi, Accadiens, Sumériens, Kasdo-scythiques, Proto-chaldéens, Kasdéens, etc... tous ces peuples n'existent que dans l'imagination des gens qui les ont inventés, et c'est un savant qui met d'autres savants, ses collègues, au défi de faire la preuve de leur existence.

Il est temps que la science officielle, cette science qui se cantonne dans une idée, se parque dans un système, édifie des civilisations entières sur des textes que chaque savant tra-duit d'une manière différente, qui invente des peuples fabu-leux, et prétend traduire des inscriptions cunéiformes aux-quels elle ne comprend rien, qui abandonne les grandes idées générales, philosophiques et historiques qui de tout temps avaient séduit le génie français, pour tomber dans cette lourde et pédantesque philologie allemande, il est temps, disons-nous, que cette science subisse une révolution salu-taire.

Eh ! laissez donc, messieurs, toutes ces tortures d'imagina-tion que vous vous imposez pour trouver le peuple initiateur de la Babylonie, pour en fabriquer un au besoin.... Cette con-trée fut le grand chemin des émigrations indoues ; c'est par là que les fils des Brahmes s'en sont allés en Asie Mineure, en Arabie, en Égypte, en Grèce et dans le Latium, et ils ont semé avec une telle profusion sur leur passage leurs idées, leurs traditions, leurs mœurs, leurs lois, qu'il faut bien reconnaître que l'Inde fut l'*Alma parens* des nations de l'antiquité, comme elle l'est de tous les peuples de l'Europe moderne, si l'on ne veut, ainsi que nous l'avons déjà dit, prétendre que la civili-sation indoue avait graduellement emprunté toutes les cou-tumes, toutes les lois, toutes les croyances des peuples anciens et modernes.

Il ne pourrait venir à l'esprit de personne de soutenir une hypothèse, qui serait non-seulement en contradiction flagrante avec l'histoire, la géographie, la philosophie et la linguistique, mais encore avec les plus vulgaires données du sens commun ethnographique.

Comment oser, par exemple, soutenir que le sanscrit, qui a formé toutes les langues indo-européennes, et qui est l'ancêtre immédiat de tous les idiomes de l'Orient, ne soit, au contraire, qu'un composé de toutes ces langues ?.... L'absurdité de cette proposition serait telle, que nul n'a encore pris sur lui de l'énoncer.

En général, la maternité de l'Inde n'est point repoussée par les savants officiels, mais, tout en l'admettant comme base, chacun ensuite veut soustraire à son influence les sujets particuliers de ses propres études, ce qui fait qu'on arrive aux singulières conclusions suivantes.

Les Grecs. — L'Inde est certainement le berceau de l'humanité, mais c'est la Grèce qui a inspiré sa littérature et sa philosophie.

Les Égyptiens. — L'Inde est certainement le berceau de l'humanité, mais c'est de l'Égypte qu'elle tient ses mythes religieux et son architecture.

Les Chaldéens. — L'Inde est certainement le berceau de l'humanité, mais c'est la Chaldée qui l'a initiée à l'astronomie, aux sciences occultes et qui lui a donné le zodiaque.

Les Perses. — L'Inde est certainement le berceau de l'humanité, mais elle nous a emprunté le culte du soleil.

Les hébraïsants. — L'Inde est certainement le berceau de l'humanité, mais la révélation mosaïque a accompli une véritable révolution dans ses croyances.

Les savants teintés de christianisme. — L'Inde est certainement le berceau de l'humanité, mais le christianisme est venu purifier ses doctrines, et l'antique figure de Christna a peu à peu revêtu la figure du Christ.

Enfin les inventeurs du sémitisme, les romanciers de la vie de Jésus, disent d'un ton bref et légèrement acerbe : Les

Sémites ont leurs conceptions propres, ils ne doivent rien aux philosophes des bords du Gange. L'Inde a le don d'irriter cette dernière catégorie de savants au delà de toute mesure. C'est qu'hélas ! ils représentent un des groupes d'hommes qui ont le moins fait pour le développement général des idées, et qui puissent le moins prétendre à quelque originalité. Tout le bagage des traditions sémitiques n'est qu'une copie grossière, mal faite, mal digérée des superstitions que les brahmes avaient abandonnées aux gens de basse caste, aux esclaves, aux parias. Groupées et prises dans leur ensemble, ces diverses opinions, émises par les savants sur l'Inde, ne laissent subsister que la vérité générale : — l'Inde est le berceau de l'humanité, — car chaque affirmation particulière est détruite par celle du voisin.

Il est clair que si chaque savant reconnaît l'influence de l'Inde sur toutes les civilisations autres que celle dont il a fait sa chose, sa spécialité, il suit de là que, de l'avis de tous, aucune de ces civilisations ne peut se soustraire à l'influence indoue.

Que nos lecteurs nous excusent si nous insistons, mais là est le point capital.

L'Inde a été l'initiatrice,

Et non l'initiée.

Le jour où toute la science, persuadée de cette vérité, fera sur l'Inde *et dans l'Inde* le travail accompli depuis dix-huit siècles, sur la Grèce d'abord, sur l'Égypte ensuite... l'humanité sera en mesure de commencer à écrire son histoire.

Il n'y a peut-être pas beaucoup *de bonne foi* dans les négations du présent. Les savants qui inventent des peuples touraniens, savent très-bien que dans le seul *Manou*, il y a plus de véritable science et de philosophie que dans tout ce que le prétendu sémitisme nous a légué... mais ils sont les esclaves d'une route parcourue depuis quinze, vingt, trente

ans peut-être; après avoir, dans la chaire du professeur, dans
le journal et dans le livre, assigné telle ou telle origine à
l'humanité, telle ou telle distribution ethnographique des
races, ils ne peuvent pas venir renverser eux-mêmes leurs
théories, démolir pièce à pièce leur œuvre laborieusement
édifiée, qui du reste conserve sa valeur dans l'ensemble scientifique, ce sont les ouvriers des premiers jours... on a eu
besoin d'eux pour avancer... Leur seul tort, qui est le tort de
chaque siècle qui marque, comme celui de chaque homme
qui s'est distingué, a été de croire qu'ils avaient dit le dernier
mot, et qu'ils seraient les lumières de l'avenir comme ils
l'avaient été du passé...

Donc, nous n'attendons rien des temps présents. L'Inde
devra sa reconstitution aux savants de la génération prochaine.

. . . .

Nous sommes loin d'être isolé dans la cause que nous
soutenons. Bon nombre de philosophes et de naturalistes, par
des raisons différentes, ont soupçonné les richesses enfouies
dans le passé brahmanique, mais l'heure n'avait pas encore
sonné ; il faut, pour exhumer une civilisation aussi colossale,
plusieurs siècles d'un courant scientifique sérieux. Les véritables études grecques ne datent que de la Renaissance, et ce
n'est que d'hier que nous connaissons l'Égypte.

Écoutez Herder parlant, d'après William Jones, de la vieille
terre des brahmes :

« Chacun sait à quelle élévation la poésie a été portée,
chez la plupart des peuples de l'Asie méridionale, *c'est-à-dire
chez les Indous*. Plus elle est ancienne et plus elle a de caractère, de noblesse et de simplicité, qui lui ont mérité le nom
de divine. Est-il une pensée brillante, j'irai même plus loin,
est-il seulement une hypothèse ingénieuse qui soit venue à la
pensée d'un occidental moderne, et dont on ne puisse retrouver la trace ou le germe dans quelque maxime ou fiction

orientales ? Le commerce de l'Asie est le plus ancien de la terre, et c'est aux Asiatiques qu'on est redevable des découvertes les plus importantes au commerce : *on peut en dire autant de l'astronomie* et de la chronologie. Pourrait-on ne pas être frappé d'étonnement au spectacle de la rapidité avec laquelle se sont multipliés dans le principe tant d'observations et de procédés astronomiques que les peuples les plus anciens de l'Asie peuvent revendiquer sans contredit? Leurs anciens philosophes étaient les philosophes du ciel, les observateurs de la marche silencieuse et progressive du temps, *car l'esprit de calcul s'était* développé chez eux autant que de nos jours. Les *brahmes font mentalement des opérations mathématiques fabuleuses ;* toutes les divisions du temps leur sont familières, depuis la mesure la plus infime jusqu'aux plus grandes révolutions des cieux, et bien qu'ils n'aient pas à leur disposition les moyens qu'emploient les Européens, il est rare de les voir commettre une erreur ; l'*antiquité leur a légué les formules* qu'ils appliquent aujourd'hui ; notre division de l'année est asiatique ; nos caractères arithmétiques et astronomiques sont d'origine indoue.

L'éminent philosophe que nous citons d'autant plus volontiers qu'une nuance de fatalisme naturaliste le sépare plus de nos idées, ce qui exclut tout reproche de partialité pour la thèse que nous soutenons, conclut en plaçant l'asile des premiers hommes « dans ces solitudes ombreuses qu'enferment les montagnes de l'Inde, ce pays si riche en or et en pierres précieuses, si renommé de tout temps à cause de ses trésors. Le fleuve qui l'entoure est le Gange sacré que toute l'Asie regarde comme le fleuve du paradis. Là se trouve le Gihon biblique qui n'est autre que l'Indus. Les Arabes le nomment encore ainsi, et les noms des pays qu'il est censé arroser existent encore chez les Indous... »

Suivant lui, Moïse, qu'il nomme un *compilateur récent* des

traditions antiques, aurait puisé à pleines mains dans la légende indoue.

Le naturaliste Pallas, un des savants les plus consciencieux et les plus éminents du siècle dernier, était arrivé à cette conviction, que le berceau des races humaines ne pouvait se placer ailleurs que dans l'Inde, par ces motifs que « l'on retrouvait sur les plateaux et dans les plaines tempérées de ce pays tous les animaux domestiques des contrées méridionales et septentrionales, soit privés, soit à l'état sauvage, ainsi que tous les arbres, plantes et fleurs, que l'on rencontre dans toutes les parties du globe. »

La nature elle-même vient en aide à la science pour fixer le véritable point de départ de la tradition humaine.

Si donc les premiers vestiges de la vie se trouvent dans l'Inde; si c'est dans ces vastes et fertiles plaines que les civilisations antédiluviennes se sont développées ; si c'est de là que sont partis tous les peuples, si mages, prêtres chaldéens, hiérophantes d'Égypte, et oreros polynésiens sont, comme nous l'avons suffisamment démontré dans les diverses études indianistes que nous avons déjà publiées [1], les héritiers des brahmes indous; si le culte de Brahma-Swayambhouva, dans son unité, sa simplicité, sa grandeur primitive, n'a été, suivant l'expression de l'ancien aide de camp du nabab d'Aoude, M. de Jancigny, qu'une vaste formule d'où sont sortis tous les cultes qui se sont depuis partagé les nations ; si tous les philosophes anciens ont été demander aux brahmes, pundits, sannyassis, nirvanys, vanaprasthas, djeïnas et dwidjas, de leur enseigner la science de la vie ; si, au dire de Moïse de Chorène, les sept cent mille volumes de la bibliothèque d'Alexandrie ne furent que des traductions d'ouvrages indous ; si le roi Hystasp apprit des brahmes les rites purs

—————

1. *Bible dans l'Inde.* — *Fils de Dieu.* — *Christna et le Christ.* — *Histoire des Vierges.* — Lacroix et C°, éditeurs à Paris.

des sacrifices, et les mouvements des astres et de l'univers qu'il enseigna ensuite aux mages ; si la Bible n'est qu'une compilation récente des traditions nées entre le Gange et l'Indus ; si nous sommes, ce que n'osent nier les ennemis les plus acharnés de la tradition brahmanique, des nations indo-européennes ; si nos mœurs, nos usages, nos coutumes, nos lois, nos croyances religieuses, nos langages portent encore le sceau ineffaçable de notre origine !... que devient cette accusation tout nouvellement mise à la mode par les philosophes chrétiens des différentes sectes, sans autres preuves que leur affirmation : « Que les Indous ont été imitateurs et non initiateurs des peuples anciens ? »

Bien que cette opinion n'ait aucune chance d'être jamais prise au sérieux dans la science indianiste, malgré l'appui qu'elle reçoit tacitement de certains savants officiels, nous avons pensé qu'il pouvait être utile d'en faire justice une fois de plus au début de ce livre, et de montrer que tout, dans le passé comme dans le présent, proteste contre ces légèretés scientifiques.

CHAPITRE II.

ARYENS. — SÉMITES. — TOURANIENS.

Certains philologues, plus ou moins officiels, admettent autant de races d'hommes que de langages différents. Pour ne nous occuper que des peuples auxquels nous sommes reliés par des identités de traditions, les peuples de l'Asie ont été divisés en Aryens, Sémites et Touraniens. [1]

Si ces expressions n'avaient dans la pensée de ceux qui les emploient qu'une valeur de classification philologique destinée à indiquer les variations et les changements apportés par le temps et l'éloignement du berceau commun dans les institutions, les mœurs et le langage des peuples fils de la même terre, nous n'y contredirions en rien. Nous ne troublerions pas non plus dans leur quiétude les inventeurs des Accades, Kasdéens, Proto-Chaldéens et Sumériens. Mais du moment où ces désignations ont la prétention d'indiquer des civilisations d'origines différentes, nous sommes en droit de leur demander leurs titres, de discuter leur valeur.

Nous allons donc examiner ce que furent les civilisations anciennes, que l'on nomme aryenne (indoue), sémitique et touranienne, et voir si c'est à juste titre qu'on peut les considérer comme le fruit de trois conceptions initiales différentes, ou s'il

1. Nous ne reconnaissons que deux races : la blanche et la noire.

n'est pas au contraire plus scientifique de leur assigner le même berceau.

En d'autres termes, Aryens, Sémites, Touraniens représentent-ils trois variétés primitives de notre espèce, ou sont-ils trois rameaux du même tronc?

Les partisans de la première opinion, arguant des différences philologiques, qui existent dans *le parler* de ces peuples, érigent en axiome la proposition suivante :

Deux langues radicalement diverses supposent nécessairement deux variétés primitives de l'organisation cérébrale propre à notre espèce; donc tous les peuples parlant des langues radicalement diverses appartiennent à des races différentes.

Nous répondons en faveur de la seconde :

Deux langues diverses par les formes du parler ne laisseraient supposer une matière cérébrale différente que dans le cas où, à ces différences purement mécaniques, viendraient se joindre des conceptions intellectuelles d'une nature et d'un ordre différent. Donc toutes les nations qui possèdent des conceptions intellectuelles identiques appartiennent à la même race.

Il est certain que la science comparative et raisonnée des langues, en rétablissant l'ensemble des formes lexiques et grammaticales composant le langage primitif de chaque peuple, peut rendre de grands services à l'ethnographie, mais la philologie ne saurait composer à elle seule toute l'ethnographie, comme voudraient le faire croire l'allemand Max Muller et ses disciples.

Quand vous aurez répété pendant des siècles : « Que les racines dans les langues sémitiques exigent trois consonnes visibles ou rejetées et que les voyelles qui se placent entre ces consonnes ne sont que des modifications grammaticales et ne font point partie de la racine... »

« Que dans les langues indo-européennes, la racine presque

toujours invariable s'entoure de syllabes étrangères et que la voyelle, soit seule, soit accompagnée de plusieurs consonnes, peut être racine... »

Quand vous nous aurez dit que dans les langues que vous appelez touraniennes :

« Les mots se forment par l'union de deux racines, dont l'une conserve son indépendance radicale, pendant que l'autre se réduit au rôle de simple désinence... »

Et quand vous aurez conclu arbitrairement qu'Indo-Européens, Sémites et Touraniens n'ont entre eux aucune communauté d'origine, par ces motifs que les racines et les mots de leurs langues ne sont pas construits d'après les mêmes règles... pensez-vous que vous nous aurez enlevé le droit de prouver que les traditions, les mœurs, les coutumes, les lois, les croyances religieuses de ces peuples furent identiques, que tout ce qui constitua leur vie intellectuelle, leur civilisation, en un mot, est issu d'une source unique, et de conclure à notre tour, par des raisons historiques, géographiques, philosophiques, législatives et religieuses, à cette communauté d'origine que vous repoussez par des raisons philologiques pures ?

Où donc avez-vous pris le droit, parce que certains groupes d'hommes emploient des *racines invariables*, et d'autres *des racines à flexions*, de prétendre qu'ils sont d'une conformation cérébrale, d'une origine différentes, et de trancher d'un seul coup les problèmes les plus graves d'histoire et de physiologie ?

Si une pareille légèreté de logique se généralisait dans la science, rien ne serait plus simple que de résoudre les questions les plus ardues.

Toutes les branches de l'ethnographie, et non la linguistique seule, ont depuis longtemps fait la preuve de notre origine indo-européenne.

Eh bien, que répondraient certains philologues, si les naturalistes venaient leur dire :

Les Indous sont bronzés, les Européens sont blancs, donc c'est à tort qu'on nous appelle des nations indo-européennes.

Les linguistes auraient beau répondre : Mais nous parlons des langues qui ont le même génie, nous avons tous des radicaux à flexions, etc... rien ne saurait empêcher les naturalistes de leur dire : Notre argument sur la couleur de la peau, argument tout physiologique, vaut votre argument sur les racines variables ou invariables, argument tout philologique...

Et si en effet les naturalistes, avant de conclure ainsi, seraient obligés, suivant la véritable méthode scientifique, de prouver que les différences de milieux, de climats, de nourriture, d'habitudes, ne peuvent pas créer des nuances différentes de coloration chez les individus de la même race..., n'est-on pas en droit de dire également aux philologues : Avant d'affirmer, prouvez-nous que des cerveaux humains, sortis d'un même moule, ne peuvent pas construire plusieurs langues suivant des formes lexiques et grammaticales différentes.

Voilà des hommes qui pensent de la même manière, qui, pendant des siècles, ont eu les mêmes conceptions psychologiques, dont l'esprit admet les mêmes règles, les mêmes vérités, les mêmes axiomes, qui est frappé identiquement par les mêmes faits... Et vous pensez nous faire admettre, parce que les uns *préfixeront* et les autres *suffixeront* leurs racines, parce que les uns auront des verbes d'une formation plus simple que les autres, que cela indique une conformation cérébrale différente. Qu'importe le cri jeté, si la pensée est la même, la forme des amphores si le vieux falerne est du même cru?

Loin de nous la pensée de diminuer l'importance des services éminents, rendus à notre époque, par les études de linguistique pure, ce que nous ne voulons pas, c'est que la philologie sorte du domaine qui lui est propre et de l'étude des rapports des langues entre elles, pour s'ériger en grand criterium historique et ethnographique.

Arriverons-nous jamais à connaître le secret de notre origine? la terre a-t-elle été peuplée successivement par plusieurs races différentes, tous les hommes et tous les peuples sont-ils au contraire les produits d'un type uniforme, dont les variations doivent être attribuées au climat, à la nourriture, à la vie nomade ou sédentaire, primitive ou civilisée? Ce sont là autant de problèmes que tous, naturalistes, physiologistes, philosophes, théologiens, historiens, philologues tour à tour, prétendent résoudre, sans être parvenus jusqu'à ce jour à s'entendre entre eux.

Naturalistes et physiologistes ne voient la plupart du temps que la matière;

Philosophes et théologiens, que l'esprit;

Historiens, que les faits;

Philologues, que les sons.

La matière et l'esprit forment l'être animé qui pense, veut et agit.

Les faits sont la manifestation de l'existence, de la volonté et de l'action, de l'être existant.

Les sons, le langage, sont les formes sensibles de la pensée.

La *véritable Genèse de l'Humanité* ne se fera donc que par la réunion et l'accord des sciences naturelles et physiologiques, philosophiques et théologiques, historiques et philologiques.

Les Germains et leurs disciples ne reconnaissent que des forces physiques dans les évolutions humaines: nous désirons leur montrer la puissance des forces morales.

C'est à ces divers points de vue que nous allons examiner les peuples et les civilisations de l'antiquité que la science officielle a classés comme émanés de races différentes, ayant eu chacune leurs conceptions propres.

Et d'abord, qu'on nous permette de rejeter ces trois noms :

d'*Aryens*, de *Touraniens* et de *Sémites*.

qui, nous le démontrerons bientôt, ne signifient absolument rien à tous les points de vue ethnographiques, pour les remplacer par ceux :

d'Indous, de Chaldéens et d'Égyptiens,

qui eux-mêmes ne tarderont pas à se fondre dans ces deux appellations qui, à notre sens, contiennent tous les peuples de la race blanche, issus du même berceau :

Les Indo-Asiatiques et les Indo Européens

CHAPITRE III.

ORIGINES DES TRADITIONS CHALDÉENNES DITES SÉMITIQUES.

La thèse que nous soutenons ne change pas ; chaque étude nouvelle est la suite logique de celle qui la précède. Nous n'admettons dans le monde que deux races ayant des traditions et des aptitudes différentes, la race blanche et la race noire, et nous nous efforçons de réunir dans ces recherches asiatiques et orientales toutes les traditions, toutes les conceptions primitives de la race blanche qui, selon nous, sont nées et se sont développées dans le triangle compris entre l'Indus, l'île de Ceylan, le Gange, le Brahmapoutre et les plateaux de l'Himalaya. Ces études resteront à l'ordre du jour des sciences orientales, tant que le dernier mot ne sera pas dit sur les anciennes civilisations de l'Inde.

La terre des brahmes a beau invoquer ses vieilles traditions, ses innombrables manuscrits sur toutes les sciences, dont les auteurs écrivaient des milliers d'années avant que l'Égypte, l'Asie Mineure, la Grèce et le Latium fussent habitables; les inventeurs du sémitisme non-seulement ferment les yeux sur ce merveilleux passé, mais encore insinuent à leurs heures que l'Inde pourrait bien avoir subi l'influence de la Judée... de cette contrée qui fut pendant toute l'antiquité la grande pépinière d'esclaves de l'Égypte et de la Chaldée.

Que les champions d'Accade et de Sumer continuent à discuter sur des peuples dont l'existence est niée par *leurs savants collègues*, que les historiens des Sémites continuent à marcher dans le sentier allemand, et à développer dans leurs cabinets *de ces théories hardies* qui naviguent en cadence entre le christianisme et la libre pensée… Nous pouvons leur prédire que ce siècle n'achèvera pas sa carrière sans que l'histoire de l'humanité soit sortie des bornes étroites où la théologie et la science *officielle* s'efforcent de l'enfermer.

Toutes les annales, traditions et légendes sémitiques, chaldéennes et touraniennes, qui ont la prétention de régir celles des autres peuples, ne sont — nous allons le démontrer par le détail — que des annales, des traditions et des légendes indoues, plus ou moins transformées par le temps et l'imagination populaire.

CHAPITRE IV.

LA BIBLE DEVANT LA SCIENCE.

Le seul monument sérieux de tradition sémitique ou prétendue telle, que nous possédions, est la Bible. Sans aborder pour le moment l'étude comparée de cet ouvrage légendaire dans lequel hébreux et chrétiens doivent puiser toute leur science génésique et cosmologique — puisque le livre est révélé, — que le lecteur nous permette une observation.

Il n'y a plus que les partisans acharnés de cette révélation qui osent encore attribuer à Moïse la rédaction du Pentateuque dans la forme actuelle que nous possédons. Pour tous les orientalistes sérieux, ce code civil et religieux des Hébreux fut rédigé sous le règne du roi Josias et sous le pontificat d'Helkiah, à l'aide des vieilles traditions de la terre d'Égypte et des traditions plus récentes de la captivité babylonienne.

Il est acquis à la science et pas un hébraïsant sérieux ne nous contredira :

1º Que le volume de la Genèse est indépendant des quatre autres livres qui composent le Pentateuque ; que les légendes dont il est composé n'appartiennent pas aux traditions nationales des Juifs, mais bien aux traditions égyptiennes, chaldéennes et indoues.

2º Que les quatre autres livres sont rédigés avec tant de négligence et renferment de telles inexactitudes historiques et chronologiques, qu'ils offrent eux-mêmes à chaque pas les preuves de leur peu d'authenticité.

3° Que toutes les lois et prescriptions qu'ils contiennent, que toutes les institutions qu'ils établissent, existaient depuis plusieurs milliers d'années en Égypte et dans l'Inde.

4° Que jusqu'au règne de Josias, les Hébreux offrirent leurs adorations aux milliers de dieux, demi-dieux, démons et esprits mauvais de la mythologie grossière des Égyptiens et des Chaldéens.

5° Que le monothéisme hébraïque ne date que de Josias et du pontife Helkiah, qui accomplirent cette révolution religieuse, en détruisant les temples, les statues des dieux, les chars et les chevaux du Soleil et en brûlant les prêtres et les prêtresses, gardiennes du feu sacré.

6° Que les novateurs, pour donner plus de poids à leur œuvre, rédigèrent le Pentateuque, ou livre de la loi, dont on n'avait jamais entendu parler jusqu'alors, et le placèrent sous l'autorité légendaire de Moïse, dont le nom était vénéré comme celui du fondateur de la nationalité juive.

7° Que la tradition avait bien pu conserver quelques-unes des lois et ordonnances de Moïse, comme celle *du Talion*, dont la dureté excessive s'explique par la nécessité de maintenir dans l'obéissance et la discipline une troupe de vagabonds et d'esclaves, mais que l'ensemble du Pentateuque ne peut en aucune façon être attribué à Moïse.

Nous avons déjà eu l'occasion, dans nos précédents ouvrages et notamment dans la *Bible dans l'Inde* et dans l'*Histoire des Vierges*, de discuter au point de vue historique et chronologique quelques-unes de ces questions les plus importantes Réservant l'ensemble de ces questions pour une étude spéciale sur Moïse, Manou et Mahomet, nous n'y revenons pas aujourd'hui dans le même but.

Peu nous importe la part à faire à Helkiah et à ses disciples

et celle à réserver à Moïse et aux prophètes dans l'œuvre judaï-
que. Quand nous comparerons la Bible aux autres livres sacrés
de l'antiquité, nous prendrons dans leur ensemble le Pentateuque, les livres de Josué, des Juges, les légendes de Samson,
de Samuel, les livres des Rois, d'Esdras, d'Esther, etc., et nous
les étudierons tels quels au point de vue de l'origine de leurs
traditions.

CHAPITRE V.

POURANA.

(Le livre sacré.)

Toutes les civilisations anciennes eurent leur *livre sacré*, dans lequel une forme plus ou moins allégorique et légendaire, la classe sacerdotale livra aux autres castes qu'elle dirigeait ce qu'elle voulut bien leur concéder de science cosmique, philosophique et religieuse.

William Jones nous apprend quelles étaient les conditions que devait remplir un Pourana, ou livre de science antique.

« Les savants brahmes, dit ce savant indianiste, prétendent que cinq conditions sont requises pour constituer un véritable Pourana.

1° Traiter de l'Être suprême, Swayambhouva, *qui existe par lui-même*, de la création et de la matière en général.

2° De la création des esprits inférieurs matériels et spirituels, et de l'homme.

3° Donner un abrégé chronologique des grandes périodes du temps, des générations passées et de leurs descendants.

4° Un abrégé des devoirs de l'homme dans les **trois états** d'*adolescent*, de *père de famille* et d'*anachorète*.

5° Donner un code de la conduite des rois et de la classe militaire, et raconter l'histoire des princes et des guerriers qui se sont illustrés [1]. »

C'est dans cet ordre adopté par la plupart des *Livres de la loi* des Indous, des Chaldéens, des Égyptiens et des Juifs, que nous examinerons si tout ce qu'a produit la sagesse antique n'émane pas d'une source commune.

1. Nous ne donnons pas le Livre des rois dans cet ouvrage, le réservant pour une étude spéciale.

CHAPITRE VI.

UNE LÉGENDE INDOUE ET CHALDÉENNE.

Les deux grands ouvrages dans lesquels les Indous prétendent que sont consignées toutes les vérités divines et humaines, sont les Védas et Manou.

Tous les recueils religieux de l'Inde racontent la légende
suivante :

« Il y a trois fois mille générations d'hommes, lorsque les
eaux envahirent la terre, les livres sacrés furent entraînés
dans les abîmes.

« Le Dieu Vichnou prit la forme d'un poisson à tête humaine et les sauva des flots. Il les remit à Wiswamitra qui
avait échappé au cataclysme avec toute sa tribu, en lui disant :
« Voilà la parole divine révélée par Brahma lui-même à tes
ancêtres.

« Et comme beaucoup parmi ceux qui avaient été sauvés
étaient ignorants et faibles, Vichnou leur enseigna à se construire des abris, à cultiver la terre, à élever des troupeaux, et
à bâtir des temples pour rendre grâce aux dieux, et tous les
soirs, car il avait conservé sa forme de poisson, il plongeait
dans l'Océan, à l'embouchure du Gange, et reparaissait au soleil
levant.

« C'est ce poisson divin qui avait sauvé Wiswamitra sur les bords de la Virini.

« C'est lui qui enseigna aux hommes, après le déluge, tout ce qui est utile à leur bonheur.

« Un jour il plongea et ne revint plus, car la terre s'était de nouveau couverte de verdure, de fruits et de troupeaux.

« Mais il avait enseigné aux brahmes le secret de toutes choses... »

(Hari-Pourana.)

Dans les litanies brahmaniques en l'honneur de Vichnou, le dieu poisson est honoré par l'invocation suivante

O an Samudraga !
O Esprit qui habites la surface des eaux.

Nous lisons dans le Syncelle, citant le prêtre chaldéen Bérose, le curieux passage que voici :

« On avait conservé avec beaucoup de soin à Babylone des archives contenant l'histoire de quinze myriades d'années, et traitant du ciel, de la terre, de l'origine de toutes les choses des rois et de leurs actions. Il y était ensuite décrit l'état du pays de Babylone, ses productions, ses limites, sa population. Dans le principe, les hommes vivaient à la manière des brutes, sans mœurs et sans lois, lorsque de la mer Érythrée (golfe Persique), sur la plage chaldéenne, sortit un animal ayant la forme d'un poisson, selon Apollodore, et portant sous sa tête de poisson une autre tête et des pieds d'hommes attachés à sa queue. Cet animal, appelé *Oan*, avait la voix et le langage des hommes, et l'on conserve encore à Babylone son effigie peinte.

« Cet être, qui ne mangeait point, venait de temps en temps se montrer aux hommes, pour leur enseigner tout ce qui est utile, les arts mécaniques, les lettres, les sciences, la construction des villes et des temples, la confection des lois, la géométrie, l'agriculture et tout ce qui rend une société policée et heureuse. Depuis cette époque on n'en a plus ouï parler. *Oan*, au coucher du soleil, descendait dans la mer et passait la nuit sous l'eau ou près de l'eau. Par la suite, d'autres animaux semblables à lui se montrèrent aussi. Il avait écrit un livre qu'il laissa aux hommes sur l'origine des choses et sur l'art de conduire la vie. »

Il est hors de doute que la même croyance fabuleuse à l'intervention céleste dans les affaires humaines, et à la révélation divine *d'un livre de la loi*, sur l'origine des choses et les devoirs imposés par Dieu à ses créatures, fut la cause de cette légende, que la Chaldée reçut de l'Inde par les émigrations qui vinrent la coloniser.

Dans les deux contrées, l'esprit supérieur qui vient se révéler aux hommes prend la même forme, porte le même nom, enseigne les mêmes choses ; sa demeure est dans les profondeurs de l'Océan, et il laisse un livre sacré pour dévoiler les mystérieux secrets de la nature, et continuer sur la terre, après sa disparition, les bienfaits de son enseignement.

Ce nom de Oan, désignant l'esprit des eaux dans l'Inde et en Chaldée, est une preuve irrécusable de la filiation indoue de cette curieuse tradition.

O — en sanscrit, est une interjection exprimant l'invocation : ô Swayambhouva, ô Dieu qui existes par toi-même, ô Pouroucha, ô mâle divin.

> *O Tchâkra ! Ságaránta malú yêsâm ásîd viryargita*
> *Iá wakounam idam têsam pounyakyanam.*

« O Tchâkra ! voici la merveilleuse histoire des enfants

d'Iswakou qui conquirent par leur courage toutes les terres bornées par l'Océan. »

An est un radical qui signifie en sanscrit : esprit, être animé, d'où le verbe *animi*, exister, respirer, qui a donné naissance au grec ἄνεμος et au latin *animus*.

L'origine sanscrite de l'expression ô an, ô esprit, ne saurait donc être discutée.

O an, d'un autre côté, écrit soit oan, soit ô-an, n'étant un vocable sémitique ni simple ni composé, il s'ensuit que les Chaldéens ont conservé au poisson fabuleux le nom que la légende des bords du Gange lui avait donné, en l'écrivant par un seul mot Oan, sans séparer le nom de l'interjection invocative[1].

Quelle antiquité extraordinaire cette fable de Vichnou, déguisé en poisson, ne donne-t-elle pas aux ouvrages sacrés des Indous, surtout en présence de ce fait que les Védas et Manou *comptent plus de vingt-cinq mille ans d'existence* prouvés par les documents les plus sérieux et les plus authentiques?

Le savant Halled, le traducteur des Sastras, qui a vérifié les calculs brahmiques sur cent faits différents, affirme que la chronologie des brahmes est indiscutable et que peu de peuples possèdent des annales plus dignes de foi.

Quoi de plus naturel du reste? Nous comprenons qu'une peuplade sauvage qui n'a pas d'histoire, pas de chronologie, ne puisse rien démêler de sérieux, à travers ses souvenirs confus et grossiers. Mais venir prétendre, comme certains savants qui font de l'orientalisme de cabinet, que les brahmes se sont fabriqué une chronologie à plaisir, c'est un peu trop compter sur l'influence de leur parole et prêter gratuitement aux peu-

---

1. C'est ainsi que nos géographes modernes écrivent Otaïti au lieu de Taïti. O en mahori est l'article *le*.

ples qui ont écrit les Védas et Manou... une absurdité sans motif.

Au siècle dernier, la science officielle, toute imprégnée d'hellénisme, ne voulait pas entendre parler de l'antiquité de l'Égypte... Qui oserait douter aujourd'hui des huit à dix mille ans que les ruines de Karnack, d'Esneh, de Louksor et de Denderah portent sur leurs épaules ?

Malgré les efforts des sectes religieuses dont le charlatanisme et la révélation apocryphe sont tués par la philosophie brahmanique, malgré la conspiration de certains corps savants qui cantonnent la science dans leurs découvertes, le moment approche où l'Inde sera étudiée sur son sol comme elle doit l'être, et alors se réalisera la prédiction du grand Burnouf : « *Nous saurons un jour que toutes les traditions antiques, défigurées par l'émigration et la légende, appartiennent à l'histoire de l'Inde.* »

Ainsi que nous venons de le démontrer, la légende du *dieu poisson* O An n'a absolument rien de sémitique, rien de chaldéen.

Voici donc les Védas et Manou, qui sont l'expression de la sagesse de Brahma, sauvés dans l'Inde par O An et le livre sur l'origine des choses et sur l'art de conduire la vie, écrit par Oan, au profit des Chaldéens. Nous n'avons plus qu'à suivre dans ces deux contrées le développement de la tradition religieuse et cosmique telle qu'elle résulte de leurs livres sacrés.

Alors que l'Inde a bravé l'outrage des siècles, qu'elle est encore debout avec ses ruines vingt fois *millénaires*, ses monuments, ses manuscrits, ses prêtres, ses fakirs, ses anachorètes, ses parias, la Chaldée a disparu, ne nous laissant que quelques colonnes tronquées sur les rives de l'Euphrate, quelques inscriptions, quelques lambeaux de ses livres religieux...

Pourquoi, d'un côté, cette grandeur, cette poésie, cette lumière ?

Et de l'autre, cette décadence rapide, ce silence, cette obscurité ?

Nous allons essayer de sonder le passé, et d'y trouver le secret de cette force de résistance, et de cette décrépitude.

CHAPITRE VII.

INDE ET CHALDÉE.

Oui, l'Inde est encore debout !

« Malgré le zèle aveugle et destructeur des premiers chrétiens qui ont visité l'Inde, des musulmans qui, non moins fanatiques, ont détruit plus encore parce qu'ils avaient imposé une domination plus durable... l'Inde est riche encore en monuments de cette mystérieuse antiquité, dont le fanatisme a en vain cherché à effacer les traces. L'étude du sanscrit et des langues qui se rapportent à cette langue mère est un puissant moyen de découverte dont l'importance grandit chaque jour. C'est le flambeau qui éclairera d'une vive et durable lueur les ruines de ce monde brahmanique, où les voyageurs de la science vont moissonner pour elle de si riches collections. Le soin religieux de recueillir et d'éterniser pour l'étude ces vénérables débris des temps antéhistoriques occupera peut-être bien des générations ! Puis viendra une main puissante qui, à l'aide, pour ainsi dire, de ces ossements épars, reconstruira le peuple perdu, et, sur la forme de ce magnifique squelette, indiquera le caractère, les habitudes, la mission et la vie de l'un des grands ancêtres de l'humanité. »

DE JANCIGNY,
Aide de camp du nabab d'Aoude.

C'est un véritable bonheur pour nous, lorsque nous pouvons appeler à notre aide l'autorité d'un de nos plus illustres compatriotes, qui, comme nous, a habité l'Inde pendant de longues années, et a été à même de se persuader de cette vérité , devinée par tous les grands indianistes, Villiam Jones, Colebrook, Wilson, Lassen et Burnouf, que cette vieille terre était réellement *l'Alma parens* des autres contrées du globe.

Puisque nous sommes sur ce sujet, qu'on nous permette de citer encore. Nous sommes heureux de prouver aux lecteurs qui, depuis quelques années, nous ont donné tant de marques de sympathie que nous suivons une voie scientifique déjà ouverte par de grands esprits, comme aussi à certains détracteurs, notamment à l'anglo-allemand Max Muller, que les vieilles civilisations de l'Inde existent, bien qu'ils ne les aient pas aperçues en triant leurs racines et épluchant leurs radicaux.

« On peut entrevoir dès à présent ce que l'Inde appelle de recherches et de veilles ; la tâche de l'avenir est immense, celle que le présent nous impose est assez vaste encore pour ébranler plus d'un courage... Nous avons parcouru nous-même quelques recoins de ce champ immense, ouvert aux recherches du philosophe, du naturaliste, de l'homme d'État. Nous sommes encore sur la route, mais c'est pour l'indiquer aux plus entreprenants et aux plus dignes : semblable aux sentinelles placées sur ces voies merveilleuses où la science triomphe des distances à l'aide du feu qu'elle a soumis, et qui montrent du doigt le but vers lequel le char peut glisser sans crainte... nous restons en arrière, mais le char avance et le but sera atteint. La poésie aimerait peut-être à laisser cette vieille terre au milieu de cette confusion d'océans, de montagnes, de plaines, de frais ombrages et de déserts brûlants, avec son cortége de traditions et de légendes, dans son antique et mystérieuse splendeur. Mais il y a assez de grandeur et d'intérêt dans la réalité, le champ des *vérités indoues* est assez vaste et assez fertile pour qu'on puisse abandonner sans regret le luxe vague et stérile des conjectures, et si le pain de la science, comme celui qui soutient la vie matérielle, doit être arrosé des sueurs de l'humanité, *au moins l'avenir promet à l'observation persévérante et impartiale d'abondantes moissons.* »

De Jancigny

N'est-ce pas la thèse que nous soutenons dans tous nos ouvrages ? Nous aussi, nous nous glorifions d'être une sentinelle avancée, et d'indiquer la voie aux générations qui vont suivre !...

Si l'Inde est encore debout, prête à livrer à la science toutes ses richesses, tous ses trésors, à laisser tomber le voile qui cache encore les secrets des civilisations disparues, nous le devons à une foule de causes importantes, dont la réunion eût sauvé de même la Chaldée, l'Égypte, la Grèce, et qui sont :

1º L'immensité de la contrée protégée au sud-ouest, sud, sud-est par l'Océan, au nord-ouest, nord, nord-est, par l'Indus, la chaîne de l'Himalaya, le Gange et le Brahmapoutre.

2º Un chiffre de population en harmonie avec cette étendue.

3º L'Union parfaite entre tous les habitants au point de vue religieux, social et politique.

4º Le respect le plus absolu pour les divisions de castes, que chacun croyait émanées de Dieu.

5º Un esprit d'immobilité dans les institutions, développé jusqu'au fanatisme.

6º Une constitution de la famille et de la commune tellement

forte qu'elle a résisté jusqu'à aujourd'hui à toutes les invasions,
à toutes les révolutions.

Sir Charles Metcalfe étudiant cette constitution a dit :

« Les villages indous sont de véritables républiques qui vivent
par elles-mêmes, indépendamment de toute autorité extérieure.
Elles semblent douées d'une éternelle durée, dans une région
où aucun empire ne peut durer. Les dynasties s'écroulent successivement, les révolutions succèdent aux révolutions, les
Afghans, les Mogols, les Mahrattes, les Sikhs sont maîtres tour
à tour, l'habitant ne cesse pas d'être Indou, le village reste
toujours le même. En temps de troubles, il s'arme et se fortifie. Une armée ennemie vient-elle à traverser le pays, les villageois mettent leurs troupeaux à couvert dans l'enceinte de
leurs murailles et laissent passer l'ennemi sans le provoquer.
S'ils ne sont pas en force pour résister, ils se sauvent dans les
villages voisins, et, quand l'orage est passé, ils reviennent reprendre leurs travaux. Si une province reste pendant plusieurs
années livrée au pillage, de telle sorte que les villages soient
inhabitables, les villageois dispersés retourneront dans leurs
foyers aussitôt qu'ils croiront pouvoir le faire avec quelque sécurité. L'exil peut durer pendant une génération, la génération
suivante reviendra infailliblement. Les fils prendront la place
de leurs pères ; le village sera reconstruit au même lieu.
Les maisons dans les mêmes positions, les mêmes terres enfin
seront occupées par les descendants de ceux qui ont été con-
traints de fuir. Cette union indestructible de la communauté
villageoise a contribué, je crois, plus que toute autre chose, à
conserver la société indoue, au milieu de toutes les révolutions
politiques dont ce pays a été le théâtre ; et elle donne lieu de
croire que, grâce à elle, les habitants vivent heureux et jouissent d'une liberté réelle. »

C'est grâce à cette organisation, aux castes et à l'unité des
croyances religieuses, que la société indoue s'est conservée,

et vit encore maintenant à peu près comme au temps de Manou.

Nous aurons occasion de voir à sa date, que c'est à l'Inde que les nations indo-européennes doivent rattacher tout leur système de fonctionnement communal.

A côté de chaque village indou qui a conservé son organisation primitive, se trouve le temple ou pagode où l'on vénère les mêmes dieux, desservis par les mêmes brahmes; les mêmes cryptes souterraines où l'on conserve les mêmes manuscrits, et cela durera ainsi tant qu'il y aura sur terre un Indou, un village, un temple.

Cette contrée a rejeté ou absorbé tous ses conquérants sans rien leur demander, sans leur emprunter la plus petite coutume, et les Anglo-Saxons, si réfractaires cependant, se sont faits Indous dans l'Inde et administrent le pays comme les rajahs, pour éviter le sort de leurs devanciers. Cette organisation, en supprimant toute liberté individuelle, toute initiative, en plaçant l'homme pendant toute sa vie sous la tutelle de la famille, la famille sous la tutelle de la caste, la caste sous la tutelle du village et le village sous la direction suprême des brahmes, conserva, il est vrai, les grandes conquêtes scientifiques, philosophiques et littéraires du passé, mais sans les développer, sans permettre aux Indous de s'avancer plus avant dans cette voie du progrès où ils avaient débuté avec tant de succès, que tous les systèmes de philosophie du monde, même le positivisme, ont été et sont encore leurs tributaires, et qu'ils ont créé de toutes pièces tous les axiomes et tous les principes fondamentaux des sciences.

La contrée comprise entre l'Inde, l'Oxus et l'Euphrate reçut par voie d'émigration, à des époques différentes, le trop-plein de la population de l'Inde. Tantôt des chefs qui avaient voulu secouer le joug des brahmes, comme Hara-Kala, dont les Grecs ont fait Hercule, étaient obligés de s'y réfugier avec leurs

compagnons, pour échapper aux représailles des prêtres, tantôt, au contraire, c'étaient des parias, des esclaves, qui se réunis-
saient par masses et émigraient à la recherche d'une terre plus
hospitalière. Telle fut l'émigration que dirigea Artaxa. Chaldéens, Babyloniens, Assyriens, Mèdes, Perses, et une foule
d'autres tribus inférieures, divisés, toujours en lutte les uns
avec les autres, habitants d'une terre sablonneuse, parsemée d'oasis, qui s'opposait à un développement d'une grande
durée, et à l'établissement sérieux d'un vaste empire, jetèrent
tour à tour quelques lueurs fugitives, et ont depuis longtemps
disparu dans la poussière du désert et la légende du passé.

La Babylonie, constamment démembrée depuis le fabuleux Nemrod et l'apocryphe Sémiramis, fut la proie de
toutes les peuplades de ces contrées nomades, pasteurs d'E-
lam et de Sennaar. Assyriens, Perses, Macédoniens, Parthes,
Sassanides, Arabes, et en dernier lieu Persans et Turcs, ré-
gnèrent successivement sur les bords de l'Euphrate et du Tigre ; quelques ruines, qui n'ont pas l'importance qu'on a bien
voulu leur donner, indiquent seules aujourd'hui la place où
furent Babylone et Ninive.

On se tromperait grandement si l'on concluait des splendeurs de ces deux villes exagérées par les écrivains de l'antiquité à une extraordinaire puissance assyrienne et babylonienne. En dirigeant et éclairant, ainsi que nous l'avons fait,
une visite sérieuse des lieux où s'élevèrent ces cités, par une
saine critique historique et une connaissance approfondie des
mœurs, des coutumes des peuples qui ont habité ces contrées
et qui ont presque toujours été des demi-nomades issus des
pasteurs du Deccan, on reste convaincu de cette vérité, que :
Ninive et Babylone furent, sur le Tigre et sur l'Euphrate, deux
camps retranchés, dans lesquels les rois mettaient à couvert
leurs trésors ; les prêtres, leurs temples, les statues des dieux
et leurs richesses ; et où la nation tout entière, qui d'ordinaire

vivait sous la tente, parsemée dans les oasis auprès de ses troupeaux, ou occupée sur les rives des deux fleuves à faire des briques, recevait un asile en cas d'invasion.

Nous savons aujourd'hui qu'Athènes n'eut jamais plus de vingt à vingt-cinq mille habitants, Sparte, plus de quinze à vingt, et que toutes ces grandes luttes du Péloponèse ne furent que des querelles de village. C'est à cette échelle qu'il faut ramener toutes les exagérations asiatiques, et se rappeler que si Philippe fit la conquête de toute la Grèce, avec huit à dix mille hommes, son fils Alexandre soumit Babylone, conquit toute l'Asie, et s'avança jusqu'aux rives de l'Indus avec vingt-cinq mille fantassins et cinq mille chevaux, que ces conquêtes avaient dû considérablement diminuer.

Les historiens grecs prétendent que ce souverain vainquit Porus, et qu'une mutinerie de ses soldats l'empêcha de conquérir l'Inde.

L'Inde, dont l'histoire de cette époque est aussi peu fabuleuse que notre histoire moderne, comptait alors quatre-vingts millions d'habitants ; les rives de l'Indus étaient habitées par des populations énergiques dont les descendants, plus tard, ne furent jamais subjugués par les invasions mogoles, et qui ont tenu pendant plus d'un demi-siècle toute la puissance anglaise en échec. Il est beaucoup plus conforme à la vérité de croire qu'Alexandre, battu à la première rencontre [1], réduit à une armée amoindrie par ses précédentes luttes, préféra une prudente retraite à un anéantissement fatal. Chose remarquable, toutes les grandes invasions tentées contre l'Inde échouèrent dès leur début. Du kalife Oualid, qui le premier tenta de subjuguer l'Inde et fut repoussé, il s'écoula cinq siècles, avant que les

---

1. Plutarque soulève un coin du voile quand il raconte qu'Alexandre, pour opérer sa retraite, brûla toutes les riches dépouilles et le nombreux butin fait par ses soldats en Asie. Cela sent singulièrement une défaite.

musulmans, qui disposaient de forces vingt fois plus considé-
rables qu'Alexandre, pussent remettre les pieds dans le pays.

Il est également à présumer que si le héros macédonien eût
été vainqueur, ses soldats, excités par le pillage de la contrée la
plus riche du globe, l'eussent suivi jusqu'au delà du Gange.

Les annales indoues n'ont gardé aucun souvenir de ce fait.
Le nom grécisé de Porus ne peut s'appliquer à aucun des
souverains qui régnaient à cette époque. Il est clair que les
Grecs, dont on connaît l'orgueil patriotique, ont arrangé le
conte que l'on connaît pour dissimuler une défaite d'Alexandre
ou tout au moins cacher les causes véritables de son retour...

Mais il est un enseignement qui reste.

Quand on voit le fils de Philippe se promener avec une poignée d'hommes dans toute l'Asie, on se demande *naturellement* où se trouvaient toutes les nations si puissantes, au dire
des antiques, et même des assyriologues de notre époque, qui
s'appelaient les Assyriens, les Babyloniens, etc...

Elles avaient disparu, nous dira-t-on !

Eh bien, je ne comprends pas que la science se paye de pareilles raisons. Est-ce que la chute d'une civilisation fait disparaître les habitants comme un cataclysme diluvien ? Voyez
la Chine en décadence depuis des siècles, et regorgeant de population, toute la haute Asie et l'Inde sont dans la même situation,
et les grandes nations chaldéenne, babylonienne, assyrienne, etc., auraient disparu en quelques siècles, comme par une
conjuration magique?.. Allons donc !...Chaldéens, Babyloniens,
Assyriens, Perses, etc., ne furent que des peuplades peut-être
un peu plus importantes que celles de la Grèce, et Babylone et
Ninive eurent leurs heures d'éclat dans leur cercle restreint,
comme Athènes et Sparte devaient avoir plus tard les leurs,
voilà la vérité historique. Les inscriptions chaldéennes et babyloniennes ont beau donner du roi des rois, du vainqueur
de la terre à tous les Assur et à tous les Nabuchnotsar, on ne

fait pas de l'histoire avec des inscriptions, et ceux qui écrivent des volumes sur quatre lignes de cunéiformes, semblent ne pas se douter à quel degré d'hyperbole arrive l'imagination orientale quand elle parle aux dieux et aux rois.

Toutes les peuplades éparpillées de l'Indus à l'Euphrate furent des colonies indoues de la dernière heure. Manou-Vena les avait déjà précédés avec plusieurs centaines de mille de guerriers, mais ne trouvant pas sans doute le pays suffisamment fertile, il avait poussé jusqu'aux rives du Nil.

« Sous le règne de Viswamitra, premier roi de la dynastie de Soma-Vansa, à la suite d'une bataille qui dura cinq jours, Manou-Vena, héritier des anciens rois, abandonné par les brahmes, émigra avec tous ses compagnons par l'Arie (Iran) et les pays de Barria (Arabie) jusqu'aux rives de Masra (le Nil), — en sanscrit Maha, grand, Ar, fleuve. —

(Extrait du sanscrit du Vedamargaa).

On peut donc résumer ainsi les causes de la décadence rapide des Chaldéens, Assyriens, Babyloniens et autres peuplades de l'Asie.

1º Le peu de fertilité du sol, en dehors des lignes du Tigre et de l'Euphrate, s'opposa toujours à un développement sérieux de populations et à l'établissement d'une autorité centrale respectée de tous.

2º Toutes les tribus tour à tour victorieuses ou vaincues se disputèrent constamment la possession des deux camps retranchés de Ninive et de Babylone. Celles qui ne possédaient point ces vastes forteresses ne jouissaient d'aucune sécurité, ni pour eux ni pour leurs troupeaux.

3º La nature du terrain, composé de déserts et d'oasis, avait créé autant de tribus que de terres habitables.

4º Chaque peuplade, purement nomade au début, conserva toujours ses instincts, malgré toutes les tentatives d'établissement durable que la contrée ne permettait pas.

5° Ninive et Babylone s'élevèrent par la guerre et le pillage ; vaste dépôt de toutes les richesses conquises, repaire de soldats et d'aventuriers, lieux de débauches célèbres dans toute l'Asie, ce fut également par la guerre et le pillage qu'elles succombèrent.

Tout ce qui nous est resté de la civilisation de ces deux villes n'est pas né sur le sol où elles se sont élevées. Textes bien rares, il est vrai, inscriptions, écriture, statues des dieux, croyances religieuses, sciences occultes et astronomiques, paraissent différents des conceptions que la *science officielle* nomme sémitiques. On a inventé un peuple pasteur, d'origine touranienne, à qui on a donné la mission d'aller coloniser l'Assyrie et la Babylonie.

Nous avons vu, dans le premier chapitre de cet ouvrage, le réjouissant débat, dans lequel les uns appellent ces peuples les Accades ou les Sumériens, pendant que les autres, avec une pointe d'ironie, mettent au défi *les maîtres de l'assyriologie* de prouver l'existence de cette nation imaginaire, dont pas un texte, pas une inscription, pas un fait, pas une ruine, pas un document, si faible qu'il soit, ait jamais indiqué la présence sur l'Euphrate...

Et dire que toutes *ces singulières inventions* ne sont faites que pour soustraire la civilisation chaldéenne à l'influence de l'Inde.

Chaldée, Babylonie, Perse, toute cette partie de l'Asie enfin, fut le grand chemin des émigrations indoues vers l'Asie Mineure, l'Égypte et la Grèce ; les peuplades qui s'y fixèrent, comme celles d'Égypte, de l'Asie Mineure, de la Grèce, conservèrent les souvenirs, les traditions, les croyances, les dieux de la mère patrie ; à chaque pas nous allons les retrouver, et, d'une manière indiscutable, les rattacher à leur berceau.

Sur ce point, nous ne craindrons jamais de nous répéter : il n'y a pas de conceptions spéciales, accusant des différences marquées de races, que l'on ait le droit d'appeler :

Indoues ou aryennes,

Sémitiques,

Touraniennes,

Égyptiennes,

Et grecques.

Il n'y a que des *traditions communes* qui se modifient et se transforment sans jamais perdre leur cachet d'origine. Les formes du langage pourront changer, l'*idée*, la *conception* resteront les mêmes.

L'Inde a conservé la race blanche, et a repeuplé le monde après le dernier diluvium, mais elle fait remonter elle-même toutes ses traditions aux Rutes, peuple qui, suivant la légende, aurait occupé toute l'Asie et l'immense continent polynésien disparu...

Qui peut prévoir où s'arrêteront les déductions de la science et de l'histoire, quand nous aurons fouillé toutes les ruines, et fait parler tous les manuscrits de la haute Asie ?

CHAPITRE VIII

UN MOT SUR LE TOURANISME.

Les peuples *dits* touraniens doivent leur existence à la linguistique.

La science allemande les a mis au monde un beau jour pour résoudre un problème philologique. Mais les nouveaux venus auront quelque peine à faire leur chemin. Après avoir reconnu des langues, comme le chinois, dans lesquelles *la racine est invariable, et les mots tirent toute leur force de leur position dans le discours;* d'autres, comme les langues indo-européennes et sémitiques, dans lesquelles racines et désinences subissent également l'*altération phonique;* rencontrant d'autres langues, dans lesquelles *les mots se forment de deux racines, dont l'une reste invariable, et l'autre remplit le rôle de simple désinence,* langues parlées dans tout le sud de l'Inde, concurremment avec le sanscrit, sur les plateaux de l'Asie centrale, dans la Malaisie et une partie de l'Océanie polynésienne; les gens qui prétendent refaire l'histoire de l'humanité par l'histoire des racines et des radicaux, ont donné le nom de Touraniens aux peuples en possession de *ce dernier parler.*

Nous faisons d'autant moins de difficulté d'admettre l'origine commune de tous ces peuples parlant actuellement des langues identiques au point de vue lexique, de l'est de la mer Caspienne au cap Comorin et à Ceylan, et de Java aux groupes polynésiens, à Siam et aux peuplades de l'est du Gange, que la position même qu'ils occupent les réunit tous au nord et au sud, à l'ouest et à l'est autour du grand foyer producteur, l'Inde ! Mais ni l'histoire ni l'ethnographie ne peuvent accepter le nom de Touraniens qu'on prétend leur donner, encore moins pourrions-nous admettre qu'il y a des traditions touraniennes, des conceptions touraniennes, des civilisations touraniennes... Ces prétendus Touraniens, fabriqués pour expliquer un langage différent par une race différente, sont tout simplement des Indo-Asiatiques. Que seront ces différences fort explicables de langage, lorsque nous aurons démontré qu'il n'est pas une seule des traditions de ces peuples qui ne soit née sur les bords du Gange?

Toutes les populations du sud de l'Inde qui parlent la langue tamoule, rangée parmi les langues touraniennes, sont de pure race indoue, plus pure même que celle du nord croisée de sang mogol; leurs savants et leurs brahmes parlent sanscrit de toute antiquité ; les types, les mœurs, les coutumes, les croyances religieuses, les livres sacrés sont les mêmes sur les bords du Kavery et sur les rives du Gange. Nous aimons à croire qu'on n'accusera pas la civilisation indoue d'être d'origine touranienne.

Le touranisme est une invention d'hier qui prétend désigner l'état social des populations pastorales de l'Asie, opposé à l'état social des populations agricoles de la même contrée.

Les inventeurs de cette curieuse expression n'ont sans doute pas réfléchi que les peuples ne naissaient point fatalement pasteurs ou agriculteurs, mais qu'ils devenaient l'un ou l'autre, suivant les contrées où ils portaient leurs pas et étaient souvent l'un et l'autre, comme dans l'Inde, quand la nature du sol prêtait à cette double manière de vivre. Au surplus, presque tous les peuples de l'Asie ont à leur origine mené ces deux existences.

Donc, au point de vue ethnographique, il n'y a pas de civilisation touranienne.

Au point de vue historique, nous savons seulement que les anciens peuples de la Médie appelaient très-vaguement du nom de Touran les contrées situées à l'est de la mer Caspienne. Le Zend-Avesta en fait mention comme de pays arides et désolés, habituel séjour de l'esprit du mal.

Est-ce bien là qu'il faut faire naître la nation qui, suivant quelques assyriologues, aurait initié les Chaldéens à la vie civilisée ?

Le Touran des anciens serait la Tartarie actuelle. Il faut avoir parcouru ces steppes stériles, où pendant de longs jours les caravanes qui vont de Kachgar à Bokhara et à Khiva ne rencontrent que quelques touffes d'herbes rabougries et des chacals affamés ; où pas un monument, pas une ruine, pas un souvenir ne vient accuser un passé de quelque grandeur, pour comprendre l'absurdité de cette hypothèse. De temps à autre, le voyageur rencontre des tas d'ossements blanchis d'hommes et d'animaux, ce sont les cimetières des caravanes qui transportent le thé, le musc et les soyeuses étoffes de la Chine.

Bien qu'on ne voyage là que dans la saison favorable, il est rare que les voyageurs soient à l'arrivée en même nombre qu'au départ.

L'été, ces plaines sont une mer de feu.

L'hiver, elles ressemblent à un vaste linceul !...

Quant à la question de linguistique, cause de toutes ces inventions de peuples de races différentes pour expliquer *des parler* différents, nous n'en voulons pour le moment dire qu'un mot, nous réservant de la traiter spécialement dans un ouvrage sur l'*Origine des langues*.

Nous pensons, et nous donnerons nos preuves,

1º Que les premières langues parlées par les hommes primitifs furent *monosyllabiques* et à racines invariables. Les

7

Chinois, le dialecte de la nouvelle Guinée, et quelques idiomes des populations sauvages de l'Afrique, nous en ont conservé des exemples plus ou moins perfectionnés.

2° Que ces langues *monosyllabiques*, en se transformant progressivement, sont devenues, pour nous servir de l'expression que la science a consacrée, *des langues agglutinantes*, c'est-à-dire unissant deux racines pour former un mot, dont l'une reste invariable, et l'autre tombe à l'état de simple désinence, comme les langues tamoule, telinga et kanara dans l'Inde.

3° Que ces langues *agglutinantes*, par le seul effet d'une nouvelle transformation progressive également, ont formé *les langues à flexion*, dans lesquelles et la racine d'un mot et ses désinences sont sujettes également à l'altération phonique, comme les langues sanscrites et hébraïques.

Ces trois modes de parler, au lieu d'indiquer des races différentes, n'accusent pour nous que trois degrés progressifs de civilisation parcourus par la race blanche. Il y a des rameaux en retard qui sont restés aux langues *monosyllabiques* ou agglutinantes.

L'étude des traditions primitives auxquelles nous allons nous livrer, démontrera l'exactitude de cette assertion.

Nous pouvons affirmer également que le langage humain n'a pas terminé ses évolutions; les siècles prochains verront nos idiomes se transformer d'après des méthodes plus simples, plus scientifiques et plus rationnelles..., à condition toutefois que les linguistes purs qui veulent enfermer *toute émission de pensee par le son* dans un moule, ni plus ni moins qu'une brique, continuent à ne s'occuper du langage que quand il aura été créé.

DEUXIÈME PARTIE

LES TRADITIONS INDOUES ET CHALDÉENNES

La sainte syllabe primitive, composée des trois lettres AUM, dans
laquelle la trinité védique est comprise, doit être gardée secrète comme
un autre triple Véda. Celui qui connaît la *valeur mystique* de cette syllabe, connaît le Véda.

(MANOU, liv. XI, sloca 265.)

*
* *

Nul ne sait le nom de l'Être suprême, c'est le secret d'Ea. Celui qui
saurait ce nom serait aussi puissant que les dieux.

(Traditions chaldéennes.)

LES TRADITIONS

INDOUES ET CHALDÉENNES

CHAPITRE PREMIER.

LES CONCEPTIONS INDOUES ET CHALDÉENNES.

ZYAUS ET ILON.

Les conceptions et traditions primitives des Indous, contenues dans leurs livres sacrés, traitent ainsi que nous l'avons dit :

1º De l'Être suprême et de la matière ;

2º De la création en général et de l'homme ;

3º De la chronologie ;

4º Des devoirs des hommes dans les trois états d'adolescent, de père de famille et d'anachorète.

5º De la conduite des rois et des classes supérieures.

Nos précédents ouvrages contiennent, sur les trois premiers points, des études assez complètes pour que nous n'ayons qu'à rappeler les principes qui s'en dégagent et signaler à nouveau quelques textes.

C'est surtout dans la question des devoirs, de la conduite

de l'homme aux trois époques de sa vie que nous verrons l'Inde s'élever à des hauteurs philosophiques que ne connurent pas les autres peuples de l'antiquité. On dirait que chaque colonie qui, par émigration ou infiltration, reçut l'influence de l'Inde, ne reçut pas en même temps les forces nécessaires pour profiter des notions transmises.

La conception indoue sur la grande cause première, la matière et la création, est, nos lecteurs le savent, simple et grandiose tout à la fois. Zyaus-Brahma-Swayambhouva, l'être existant par lui-même, *qui est tout et dans tout*, que l'esprit seul peut percevoir, qui échappe aux organes des sens, qui est sans portée visible, éternel, l'âme de tous les êtres, et que nul ne peut comprendre, est la réunion de toutes les forces physiques et matérielles, intellectuelles et morales, de l'universalité des êtres.

De même que le dernier des êtres organisés a ses heures de vie active et ses heures de repos, le grand Tout, l'Être universel, a ses jours et ses nuits produisant des périodes d'actions et des périodes de repos, appelées créations et dissolutions.

La création est le jour de Dieu.

Le chaos est sa nuit.

Et l'éternité voit éclore constamment et se succéder ces révolutions périodiques, pendant lesquelles Dieu agit et se repose.

Les Indous sont arrivés à cette idée par la croyance qu'*une* loi *unique* gouverne l'univers, que l'infiniment petit est dirigé par les mêmes règles, les mêmes aptitudes, les mêmes sensations que l'infiniment grand, que l'atome est une représentation exacte du tout. Voyant donc que tout ce qui agit et produit se repose, répare ses forces, les vieux philosophes des bords du Gange ont soumis la nature entière à cette loi.

Lorsque Brahma s'éveille, la création commence.

Lorsqu'il se rendort, la vie cède au chaos ; à l'heure du réveil, le germe primordial se manifeste de nouveau.

« Le souverain maître devient moitié mâle et moitié femelle, et, s'unissant à cette partie femelle, il engendre Viradj. » (L'univers.)

(MANOU, liv. I, sloca 32.)

La partie mâle reçoit le nom de Nara (esprit père) ; la partie femelle, celui de Nari (esprit mère). Le produit né de cette union est appelé Viradj (c'est-à-dire le germe matériel et spirituel de tous les êtres). Nari, c'est la vierge immortelle, la mère universelle — la nature [1]. De là, la trinité initiale, émanée d'un seul être. Les trois dieux s'absorbent en un seul, malgré leurs fonctions diverses.

> Brahma-Nara, le père.
> Brahma-Nari, la mère.
> Brahma-Viradj, le fils.

Avant l'union des deux principes qu'il renferme en lui, Brahma avait créé les eaux, ce qui lui fait donner dans la théologie indoue le nom de Narayana, *celui qui se meut sous les eaux.*

« Les eaux ont été appelées nàràs, parce qu'elles étaient la production de Nara — l'esprit divin. — Ces eaux ayant été le premier lieu de mouvement (ayana) de Nara, il a été en conséquence nommé Narayana, *celui qui se meut sur les eaux.* »

(MANOU, liv. I, sloca 10.)

Le Dieu germe primitif, Zyaus, Swayambhouva ou Brahma, eut fort peu d'autels dans l'Inde ; son culte élevé, philosophi-

---

1. Voir *Histoire des Vierges.*

que, était réservé aux pundits et aux brahmes, qui seuls avaient le droit d'invoquer le Dieu suprême, sans se servir des dieux intermédiaires.

Certains Indianistes soutiennent que Brahma n'a jamais eu d'autels, que tout au moins on n'en trouverait aucune trace dans l'Inde. Nous avons entendu nous-même émettre cette opinion au collége de France. C'est là une de ces nombreuses erreurs qui n'auraient point cours dans la science, si la civilisation indoue était étudiée chez elle. Brahma possède encore un culte spécialement organisé en son honneur à Djaggernatt et à Chelambrum. Nous avons assisté nous-même aux différentes cérémonies qui s'accomplissent en son honneur, et qui toutes ont rapport aux mystères de la création universelle. Nous ne répondrions point que ce culte légendaire, sur lequel nous donnerons bientôt quelques détails, ne se soit point conservé également dans d'autres pagodes.

Ce qu'il y a de certain, d'indiscutable, c'est que les mystères de ce culte ne devaient pas être révélés au vulgaire.

Lorsque le Brahmatma, chef suprême religieux, consacrait et recevait un initié, il lui adressait les paroles suivantes :

« Souviens-toi, mon fils, qu'il n'y a qu'un seul Dieu, maître souverain et principe de toutes choses, et que tout brahme doit l'adorer en secret. Mais sache aussi que c'est un mystère qui ne doit jamais être révélé au stupide vulgaire ; si tu le faisais, il t'arriverait de grands malheurs. »

Nous lisons également dans Vrihaspathi :

« Le mystère de la triade — Brahma, Vichnou, Siva — connu seulement des initiés dans l'Inde ancienne, ne pouvait être révélé au vulgaire sous peine de mort. »

(VRIHASPATI.)

Dans le même sens, Manou :

« La sainte syllabe primitive, composée de trois lettres, *aum*, dans laquelle la triade védique Brahma, Vichnou, Siva est comprise, doit être gardée secrète comme un autre triple Véda. Celui qui connaît la valeur mystique de cette syllabe connaît le Véda. »

On sait que le Véda, résumé de toutes les sciences divines et humaines, se résume lui-même dans ce seul mot *aum*, qui est à lui seul unité et trinité, union de tous les êtres dans le germe primitif, image du grand tout et symbole de la prière universelle. En prononçant le monosyllabe sacré, le fidèle fait une invocation à toutes les forces de la nature.

C'est ce qui a fait penser que Zyaus, l'être universel, Swayambhouva, l'être existant par lui-même, Mahasarva, le grand tout, Brahma en un mot, n'avait pas de culte extérieur.

La trinité :

> Nara, le père,
> Nari, la mère,
> Viradj, le fils,

est la trinité initiale, celle qui crée, qui féconde, celle qui naît à l'aurore du réveil de Zyaus ; elle est symbolisée dans la nature par la trinité des éléments :

> Agni,
> Vaya,
> Sourya,

le feu, l'air, la lumière.

La trinité créatrice disparaît après l'accomplissement de son œuvre et fait place alors à la trinité conservatrice, qui doit conduire tout ce qui existe jusqu'à la nuit de Swayambhouva, pendant laquelle la nature tombe dans le *pralaya*, c'est-à-dire la dissolution.

Cette trinité, manifestée d'une manière plus directe, reçoit le nom de

Brahma,
Vichnou,
Siva.

Brahma représente la puissance créatrice de l'Être suprême,

Vichnou, la puissance conservatrice,

Et Siva, la puissance transformatrice.

Dans ce dernier état du système trinitaire, Brahma continue à recevoir un culte mystique inconnu de la foule.

Vichnou, qui conserve la nature entière, qui préside aux mouvements des astres et dirige les lois universelles, était autrefois le dieu des castes royales.

Et Siva, qui préside aux transformations qui naissent de la destruction, recevait les hommages des commerçants, agriculteurs et artisans.

Les temples de ce dernier dieu ne désemplissaient pas de fidèles. Ses autels regorgeaient d'offrandes, et cela se conçoit, Siva présidant aux transformations des êtres, et pouvant les abréger à son gré pour ses serviteurs, c'était à qui, dans les castes inférieures, se rendrait le dieu le plus favorable par des prières et des présents, afin de franchir au prochain décès plusieurs séries de transmigrations, et de renaître dans une classe plus élevée.

Les pundits, les brahmes, les anachorètes, dwidjas, sovayassis, fakirs, pandarous et mendiants, lui rendaient aussi leurs devoirs ; car, arrivés au sommet des transmigrations et près d'aller s'absorber dans le sein de Brahma, il ne fallait pas qu'une vengeance du dieu leur défendît l'entrée du swarga (ciel), et les rejetât dans un ordre inférieur.

Chaque dieu de la trinité :

> Brahma,
> Vichnou,
> Siva,

possède en lui la double nature mâle et femelle, sans laquelle il ne pourrait rien produire, et de là naît la trinité femelle :

> Bahvany ou Brahmy ou Nari,
> Lakmy,
> Sakty ou Parvady.

Dans l'unité, la trinité mâle est représentée par Brahma ou Nara, et la trinité femelle par Nari.

Brahma et Nari finissent par se confondre dans Zyaus.

Pour la conduite des dieux, demi-dieux, dévas, esprits, hommes et êtres inférieurs qui allaient naître, l'Être suprême exprima des trois substances divines : *le feu, l'air, la lumière,* le Véda immortel, qui est la parole céleste révélée aux créatures.

La trinité s'adjoint alors dans son œuvre douze grands dieux qui président aux planètes, aux éléments et à l'universalité des mondes, et à qui chaque signe du zodiaque est dédié. Dans les divisions du temps, ils président aux mois correspondant aux signes. Ce sont :

Indra	Coumbha, le Verseau	Janvier.
Agni	Minas, les Poissons	Février.
Varouna	Meeha, le Bélier	Mars.
Yama	Vricha, le Taureau	Avril.
Pavana	Mithouna, le Couple	Mai.
Sourya	Carcataca, l'Écrevisse	Juin.
Soma	Sinha, le Lion	Juillet.
Cartikeia	Kanya, la Vierge	Août.
Couvera	Toula, la Balance	Septembre.

Cama .... Vristchica, le Scorpion.... Octobre.
Ganesa ..... Dhanous, le Sagittaire..... Novembre.
Pouléar..... Macara, le Monstre marin.. Décembre.

Ces dieux à leur tour se donnent des délégués, dévas, anges, archanges, séraphins, dont la numération devient impossible, puisque les brahmes du culte vulgaire ont pu se vanter d'avoir dans leur swarga plus de trois cents millions d'esprits supérieurs. A chaque étoile fut attaché un génie particulier, jouissant d'une certaine liberté, qui fut bon ou mauvais suivant ses instincts. De là l'influence heureuse ou malheureuse des astres sur la naissance et la mort des humains dont le sort futur dépend du signe du zodiaque et de l'étoile sous lesquels ils viennent au monde.

Tous ces dieux et esprits supérieurs, bons ou mauvais, sont soumis, comme l'homme, qui n'est qu'un esprit plus inférieur, à la transmigration ; ils doivent progressivement s'élever jusqu'à Brahma par la pratique du bien, et finir par s'absorber dans son sein. Aussi les brahmes considèrent-ils toutes ces catégories de dieux, d'anges et d'esprits célestes, non comme des réalités personnelles, mais comme des fonctions par lesquelles doivent passer toutes les créatures avant de s'élever jusqu'à la grande âme.

Un savant pundit nous disait un jour :

« Tout descend de Brahma, et tout retourne à lui, lui seul est Dieu, maître souverain, sagesse suprême, centre de toutes les lois auxquelles obéissent tous les corps; il n'y a pas un insecte, pas un grain de poussière qui ne soient soumis à la loi de transmigration progressive. » Tout le système indou n'est qu'un panthéisme affectant un caractère spiritualiste et naturaliste en même temps, esprit et matière se perfectionnent parallèlement, et finissent par s'absorber dans le grand Tout, sans que l'esprit perde son individualité.

« Ce que l'âme a acquis, dit Collouca, elle ne peut plus le perdre, précisément parce qu'elle l'a acquis; rien n'est fait pour l'anéantissement, tout concourt à la vie, à l'infini, à l'éternité. »

Signalons en passant une grosse erreur de l'école moderne, que nous discuterons plus longuement dans la troisième partie de cet ouvrage, erreur qui a fait accuser non-seulement les Indous, mais encore les Égyptiens et plusieurs autres peuples de l'antiquité, de polythéisme.

L'expression de Dieu — déva — n'a pas chez les Indous le sens que nous voulons bien lui donner.

Tous les dieux, demi-dieux, dévas, anges, assouras, nagas, souparnas, séraphins des demeures célestes, etc..., ne sont à des degrés différents que des esprits en voie de transformation et de perfectionnement; ils servent d'intermédiaires entre les hommes et la divinité, parce qu'ils sont plus près d'elle, mais ne sont pas dieux eux-mêmes.

Le catholicisme, avec tous ses dévas, anges ou demi-dieux éternels, est beaucoup plus polythéiste que le brahmanisme.

Malgré tous ces esprits intermédiaires dont ils peuvent se servir, les trois dieux trinitaires

> Brahma,
> Vichnou,
> Siva,

viennent se manifester d'une manière visible dans l'univers, chaque fois qu'ils jugent leur présence utile pour le bien de la création.

Brahma apparaît souvent, environné de lumière, aux anachorètes, c'est ainsi qu'il parla au richi Vatsa dans un buisson enflammé, mais ne revêt jamais la forme mortelle.

Vichnou au contraire s'incarne dans le sein d'une vierge

mortelle, et vient accomplir toute une vie humaine sur la terre.

Siva ne prête son assistance qu'accidentellement à l'humanité et pour cela revêt les formes les plus diverses.

Les cieux peuplés, la création se continue , la vie apparaît dans l'univers par l'union des particules matérielles et intellectuelles déposées dans l'eau; de ces germes naissent les plantes, et des plantes les animaux.

« L'eau s'élève vers le soleil en vapeur, du soleil elle descend en pluie, de la pluie naissent les végétaux, et de ces végétaux les créatures. »

(Manou, liv. III, sloca 76.)

« Chacun de ces êtres acquiert la qualité de celui qui le précède, de sorte que plus un être est éloigné dans la série , plus il a de qualités. »

(Manou, liv. Ier, sloca 20.)

L'apparition de l'homme, dans les vieilles traditions indoues, est saluée par les légendes et les chants les plus poétiques, nous donnerons quelques-uns de ces morceaux lorsque, sortant de l'exposé général, nous comparerons par le détail quelques points importants de l'*indianisme* et du prétendu sémitisme.

Le lecteur a déjà compris qu'après avoir établi rapidement l'ensemble des grandes traditions de l'Inde, nous en suivrions le rayonnement par la Chaldée et l'Égypte jusqu'aux pays dits sémitiques.

Ainsi la théologie orthodoxe des brahmes reconnaît que les plantes sont sorties des eaux, que la vie de la plante est devenue vie animale, et que le sommet de toutes ces transformations, *de tous ces produits de sélections naturelles et progressives,* est l'homme actuel.

Ainsi Brahma ne crée que par des causes secondes, et comme il est l'ensemble de tous les êtres, les lois auxquelles obéissent toutes ces modifications, sont les lois de sa propre existence. Notre corps n'est qu'un composé de milliards d'animalcules ayant leurs rôles et leur fonctions spéciales et différentes, ils n'en arrivent pas moins à former un tout qui pense, agit, existe, il y a un centre qui commande à l'ensemble. Cette image donne l'idée la plus exacte de la conception indoue sur l'Être suprême, dont tout concourt à l'existence. Il est le centre de tout ce qui vit, tout ce qui vit se rattache à lui.

L'homme, sous la double nature mâle et femelle, aurait fait son apparition première dans les jardins embaumés de l'île de Ceylan.

La légende appelle les deux nouveaux êtres Adhima et Héva.

Adhima signifie en sanscrit *le premier homme*;

Héva signifie, dans la même langue, *le complément de la vie.*

C'est ainsi que la terre fut peuplée.

La tradition de la faute originelle existe dans l'Inde, mais elle est d'invention sacerdotale postérieure aux Védas et à Manou, et date de l'établissement incontesté de la puissance religieuse des brahmes, environ douze mille ans avant notre ère.

Le déluge, dont nous comparerons les traditions indoues, chaldéennes et judaïques, n'est admis par les Livres sacrés, et par les pundits anciens, qu'à titre partiel. Les Védas et Manou, qui renferment la parole de Brahma révélée, échappèrent au cataclysme qui, d'après les calculs astronomiques des brahmes, remonterait à plus de trente mille ans.

D'abord pastorale et agricole, dirigée par l'autorité des pères de famille et des anciens, la société indoue en se civilisant tomba sous la domination du prêtre, qui n'eut rien de plus pressé, pour assurer son pouvoir, que d'immobiliser, au nom de l'Être suprême dont il se prétendait le représentant, les inégalités sociales que les différences d'intelligence, d'aptitude et de travail, et souvent le hasard créent fatalement dans toute agglomération d'hommes.

Rangé dans une des quatre castes suivantes, nul ne put en sortir.

Les brahmes, prêtres, maîtres et seigneurs de la terre ;

Les xchatrias, rois et chefs sous l'autorité des brahmes;

Les vaysias, marchands et cultivateurs;

Les soudras, esclaves des autres castes ;

Les parias se formèrent des criminels chassés des autres castes.

Après leur mort, les brahmes qui ont vécu suivant le Véda vont s'absorber dans le sein de Brahma.

Les xchatrias dans la même condition renaissent brahmes; les vaysias renaissent xchatrias ;

Les soudras deviennent vaysias ;

Et les parias, avant de reconquérir la dignité humaine, son obligés de supporter de nouveau mille et mille transmigrations dans les corps des animaux les plus infects et les plus malfaisants ;

Brahmes, xchatrias, vaysias et soudras, au lieu de s'élever, s'ils ont commis une somme de mauvaises actions dépassant celles des bonnes, peuvent redescendre eux aussi aux transmigrations les plus infimes.

Tel est le résumé rapide des conceptions théologiques, cosmogoniques des Indous, que nous avons longuement exposées dans les études indianistes que nous avons déjà publiées.

Nous ferons bientôt sortir de ce cadre les questions les plus importantes que nous étudierons dans leurs détails et nous démontrerons, jusqu'à l'évidence, que *sémitisme* et *touranisme* ne sont que des mots vides de sens, des subtilités d'école, et qu'il serait temps de faire de la véritable science, sans extraire de son cerveau des civilisations et des peuples qui n'ont jamais existé. L'un invente les *Accades* avec une expression de la Bible ; un autre, les *Sumériens* pour expliquer la civilisation chaldéo-babylonienne par des peuples de race touranienne.

Un troisième arrive et leur dit :

« Citez, je vous prie, un seul nom de montagne, de fleuve ou de ville qui soit dû à cette langue singulière que vous appelez touranienne...

« L'existence même d'une nation touranienne (accade-sumérienne-kasdoscythique ou kasdéenne) sur le bas Euphrate, renverse les notions les plus saines que l'ethnographie, aidée de l'histoire et de la géographie, a fournies jusqu'à présent sur l'ancienne population de cette contrée... »

Ne sommes-nous pas en droit de dire que si les sciences exactes sont sorties du rêve, ont trouvé leur méthode, les sciences historiques et ethnographiques en sont encore aux finesses prétentieuses d'une scolastique de coterie ?

Il est une vérité que nous ne cesserons d'affirmer sans crainte de nous répéter, car le jour où elle sera acquise aux sciences historiques elle fermera la porte à tous ces systèmes qui n'ont d'autre but que de placer *le fait imagination* à la place *du fait réalité*.

— Il n'y a pas de conceptions propres à tel ou tel peuple. Il n'y a même pas à proprement parler de conceptions indoues... Il y a des conceptions humanitaires, des conceptions inhérentes à la nature de l'homme, à son origine, conceptions qui dès le berceau se sont développées et élevées, au fur et à mesure que l'homme se développait et s'élevait lui-même.

Et c'est l'Inde qui est chronologiquement le berceau.

Peu à peu les familles sont devenues des tribus, les tribus des nations ; elles ont émigré dans toutes les directions, se sont emparées de la terre, mais à quelque moment que ce soit de leur état religieux, politique et social qu'on les retrouve, on ne peut étudier la civilisation de tel ou tel peuple indépendamment de celle des autres ; aucun peuple n'a vécu à part, dans l'antiquité pas plus qu'aujourd'hui, et tous, en modifiant leur langage, ont gardé des signes ineffaçables de leur origine commune.

Au moment où les populations de l'Inde ont commencé à émigrer dans toutes les directions pendant les longues périodes des luttes brahmaniques et royales, d'irrécusables monuments établissent que cette contrée [1] possédait, en outre du sanscrit défendu au vulgaire, soixante-quinze dialectes différents, ce qui n'a rien de bien extraordinaire quand on songe qu'aucune autorité n'avait imposé un idiome spécial au peuple, que les divisions de castes, et l'immense étendue de l'Indoustan favorisaient admirablement ces diversités de langage. La plupart de ces idiomes existent encore dans l'Inde ; plusieurs, comme l'indoustani et le tamoul, suivent des formes lexiques entièrement différentes. Eh bien ! il n'en est pas un seul qui ait servi à écrire des ouvrages religieux, philosophiques ou scientifiques en contradiction avec les conceptions générales de l'Inde que nous venons d'exposer. Les soixante-quinze dialectes primitifs, et une foule d'autres nés depuis, possèdent les Védas et Manou, et les différences qui se peuvent remarquer dans ces ouvrages écrits en kanara ou en telinga, par exemple, ne portent pas sur le fond de la doctrine, mais sur les commentaires qui chez les Indous font presque toujours corps avec l'ouvrage.

Avant d'émigrer de leur pays, les Indous, suivant les latitudes et les castes, parlaient déjà des idiomes différents tout en possédant les mêmes traditions, les mêmes croyances ; ce fait suffit à lui seul à expliquer comment toutes les nations de l'antiquité ont parlé des langages différents et ont cependant possédé des traditions communes.

Les arguments de linguistique pure contre la maternité de l'Inde sont sans valeur.

1. Avadana Sastra.

Nous avons vu, dans le Deccan méridional et dans le Maïssour, un exemple frappant de la facilité avec laquelle un langage se perd et un autre se forme. Dans ces deux contrées que nous avons parcourues avec la modeste charrette à bœufs des Indous, nous arrêtant auprès de chaque ruine, chaque temple, chaque village, nous avons remarqué les curieux faits suivants :

Chaque petit bourg ou aldée possède une caste de bergers, chargée de la garde des troupeaux de la communauté, c'est la caste *couroubha*, subdivision de la grande caste des soudras.

Ces bergers, qui vivent constamment dans la forêt ou dans la jongle, n'ont que de loin en loin des relations avec les villes; ils sont arrivés à créer un langage à eux qui n'a aucune ressemblance avec le tamoul, idiome qu'ils sont obligés de parler dans leurs relations avec les autres Indous.

Nons avons pu constater :

1° Que la plupart des enfants ne parlaient que ce langage que nous appelerons couroubha du nom de la caste, et que quand ils étaient forcés de se servir du tamoul, c'était en soumettant la construction de leurs phrases et les mots mêmes aux *modes* et aux *flexions* de leurs patois, ce qui les rendait souvent incompréhensibles.

2° Que les hommes faits avaient une tendance à abandonner la langue de leurs pères, pour perfectionner la nouvelle.

3° Que dans les petits villages on parlait plus couroubha que tamoul, ce qui fait supposer que si ces populations émigraient elles oublieraient rapidement cette dernière langue.

4° Que ces bergers ne peuvent être considérés comme une race différente, car historiquement ils appartiennent au sol et sont soudras, de plus, il y a autant de patois couroubha que de provinces, et tous les bergers des provinces du Deccan, du Carnatic, du Malagalam, du Maïssour, du Tandjaor et du Travencor qui parlent un patois différent, parlent également la langue nationale, qui est le tamoul.

Nous n'avons pas le loisir d'insister, voici cependant trois exemples empruntés au couroubha des montagnes du Maïssour, qui montreront à quel point les règles de ce langage sont primitives :

> Guernah....homme marié.
> Rnah.......femme mariée.
> Nah........enfant.
> Nisroth.....taureau.
> Sroth.......vache.
> Roth.......veau ou génisse.
> Kalvah.....graine.
> Lvah........arbre.
> Vah........fruit.

La formation est la même pour les mots destinés à rendre des idées abstraites.

> Ourda......très-bon.
> Rda ....bon.
> Arba.......mauvais.
> Rba........moins mauvais.

Tous ces mots deviennent substantifs, adjectifs ou verbes, suivant leur place dans le discours.

Rnah arba guernah, femme qui a un mauvais mari.

Guernah arba rnah, mari qui a une mauvaise femme.

Guernah arba nisroth, chef de famille qui a un mauvais taureau, etc...

Pour faire d'un substantif un verbe, il suffit d'ajouter une *s* au mot. Le verbe n'a qu'un seul cas, l'infinitif, ainsi :

Am guernahs ana :

Moi marier demain. Je me marierai demain.

Curiosité singulière, cette phrase ainsi prononcée indique une femme qui parle, car le mot guernahs, marier, renferme l'idée du mâle : — Je prendrai mari demain. — Un homme s'exprimerait ainsi :

Am rnahs ana, je me marierai demain. Rnahs exprime l'idée du féminin : — Je prendrai femme demain...

Nous prions le lecteur d'excuser ces curiosités philologiques ; il y aurait certainement une étude des plus intéressantes à faire sur ces idiomes couroubha en formation, étude qui prouverait surabondamment que des peuples de même origine peuvent parler des langues différentes...

Nous disions que la multiplicité des dialectes parlés dans l'Inde, en face de l'unité de croyances et de traditions, était une preuve de plus de la maternité de cette antique contrée.

M. Lenormand, un des adversaires les plus acharnés de l'idée que nous soutenons, puisqu'il a inventé les accades-touraniens pour échapper à l'influence de l'Inde sur les civilisations chaldéennes, va nous fournir lui-même un argument victorieux contre ses propres opinions.

« La diversité des races d'hommes et des langages dans la Babylonie et la Chaldée est un fait qui a frappé tous les anciens, *dit cet éminent ethnographe, dans ses études accadiennes.* Dans l'intérieur de Babylone même, il se parlait au temps du dernier empire chaldéen, des langues différentes qui, souvent, n'étaient pas comprises d'un quartier à l'autre. Aussi Eschyle appelle-t-il les habitants de cette ville, πάμμικτος ὄχλος « foule mêlée de toutes les origines. » Et tous les édits des rois de Babylone rapportés dans le livre de Daniel, commencent par ces mots : « On vous fait savoir, peuples, tribus, langues... » Le vaste commerce de Babylone et de la Chaldée, soit par mer, soit par terre, ainsi que les transplantations de captifs en grandes masses opérées par les rois conquérants, tels que Nabuchodonossor, avaient dû beaucoup contribuer à cette variété , dans le sang et dans la parole des habitants du pays. Des éléments étrangers formant, comme les juifs, de véritables colonies avec leur religion, leurs lois civiles particulières et leur langage, étaient venus à la suite des événements guerriers, se juxtaposer, sur le sol des provinces inférieures du Tigre et de l'Euphrate, à la population primitive du pays et aux tribus araméennes que les textes cunéiformes nous montrent déjà si développées dans la même contrée, au VIIIe siècle avant notre ère. *Mais cette population était* déjà mêlée dès les temps les plus anciens auxquels on puisse faire remonter les souvenirs. La tradition babylonienne voyait dans la réunion d'éléments ethniques différents en Chaldée et en Babylonie un fait primordial. « Il y eut à l'origine à Babylone, *disait Bérose en se faisant le rapporteur de ces traditions*, une multitude d'hommes de diverses nations qui avaient colonisé la Chaldée. » Les résultats du déchiffrement des inscriptions cunéiformes confirment le fait et attestent son extrême antiquité. »

Ainsi en Babylonie :

1° D'après M. Lenormand et M. Quatremère qui établit le même fait, il se parlait des langues différentes qui n'étaient souvent point comprises d'un quartier à un autre ;

2° Eschyle appelle les habitants de Babylone, *foule mêlée de toutes les origines ;*

3° Au rapport de Daniel, les rois babyloniens étaient obligés de faire transcrire leurs édits en une foule de langues ;

4° D'après le chaldéen Bérose, mieux à même encore que nous d'expliquer les origines de son pays, les primitives traditions babyloniennes rapportent que la Chaldée « *fut colonisée* » *par une multitude d'hommes de diverses nations.*

5° Les inscriptions cunéiformes reconnaissent et confirment ce fait.

Ces divers points irrévocablement admis dans la science, il reste à résoudre cette question qui naturellement se pose :

D'où venait cette multitude d'hommes de diverses nations,

parlant des langues différentes, qui ont colonisé la Chaldée?

Nous avons vu que, pour la résoudre, certains savants inventent un peuple touranien appelé par les uns accadien, par les autres sumérien, invention que l'ethnographie et l'histoire refusent énergiquement d'accueillir. Il est à remarquer de plus, que ce peuple fabuleux, de quelque nom qu'on le décore, ne saurait expliquer *ni cette multitude d'hommes de diverses nations qui,* selon Bérose, *ont colonisé la Chaldée, ni ces idiomes, si nombreux qu'ils n'étaient pas compris de quartier à quartier.*

La seule solution rationnelle à tous les points de vue ethnographiques, que l'on puisse donner à ce problème, se trouvera à notre avis dans la réponse à la question suivante :

Quelles sont les croyances religieuses apportées par cette multitude d'hommes, parlant des langues différentes, qui ont colonisé la Chaldée?

Il est clair que si nous venons à rencontrer en Chaldée-Babylonie autant de systèmes religieux différents que nous avons pu y constater de langages, nous serons réduits, non à inventer des Accadiens ou des Sumériens pour nous tirer d'affaire, mais à reconnaître que cette multitude de tribus, de foules mêlées, qui, selon Eschyle, Daniel et le prêtre chaldéen Bérose, ont colonisé la Chaldée, provenaient des lieux les plus différents, et peut-être l'étude de ces théogonies particulières pourra-t-elle nous conduire jusqu'au berceau de chacune de ces tribus.

Si, au contraire, nous nous trouvons en présence d'un système religieux, un, complet, grandiose même, renfermant dans son sein tout un ensemble de connaissances astronomiques avancées, et si systèmes religieux et astronomiques ne sont, jusqu'à la plus complète évidence, que des copies serviles des systèmes indous... ne serons-nous pas en droit de dire que ces peuplades qui ont colonisé la Chaldée, parlant des idiomes différents, mais possédant des croyances religieuses et scientifiques de tout point identiques, sont issues d'une patrie commune, et que cette patrie est l'Inde ; l'Inde qui seule a offert au monde le spectacle extraordinaire d'une immense agglomération d'hommes soumise à la même autorité, aux mêmes lois, possédant les mêmes croyances religieuses, les mêmes traditions astronomiques, les mêmes préjugés, les mêmes coutumes, les mêmes mœurs ; l'Inde qui, ses annales en font foi, depuis l'an 12000 avant notre ère, n'a cessé de faire rayonner de tous les côtés du globe ses fils, que les luttes des prêtres et des rois et les révolutions serviles forçaient à émigrer sous d'autres cieux !

La question de la pluralité des systèmes religieux des Chaldéo-Babyloniens doit être écartée tout d'abord ; il est constant que la Chaldée eut un système unique que nous allons étudier.

Qu'on nous permette d'en emprunter la description à l'adversaire que nous combattons, M. Lenormand.

Nous pourrions l'exposer nous-même, tel qu'il résulte des textes anciens et des travaux de l'assyriologie moderne, mais nos arguments en auraient une valeur moins décisive.

« Les Chaldéo-Babyloniens, adonnés d'une manière toute spéciale à l'astronomie, lurent dans l'ensemble du système sidéral et surtout planétaire la révélation de l'Être divin. De même que les peuples syro-phéniciens, avec les religions desquels la leur a la plus étroite parenté, ils considérèrent les astres comme les vraies manifestations extérieures de cet Être divin, et ils en firent dans leur système religieux l'apparence visible des hypostases émanées de la substance de l'Être absolu, qu'ils identifiaient avec le monde son ouvrage. Seulement, sous sa forme définitive, leur religion classa ces émanations dans une échelle philosophique et savante, résultat d'un très-puissant effort de pensée, auquel la Syrie et la Phénicie n'offrent rien d'analogue.

« Le Dieu suprême, le premier et unique principe d'où dérivent tous les autres dieux, était Ilon, dont le nom signifie *le Dieu par excellence*, — simple traduction du Zyaus indou.

« C'est le *un* et le *bon* que les philosophes néoplatoniciens disent avoir été la source commune de tout dans la théologie des Chaldéens, et en effet on trouve le premier principe appelé le *Dieu un* dans quelques documents de l'époque très-tardive où, le langage philosophique s'étant complétement formé dans les écoles sacerdotales, on disait : Qu'au commencement de l'Abîme — Apsa — et de la mer primordiale — Tamti — était né l'être existant — Auv Kinuv, — adoré sous ce nom par Nabuchodonossor. Mais ceci appartient à un développement philosophique tout à fait récent : dans la religion des âges classiques du bassin de l'Euphrate, la conception d'Ilon était trop compréhensive, trop vaste, pour recevoir une forme extérieure bien déterminée, et par conséquent les adorations du peuple ; à ce point de vue les Grecs lui trouvèrent une certaine analogie avec leur Chronos auquel ils l'assimilèrent.

« En Chaldée, il ne paraît pas qu'aucun temple lui ait été spécialement dédié, bien que Babylone lui dût son nom de Bab-Ilon. Pendant longtemps même on ne distingua pas nettement la personnalité de Ilon ; son rôle et sa qualification de *Dieu un* furent d'abord donnés à Anou, *l'ancien des dieux*, premier personnage de la triade suprême, qu'on regarda ensuite comme émanée d'Ilon. »

— M. Lenormand commet ici une erreur que nous devons relever. La personnalité d'*Ilon* n'est entourée d'aucune obscurité. Ilon, c'est le dieu irrévélé, le dieu type, le dieu par excellence, comme le Zyaus indou ; Anou, c'est Ilon manifesté, Ilon créateur, chef de la triade. Il n'y a donc pas de confusion de qualification, c'est le même dieu dans deux états différents.

Nous poursuivons notre citation :

« Au-dessous d'Ilon, la source universelle et mystérieuse, venait une *triade* composée de ses trois premières manifestations extérieures et visibles, qui occupait le sommet de l'échelle des dieux, dans le culte populaire :

> Anou,
> Nouah,
> Bel.

« Anou, l'Oannès des Grecs, le chaos primordial, le dieu Temps et Monde, χρόνος et κόσμος à la fois, la matière incréée, issue du principe fondamental et unique de toutes choses.

« Nouah, l'intelligence, nous dirions volontiers le verbe, qui anime la matière et la rend féconde, qui pénètre l'univers, le dirige, le fait vivre, est en même temps le roi de l'élément humide, en un mot, l'*esprit porté sur les eaux.* »

N'est-ce pas la trinité indoue, avec le Nara-Ayana de Manou, l'*esprit qui flottait sur les eaux?* M. Lenormand aurait dû faire ces comparaisons ; à chaque problème l'Inde lui eût donné la clef, cela lui eût évité de faire revivre une civilisation accadienne qui n'a jamais existé.

« Bel, enfin, est le démiurge ordonnateur de l'univers organisé.

« C'est la grande triade signalée chez les Chaldéens par Damascius, qui en désigne les personnages sous les noms d'Ea — Anna — Enou.

« Ces trois personnifications divines, égales en puissance et consubstantielles, n'étaient pas placées sur le même degré d'émanation, mais regardées, au contraire, comme issues les unes des autres :

« Nouah d'Anou et Bel de Nouah. »

— Ainsi dans l'Inde, l'immortelle déesse Nari est issue de Brahma qui divise son corps en deux parties, l'une mâle et l'autre femelle, et Viradj est issu de Nari.

« A chacun des dieux de la *triade* suprême correspondait une divinité féminine, qui en était le dédoublement, la forme passive, et, pour me servir de l'expression même contenue dans plusieurs inscriptions, *le reflet.* » — Ici M. Lenormand, qui semble éviter systématiquement toute comparaison avec l'Inde, nous évite cette unique fois la peine de la réflexion, car il ajoute : « C'est ainsi que dans l'Inde la trimourti (trinité mâle) se reproduit dans la sakti-trimourti, triade féminine, Ana, Belit et Davkina répondaient à Anou, Bel et Nouah ; mais la distinction de ces trois personnages femelles est beaucoup moins claire que celle des trois dieux mâles. Ils se confondent les uns avec les autres, et en réalité ils se réduisent à un seul, la déesse Bélit, que les invocations au cycle des grands dieux mentionnent toujours à l'exclusion des deux autres. Bélit est le principe féminin de la nature, la matière humide passive et féconde dans le sein de laquelle se produit la génération des dieux et des êtres. »

— N'est-ce pas le cas de rappeler la parole plus scientifique de Manou : « L'eau s'élève vers le soleil en vapeurs, du soleil elle descend en pluie, de la pluie naissent les végétaux et des végétaux les créatures. »

« Une inscription de Sargou II, l'assyrien, dit : *Qu'elle triture comme le fard les éléments du monde.* »

— L'Inde, avec plus de poésie encore, dira :

« Un sourire de Nari et la nature entière s'est éveillée...

(Vina-Snati.)

« Les principales qualifications de Bélit sont celles de :
Déesse souveraine,

Dame de l'abîme d'en bas,

Mère des dieux,

Reine de la terre,

Reine de la fécondité.

« Comme l'humidité primordiale d'où tout est sorti, elle est Tamti, la mer, comme déesse chthonienne et infernale ; elle est Allat ou Oum-Ourouk, *la mère de la ville d'Erech*, la grande nécropole de la Chaldée. Enfin, dans le monde des étoiles, elle se manifeste sous le nom d'Istar. »

— La fiction indoue se continue : Bélit la déesse souveraine, c'est Nari la mère immortelle, et il n'est pas hors de propos de rappeler ici les litanies de Nari, que nous avons données dans l'*Histoire des Vierges* :

Nari — vierge immortelle.

Brahmy — mère universelle.

Hyranya — matrice d'or.

Paramatma — âme de tous les êtres.

Sakty — reine de l'univers.

Lakmy — lumière céleste.

Mariama — fécondité perpétuelle.

Agasa — fluide pur.

Ahancara — conscience suprême.

Canya — chaste vierge.

Taumatra — réunion des cinq éléments.

Trigana — les trois qualités (vertu, richesse, amour.)

Canyabâva — virginité éternelle, etc...

« Après la première triade, continue M. Lenormand, représentant la genèse du monde matériel, émané de la substance de l'être divin, la série des émanations se continuait et produisait une seconde triade, dont les personnages, abandonnant désormais le caractère général et indéterminé de ceux de la première, prenaient une physionomie décidément sidérale et représentaient des corps célestes déterminés, ceux dans lesquels les Chaldéens voyaient les manifestations les plus importantes de la divinité. C'étaient, pour les citer dans leur ordre hiérarchique, Sin, le dieu lune, fils de Bel ; Samas, le soleil, fils de Nouah; enfin Bin, dieu de l'atmosphère, de ses phénomènes, des vents, de la pluie et du tonnerre, fils d'Anou. »

— Il y aurait beaucoup à dire sur la manière dont ces traditions chaldéennes sont expliquées... par exemple :

Il n'est pas exact de dire *que la première trinité ou triade représente la genèse du monde matériel.* La première triade, émanation directe de *Ilon*, l'être irrévélé, le germe primordial, représente *l'être*, la *vie* dans leur acception la plus universelle, d'où doivent sortir tous les dieux et demi-dieux, tous les esprits, tous les germes spirituels et matériels, tous les mondes, toutes les créatures, tout ce qui est et tout ce qui sera... Ce sont les triades suivantes ou triades manifestées, qui représentent spécialement la genèse du monde matériel... Mais nous avons hâte de terminer citations et commentaires.

M. Lenormand nous donne ensuite la liste des douze grands dieux, telle que nous l'ont laissée Diodore de Sicile et Bérose, dieux qui, d'après ces écrivains anciens, présidaient aux planètes, aux douze mois de l'année et aux douze signes du zodiaque.

Anou,
Bel,

Nouah,
Belit.
Sin,
Samos,
Bin,
Adar,
Mardouk,
Nergal,
Istar,
Nebo.

— Il est inutile que nous insistions, le rapprochement avec les douze grands dieux de l'Inde et leurs fonctions dans l'univers se fait de lui-même, l'origine brahmanique de ces traditions est indéniable.

« Ce sont ces dieux qui presque seuls sont nommés dans les inscriptions comme étant l'objet d'un culte public, officiel et général dans tout le pays, et dont les appellations entrent dans la composition de la plupart des noms propres, mais au-dessous de ces grands dieux, la théologie et la mythologie de Babylone et de l'Assyrie admettaient des *dii minores*, représentant des ordres inférieurs d'émanations qui paraissent, du reste, n'avoir jamais été distribués aussi régulièrement que ceux du sommet de la hiérarchie. Il y avait là tout un peuple qui resta assez confus et en grande partie relégué dans les cultes locaux. Ce sont des divinités mineures de ce genre que le récit cosmogonique de Bérose introduit aux côtés de Bel, exécutant ses ordres et l'aidant dans son œuvre de démiurge...

« Il y avait aussi un certain nombre de dieux locaux, de fleuves et de villes, dont l'adoration n'est jamais devenue générale dans le pays... C'est aussi dans la tourbe confuse des *dii minores* qu'on relègue les dieux antiques de l'*âge purement*

accadien, dont le culte est complétement tombé en désué-
tude par la suite.

« Mais il faut mettre à part entre les dieux groupés au-dessous du cycle suprême, comme des puissances et des émanations inférieures, la nombreuse série des personnifications
stellaires, représentant les mansions célestes et l'armée entière du ciel, constellations ou étoiles envisagées isolément.
Elles correspondaient aux conceptions astrologiques et apoté-
lesmatiques, qui, depuis une époque fort ancienne, avaient
pénétré la religion chaldéo-babylonienne plus qu'aucun autre
système religieux du monde antique... Toutes n'étaient pas
comptées au nombre des dieux proprement dits, et on regar-
dait beaucoup d'étoiles comme animées seulement, sous les
ordres des grands dieux, par des êtres surnaturels, continuant
toujours plus bas la chaîne des émanations, participant encore
de l'essence divine, mais se rapprochant de l'humanité, par
suite se mêlant davantage à elle et à ses destinées.

« Dans cette nouvelle sphère, on rangeait les quatre classes
de génies protecteurs, le Sed, Alap ou Kiroub, taureau à face
humaine, le Lamas ou Nirgal, lion à tête d'homme, l'Oustour,
d'apparence entièrement humaine, et le Nattiga à tête d'aigle,
dont le prophète Ézéchiel a adopté les types comme ceux des
quatre êtres symboliques qui, dans ses visions, supportent le
trône de Jéhovah. »

— Ces figures symboliques sont sculptées dans toutes les
pagodes de l'Inde.

« Au-dessus étaient les anges ou esprits, divisés en deux
groupes : les Igili ou esprits célestes, les Amon-naki, ou
esprits terrestres. Une tablette de la bibliothèque de Ninive
compte sept dieux magnifiques et suprêmes, cinquante grands
dieux du ciel et de la terre, trois cents esprits des cieux et six
cents esprits de la terre. »

Nous devons ajouter que ces dieux, anges et esprits, en engendraient d'autres à l'infini jusqu'à l'homme, qui était au dernier degré des esprits et au premier des animaux, et ainsi s'établissait, en Chaldée comme dans l'Inde, ces séries innombrables d'êtres qui, parties d'Ilon, l'être irrévélé, le grand Tout, le germe primordial, remontaient jusqu'à lui.

Tel fut ce système religieux chaldéo-babylonien apporté, qu'on ne l'oublie pas, par cette foule de peuplades mêlées, πάμμικτος ὄχλος, parlant des langues différentes, qui, suivant tous les écrivains de l'antiquité, et notamment le prêtre chaldéen Bérose, étaient venus coloniser la Chaldée.

Il ne nous reste plus qu'à présenter le tableau des deux panthéons, indou et chaldéen, pour que la conclusion, qui déjà se présente d'elle-même, devienne plus frappante encore :

DIEU

Unique, existant par lui-même, irrévélé, germe primordial, grand tout.

Dans l'Inde :	*En Chaldée :*
Zyaus ou Brahma.	Ilon.

DIEU

Unique, divisant son corps en deux parties, l'une mâle et l'autre femelle, pour créer.

Dans l'Inde :	*En Chaldée :*
Brahma ou Nara, le père.	Anou, le père.
Nari, la mère universelle.	Nouah, la mère universelle.

PRODUIT

De l'union du dieu père et de la déesse mère.

Dans l'Inde :	*En Chaldée :*
Viradj, le fils.	Bel, le fils.

TRINITÉ MALE

Manifestée, présidant au développement constant et progressif de l'univers.

Dans l'Inde :	*En Chaldée :*
Brahma.	Sin.
Vichnou.	Samos.
Siva.	Bin.

TRIADE FEMELLE

Manifestée, assistant la triade mâle dans son œuvre.

Dans l'Inde :	*En Chaldée :*
Brahmy.	Anat.
Lakmy.	Belit.
Sakty.	Davkina.

TRINITÉ MALE

Confondue dans un seul Dieu.

Dans l'Inde :	*En Chaldée :*
Brahma.	Anou.

TRINITÉ FEMELLE

Confondue en une seule déesse.

Dans l'Inde :	*En Chaldée :*
Nari.	Belit.

DOUZE GRANDS DIEUX

Inférieurs, présidant aux astres, aux douze mois de l'année et aux douze signes du zodiaque.

Dans l'Inde :	*En Chaldée :*
Indra.	Anou.
Agni.	Bel.
Varouna.	Nouah.

Dans l'Inde :	*En Chaldée :*
Yama.	Belit.
Pavana.	Sin.
Sourya.	Samos.
Soma.	Bin.
Cartikeia.	Adar.
Couvera.	Mardouk.
Cama.	Nergal.
Ganésa.	Istar.
Pouléar.	Nebo.

Nous venons de voir que, dans les deux mythologies, les dieux supérieurs se donnaient des mandataires à l'infini, et que l'on pourrait sans interruption descendre de Brahma et Ilon, le germe primordial, jusqu'à l'homme par une série de dieux, de demi-dieux et d'esprits inférieurs.

Sommes-nous maintenant en droit de dire, d'accord avec tous les auteurs anciens, et le prêtre chaldéen Bérose, qui devait connaître les antiquités de son pays, d'accord avec l'histoire, l'ethnographie et les traditions religieuses, que ces peuplades mêlées, parlant des idiomes différents, mais unies par les mêmes traditions religieuses qui ont colonisé la Chaldée, n'ont pu venir et ne sont venues que de l'Inde?

Personne ne songerait à soutenir que de pareilles similitudes puissent être le fruit du hasard.

Or, puisqu'il est admis, par tous les savants anciens et modernes, que la civilisation chaldéenne n'est pas née sur les rives de l'Euphrate, que cette contrée a été colonisée par une foule de tribus parlant des idiomes différents, n'est-ce pas une vérité ethnographiquement rigoureuse que d'indiquer, comme le berceau de cette civilisation, la seule contrée de l'antiquité où tous les signes particuliers et généraux appartenant à ces peuplades colonisatrices se rencontrent à profusion? L'Inde seule, aussi loin qu'on puisse fouiller le passé antique, a pu fournir de nombreuses émigrations de tribus, parlant des idiomes différents et cependant reliées entre elles par des mœurs, des coutumes et surtout des traditions religieuses identiques.

L'histoire de l'Inde démontre surabondamment, du reste, que les plaines chaldéo-babyloniennes furent le grand chemin des émigrations brahmaniques par le nord-ouest.

Il n'est pas nécessaire ici de se forcer l'imagination pour inventer un peuple que les uns appellent accadien, les autres sumérien, les autres kasdéen, etc., et dont l'existence est proclamée impossible à tous les points de vue historiques et ethnographiques par *les partisans des traditions sémitiques pures.* Nous ne sommes pas en présence de contrées et de peuples fabuleux ; nous ne cherchons pas à résoudre un point d'histoire en nous appuyant sur le jardin des Hespérides. Nous disons simplement :

Les peuples de l'Inde, pasteurs et agriculteurs, que, pendant plusieurs milliers d'années, les luttes entre les prêtres et les rois forcèrent à émigrer, présentent tous les caractères particuliers et généraux ; différences de langages, unité de coutumes et de traditions religieuses, reconnus aux populations qui ont colonisé la Chaldée.

Le même phénomène ethnographique ne peut s'observer sur aucun autre point du globe.

Donc ce sont les peuples de l'Inde, pasteurs et agriculteurs, qui ont colonisé la Chaldée.

Nous venons de démontrer jusqu'à l'évidence, à l'aide de preuves telles que pas un fait historique même moderne ne pourrait en offrir de pareilles, que les traditions chaldéennes sont de pures traditions indoues.

Nous avons prouvé, dans les *Fils de Dieu* et l'*Histoire de*

Vierges, que l'Égypte était fille de l'Inde également et avait été colonisée par Manou-Vena et ses guerriers.

Nous allons voir bientôt comment la tradition sémitique, qui a des prétentions à l'originalité, à la révélation, qui voudrait bien gouverner le monde sous la férule de Rome, s'est formée par des emprunts successifs faits à l'Égypte, à la Chaldée et à l'Inde, et comment le christianisme n'est que la synthèse habile de toutes les anciennes croyances de l'Orient.

Avant d'aborder cette question, il nous reste à étudier, à l'aide des livres indous, un état social qui fut commun à tous les anciens peuples de l'Orient, qui existe encore en partie dans l'Inde, et dont nulle autre contrée ne nous a laissé de souvenirs écrits ; nous voulons parler de la vie civile et religieuse de l'homme de chaque condition sociale, de chaque caste aux trois états de la vie, d'adolescent, de père de famille et de vieillard se préparant à la mort, c'est-à-dire à une transformation plus élevée. Nous allons voir aussi ce que fut la morale antique, et quelle conduite fut imposée aux prêtres dans la primitive église brahmanique.

Manou, cet abrégé de toute la science indoue, va comme toujours nous servir de guide. Nous y ajouterons les commentaires, faits, ainsi que la traduction, sous la direction du savant brahme *Tamasatchari*, des pagodes de Chelambrum et de Villenoor, qui fut notre maître vénéré dans l'Inde.

A toutes les attaques dont nous sommes parfois l'objet dans les régions officielles, nous n'avons qu'une chose à répondre. Nous n'avons pas la prétention de faire de la science officielle. Nous avons étudié l'Inde dans l'Inde, et sous les brahmes les plus illustres.

Nous n'avons qu'un désir, dire simplement à nos lecteurs, dont nous avons reçu tant de marques de sympathie, comme l'Inde comprend l'Inde, et les anciennes civilisations issues d'elle !

CHAPITRE II.

LES SACREMENTS RELIGIEUX. — LES DEVOIRS DES ADOLESCENTS, DES PÈRES DE FAMILLE, DES VIEILLARDS QUI DOIVENT SE PRÉPARER A LA TRANSFORMATION SUPRÊME DE LA MORT.

(D'après Manou, les Védas et les commentaires brahmaniques.)

Nous prions nos lecteurs de lire avec le plus grand soin ces pages curieuses; constitution de la famille, éducation des enfants, devoirs des professeurs et des pères de famille, sacrements, cérémonies mortuaires, toute la civilisation antique est dans les trois livres de Manou dont nous allons donner la traduction.

I.

LE LIVRE DES SACREMENTS RELIGIEUX ET DES DEVOIRS DES ADOLESCENTS, DE MANOU.

« Seigneur, dirent les maharchis [1] à Manou absorbé dans sa pensée, dites-nous maintenant quels sont les devoirs que les hommes vertueux doivent accomplir.

1. Saints personnages arrivés à un tel état de sainteté qu'ils n'avaient plus à craindre de transmigrations inférieures.

***

« Manou répondit :

***

« Écoutez quels sont les devoirs que le Véda prescrit aux hommes vertueux qui veulent devenir inaccessibles aux passions exaltées de haine ou d'amour. Que ces devoirs soient gravés dans vos cœurs.

***

« L'amour du moi n'est pas ce qu'il y a de plus méritoire, cependant rien dans ce périssable univers ne peut se soustraire à ce penchant. N'est-ce pas pour sa propre perfection et son propre bonheur qu'on étudie la sainte Écriture, et qu'on accomplit les actes prescrits par les Livres saints ?

***

« De l'espérance naissent le travail et la prière : toute peine a pour mobile l'espoir d'un salaire, les pratiques de dévotion et les bonnes actions n'ont d'autre but qu'une récompense.

***

« Où a-t-on vu un acte accompli par un homme qui n'en avait pas la volonté ? Quoi qu'on fasse, le désir est le premier pas de l'exécution.

***

« En observant les devoirs prescrits par les Livres saints, l'homme conquiert l'immortalité dans l'autre monde, et dans celui-ci, il réalise la somme de *bien* qu'il lui a été donné de concevoir.

***

« La loi est extraite du Véda. Dans le silence de la parole sainte, il faut l'appuyer sur la coutume et la conduite des honnêtes gens ; en cas de doute, le juge suprême c'est la conscience.

*
* *

« Quel que soit le devoir enseigné par Manou, ses prescriptions émanent de la sainte Écriture ; car la science divine c'est Manou.

*
* *

« Que le sage étudie avec soin et respectueusement cet ensemble complet de lois, et s'inclinant devant l'autorité de la révélation, qu'il ne cherche pas à discuter ses devoirs.

*
* *

« Sachez que l'homme qui s'incline devant les prescriptions de la divine srouti — révélation — et de la smriti — tradition, — acquiert de la gloire en ce monde et une félicité parfaite dans l'autre.

*
* *

« L'ensemble de la révélation, c'est le Véda ; l'ensemble de la tradition, c'est Manou. Ni l'un ni l'autre ne doivent être contestés en rien, le devoir procède d'eux, et non d'autres.

*
* *

« Quiconque dans les trois premières castes adopte l'opinion des livres sceptiques, repousse ces deux origines fondamentales de la loi et du devoir, doit être chassé de la compagnie des gens de bien [1] comme athée et contempteur des Livres saints.

*
* *

« Le Véda, Manou, la coutume des sages et la conscience sont les quatre sources de la loi et du devoir.

*
* *

« La connaissance de la coutume suffit à ceux qui ne recherchent ni renommée ni puissance, mais ceux qui désirent

1. Littéralement excommunié.

connaître les devoirs pour les enseigner aux autres, doivent étudier la révélation qui est le Véda.

**

« Lorsque la révélation contient des préceptes différents, les sages les observent tous, et les reconnaissent comme loi.

**

« Il est dit dans le Véda que le sacrifice de chaque jour [1] doit être offert après le lever du soleil, avant son lever, lorsqu'on ne voit ni le soleil, ni les étoiles, cela signifie qu'il peut être offert en tout temps.

**

« Celui seul qui, depuis sa conception jusqu'à sa mort, a reçu tous les sacrements, assisté à toutes les cérémonies et récité toutes les prières ordonnées, peut étudier et enseigner la loi.

**

« Entre les deux rivières sacrées de Cavery et de Godavery, est un pays aimé des dieux qui a reçu le nom de Brahmâvarta [2].

**

« La coutume et la tradition anciennes que les populations primitives de cette contrée ont conservées, sont déclarées pures.

**

« Couroukchetra, Matsya et le pays de Pantchala qui recevra aussi le nom de Cavya-Coubja (montagne de la vierge),

1. Le sacrifice à la création symbolisant l'action de Christna, qui est censé s'immoler perpétuellement pour la conservation de l'univers.
2. Les brahmes du nord nomment ces deux rivières Saraswati et Gangea.

Sourasenaca aussi appelé Madoura, forment la contrée de Brahmarchi située près de celle de Brahmavarta.

« C'est de la bouche même du brahme [1] qui naîtra dans ce pays que tous les hommes sur la terre apprendront leurs devoirs.

« Toute la région comprise entre Lanka — l'île de Ceylan — et les monts Himavat — Himalaya, — de la mer occidentale à la mer orientale, — c'est-à-dire tout l'Indoustan, — est nommée par les dieux Aryàvarta — pays des hommes honorables.

« Tout lieu où la gazelle noire bondit dans les plaines, où les jeunes chevreaux suivent des mères à toisons rouges, est propice aux sacrifices et aimé des dieux.

« Le pays des Mlétchas, — étrangers, barbares — est stérile pour le sacrifice et la prière.

« Les hommes des trois premières castes ne peuvent s'établir qu'en Aryavarta, mais l'impur soudra, quand il est poussé par les nécessités de la nourriture, peut s'établir en tous lieux.

« L'origine de la loi, qui dirige cet univers, nous a été ainsi exposée. Écoutez maintenant quelles sont les lois qui concernent les sacrements, et les devoirs imposés aux trois

1. Prophétie appliquée par les brahmes à la naissance du rédempteur Christna

classes honorables qui seules sont soumises à l'étude du Véda
et à l'observance des préceptes sacrés [1].

« Les sacrements — sanscaras, — les sacrements qui purifient les corps des *dwidjas* — deux fois nés, — savoir, ceux
de la conception et de l'ondoiement à la naissance, et ceux qui
enlèvent toute impureté pour la vie présente et la vie future,
doivent être accomplis selon le rite ordonné par l'Écriture.

« Par les offrandes au principe éternellement pur dont le
feu est le symbole, on purifie le fœtus le quinzième jour de
la conception.

« Par l'eau, principe éternel de vie, on purifie l'enfant à sa
naissance.

« Par l'huile, principe pur des végétaux, on renouvelle la
purification dans la période de l'adolescence.

« Tels sont, avec l'investiture du cordon sacré, es sacrements que doit recevoir le dwidja.

« Par l'étude de la sainte Écriture, une conduite pieuse,
l'offrande du sacrifice au principe pur, l'étude des trois
sciences secrètes, les oblations aux pitris — esprits en communication avec les hommes, — par l'accomplissement des devoirs du mariage, la procréation d'un fils et les ablutions so-

1. Ces trois castes sont celle des brahmes — les prêtres ; celle des xchatrias — les rois et les chefs ; celle des vaysias — les commerçants et
agriculteurs. L'impur soudra, dont on ne daignait pas s'occuper, c'était
le prolétaire.

lennelles, le dwidja prépare son absorption dans Parabrahma
— la Grande Ame.

« Avant la section du cordon ombilical, l'enfant doit être
ondoyé par l'eau lustrale, puis on place sur sa langue du sel,
du miel et du beurre clarifié avec une spatule d'or, et on récite les prières consacrées.

« Que dans le premier jour lunaire propice, dans les douze
jours qui suivent sa naissance, et sous l'influence d'une étoile
favorable, le père donne un nom à l'enfant.

« Que le nom d'un brahme exprime la vertu, celui d'un
xchatria la puissance, celui d'un vaysia le travail, celui d'un
soudra, l'esclavage et l'abjection.

« Qu'un second nom leur soit donné, pour le brahme exprimant le bonheur, pour le guerrier la vaillance, pour le marchand la richesse, pour le soudra l'obéissance.

« Le nom d'une femme doit se prononcer facilement, être
suave, mélodieux, plein de charmes et composé de syllabes
favorables, et terminé par des voyelles longues qui doivent
tomber en cadence, comme des prières de bénédiction.

« Dès le quatrième mois, l'enfant doit être élevé en plein
air, sous l'action bienfaisante du soleil, et dès le sixième mois,
on doit l'accoutumer à manger du riz, telle est la règle que les
familles doivent suivre comme la meilleure.

« De la première à la troisième année, suivant les prescriptions de la sainte Écriture, on doit procéder pour le dwidja à la cérémonie de la tonsure qui doit être faite d'après le mode consacré.

« Dans la huitième année de la naissance, doit avoir lieu la cérémonie de l'Oupanyana ou initiation par l'investiture du cordon et de la ceinture, pour un brahme, dans la onzième pour un xchatria, dans la douzième pour un vaysia.

« Lorsqu'un brahme est destiné à étudier de bonne heure la science divine, il peut recevoir l'investiture à l'âge de cinq ans; le xchatria appelé à commander de bonne heure, à six ans; le vaysia qui peut promptement s'initier aux affaires commerciales, à huit ans. Mais nul ne peut étudier, commander, commercer avant d'avoir reçu l'investiture.

« Les brahmes jusqu'à seize ans, les xchatrias jusqu'à vingt-deux, les vaysias jusqu'à vingt-quatre peuvent encore recevoir l'investiture, et l'initiation de la sâvitri.

« Quiconque dans les trois classes n'a pas reçu ce sacrement (sanscara) dans le temps qui leur a été assigné, est déclaré indigne de l'initiation, chassé de sa caste et excommunié (vratyas).

« Que le brahme et les gens de bien, même dans la plus grande détresse, n'aient aucune relation d'alliance ou de famille

avec des hommes qui n'ont pas reçu les sacrements prescrits;
qu'il se garde de leur enseigner l'Écriture sainte.

*
* *

« Les brahmatcharis — élèves en théologie — ne doivent
porter pour vêtements que des peaux de gazelles noires, de
cerf, de bouc, ou des tissus de chanvre, de lin ou de laine, suivant leurs situations.

*
* *

« La ceinture d'un brahme doit se composer de trois cordons
de moundja [1], dont chacun doit être tressé de neuf fils. Le
xchatria a pour ceinture la corde de son arc, faite de mourva[2],
le vaysia ne porte que trois fils de chanvre.

*
* *

« Le cordon sacré porté sur la poitrine, est composé pour le
brahme de trois fils de coton, le xchatria ne porte qu'un fil de
chanvre, et le vaysia un fil de laine.

*
* *

« Il a été prescrit :
Que le brahme porte un bâton de nilva [3] ou de palàsa [4];
Que le guerrier porte un bâton de vata [5] ou de kadira [6];
Que le marchand se contente d'en porter un en pîlon [7] ou
en oudoumbara [8].

*
* *

« Le bâton du brahme doit s'élever jusqu'à ses cheveux,
celui du xchatria à ses épaules, celui du vaysia à la poitrine.

1. Saccharum-mainja.
2. Souseviera-ceylanica.
3. Ægle-marmelos.
4. Butea frondosa.
5. Ficus Indica.
6. Mimosa-catechu.
7. Salvadera-persica.
8. Ficus glomerata.

« Muni de son bâton, et après avoir salué le soleil, et fait une oblation au feu, que le novice se mette en quête de nourriture, suivant la règle prescrite.

« Le jeune brahme initié doit en demandant commencer sa requête par le nom de la personne à laquelle il s'adresse ; l'élève de la classe militaire doit mettre ce nom dans le milieu de sa phrase, et le vaysia à la fin.

« C'est de sa mère, de sa sœur, de sa tante ou de toute autre femme de sa famille qu'il doit recevoir ce qu'il lui faut pour la nourriture de la journée.

« Qu'il se rende au lieu de ses études, et ne prenne ses repas qu'après en avoir obtenu la permission de son gourou — maître professeur — et s'être auparavant purifié en faisant ses ablutions la figure tournée du côté de l'Orient.

« Celui qui mange en regardant l'Orient, se prépare une longue existence, toute de gloire, de science et de félicité, et obtient la récompense finale [1].

« Le dwidja doit prendre sa nourriture avec recueillement, et en honorant celui de qui tout émane, et le priant de lui accorder toujours le nécessaire.

---

1. Mahomet s'est inspiré de ces préceptes lorsqu'il a ordonné que les principales fonctions religieuses, sacrifices, ablutions, etc., se fissent en regardant l'Orient.

« La nourriture prise en honorant celui qui la donne aux ommes, donne la force et la santé.

« Qu'il se garde de manger une trop grande quantité d'aliments, une nourriture trop abondante abrége l'existence , et est blâmée par les sages qui de tout temps se sont maintenus en santé par la sobriété.

« La sobriété rend la vertu facile, c'est le meilleur aide dans l'accomplissement des devoirs.

« Après son repas, que le brahme fasse l'ablution avec la partie de sa main que l'Écriture sainte a déclarée pure.

« Qu'à trois reprises différentes, il avale de l'eau, et que par trois fois il s'essuie la bouche avec la partie pure de son pouce[1], puis qu'il asperge d'eau sa tête et sa poitrine.

« L'eau qui asperge la tête et la poitrine du brahme le purifie; le xchatria est purifié par celle qu'il avale , le vaysia par celle qu'il prend dans la bouche, le soudra par celle qu'il touche du bout des lèvres [2].

* * *

« Quand les vêtements, les peaux, la ceinture , le cordon, le bâton et l'aiguière du dwidja ne peuvent plus lui servir, il

1. Le catholicisme a conservé ces pratiques dans certaines cerémonies.
2. C'est le seul cas où le soudra est nommé dans des pratiques religieuses autrement que pour l'en exclure.

doit s'en procurer d'autres *bénis* par des prières, et purifiés par l'eau lustrale.

*
* *

« L'obtention du sacrement du késanta est fixée à la seizième année de la naissance pour les brahmes, à la vingt-deuxième pour les xchatrias et à la vingt-quatrième pour les vaysias. »

Nous ne pouvons nous livrer à tous les commentaires auxquels donnerait lieu chacune de ces strophes, pour mettre plus vivement en lumière ces mœurs curieuses; ce sera l'objet d'une étude particulière sur Manou. Cependant nous ne pouvons nous empêcher de relever rapidement deux erreurs de William Jones et de Wilson, à propos du sacrement du késanta.

Suivant William Jones, le sacrement du késanta serait une cérémonie dans laquelle on coupe la chevelure ; selon Wilson, le késanta serait le devoir de donner l'aumône.

Ni l'une ni l'autre de ces explications n'est d'accord avec le texte de Manou et la coutume indoue.

L'ablation de la chevelure, qui ne conservera que cette touffe que tous les Indous de caste portent au sommet de la tête, a lieu dans les trois ans de la naissance et non à l'époque indiquée par Manou dans le texte qui nous occupe, et cette cérémonie se nomme tchaoula et non késanta.

Quant à l'obligation de donner des aumônes, la loi brahmanique y astreint tout individu, quels que soient son âge et sa caste, et il n'y a pas dans cet acte l'apparence d'un sacrement, c'est un devoir et non une cérémonie.

Pour les pundits ou brahmes savants qui vingt fois m'ont donné cette explication, le késanta est le sacrement qui couronne les études de la sainte Écriture pour les trois castes initiées.

Pour le brahme c'est l'ordination, c'est la prêtrise.

Pour le xchatria, c'est le droit de commander les provinces et les armées.

Pour le vaysia, c'est la consécration d'une émancipation toute particulière à l'Inde, et que nous appellerons *l'émancipation commerciale.*

Le fils, tout en restant sous l'autorité du père de famille, en lui devant compte de ce qu'il peut amasser, acquiert cependant la liberté de commercer, de s'engager, d'acheter et de vendre en son nom.

Le késanta enfin, pour les trois castes, accordait une certaine émancipation, une certaine majorité restreinte à ceux qui l'avaient reçu.

On va voir par les trois premiers slocas de la traduction que nous reprenons, que l'explication que nous venons de donner est beaucoup plus conforme à la pensée de Manou, que celle des deux indianistes que nous avons cités.

« Les mêmes cérémonies doivent être accomplies pour les femmes, avec les prières aux différentes époques fixées depuis la conception et la naissance, mais les sacrements ne leur seront pas conférés.

*
* *

« Le sacrement de mariage est dit par les sages remplacer, pour les femmes, tous les sacrements prescrits par l'Écriture sainte aux hommes des différentes classes, comme leur amour pour leur époux, le soin de leur famille, l'entretien du feu sacré leur tiennent lieu de toute étude sous un gourou et de toute science.

*
* *

« Telle est la loi de l'initiation des dwidjas ; par cette initiation, ils reçoivent une nouvelle vie au bien, à la vérité, à la

science, c'est pour cela qu'ils sont appelés dwidjas — deux
fois nés.

*
* *

« Écoutez maintenant quels sont les devoirs qui leur sont
imposés.

*
* *

« Le gourou, après l'initiation de brahmatchari, lui enseigne
les devoirs de pureté et les bonnes mœurs, l'entretien du feu
sacré et les sandhyâs du matin, de midi et du soir.

*
* *

« Après avoir fait les ablutions prescrites et, le visage
tourné vers l'Orient, le brahmatchari doit, avant d'ouvrir le
Véda, adresser ses respectueux hommages au Maître souverain
de l'univers.

*
* *

« Pendant la lecture du Véda, il doit maîtriser ses sens et
se tenir les mains jointes pour rendre hommage à la sainte
Écriture ; qu'en commençant et terminant la lecture, il embrasse les pieds de son directeur, et ne commence ou ne s'ar-
rête qu'en entendant le gourou lui dire : Holà ! étudie, ou : C'est
bien ! repose-toi.

*
* *

« Qu'il prononce toujours, au commencement et à la fin de
sa lecture du Véda, le monosyllabe sacré, Aum, qui renferme
en lui le mystère de la trinité. Celui qui ne le fait pas oublie ce
qu'il apprend aussi vite que les caractères tracés sur l'eau
s'effacent.

*
* *

« Qu'il prononce ce mystérieux monosyllabe, invocation à
la trimourti, que Brahma lui-même a exprimé de l'essence du
Véda, *la face tournée vers l'Orient*, pur de toute souillure, rete-

nant son haleine et tenant dans ses mains une tige de l'herbe sainte du cousa.

.   *
* *

« Du Véda ont été exprimés aussi les trois grands mots Bhoûr-Bhouva-Swar, Terre, Ether, Ciel, ainsi que l'invocation céleste de la sâvitri[1], dont le premier pada — verset — commence par *Tad !*

*
* *

« Le brahme vertueux, qui possède la science de l'Écriture sainte, s'il veut parvenir au dernier degré de sainteté indiqué par le Véda, doit matin et soir répéter cette prière de la sâvitri précédée du monosyllabe sacré Aum et des trois vyâhritis[2].

*
* *

« En prononçant mille fois cette triple invocation, le dwidja se dépouille de ses péchés comme un serpent de sa peau.

*
* *

« Le dwidja qui, pendant trois années, répète sans cesse la triple prière qui forme la substance même du Véda, et le monosyllabe sacré, s'élèvera jusqu'à la divinité, revêtu d'une forme immortelle, aussi léger que le vent.

*
* *

« Tous les actes pieux qu'enseigne le Véda, prières, oblations, sacrifices, aumônes, offrandes sacrées, ne valent pas le mystique et éternel monosyllabe, symbole de l'*être* existant *par lui-même*, de Brahma, le seigneur des créatures.

*
* *

« Le sacrifice de chaque jour et les quatre oblations du

1. Nous avons donné cette invocation dans la *Bible dans l'Inde.*
2. Nom théologique des trois mots Bhoûr, Bhouva, Swar.

foyer, répétés mille fois, ne valent pas une seule invocation à
Brahma par la sàvitri et le monosyllabe sacré.

« Le brahmatchari doit éviter que ses sens soient en rapport
avec des objets qui leur plaisent, et s'ils se trouvent en rapport malgré lui, il doit s'habituer à les réprimer aussi facilement qu'un cavalier contient et dirige son cheval.

« Apprenez quels sont ces organes que les anciens pundits
ont déclarés être au nombre de onze.

« L'ouïe, la sensation de la peau, la vue, le goût, l'odorat,
les organes de la génération, la langue, la main, le pied et
l'organe de la voix. Les cinq premiers sont nommés organes
de l'intelligence ; les cinq derniers, organes de l'action.

« Il en est un autre, le onzième, le plus grand de tous, qui
renferme en lui l'intelligence et l'action auquel tous les sens
obéissent ; il s'appelle la conscience.

« Voulez-vous savoir, ô hommes sages, comment s'accomplit l'office de la conscience : Lorsqu'un sillon doit être tracé
dans les champs, le bœuf est attelé à la charrue. L'homme
met la main au timon, et dit : va... le bœuf se met en marche,
s'arrêtant ou continuant sa course, suivant la volonté de son
maître ; quand le sillon est terminé, l'homme seul juge si cela
est bien, ni le bœuf qui transmet le mouvement à la charrue,
ni la charrue ne peuvent apprécier leur œuvre.

« Ainsi la conscience humaine — ahancara — seule a la conception, la volonté, la direction, le jugement ; les organes sont inconscients et irresponsables.

« Quand la conscience exagère l'action des organes de la sensualité elle manque aux lois de sa propre existence, et se dégrade si elle en tempère le fonctionnement, elle progresse et monte au séjour de la perfection suprême.

« De même que le feu qui reçoit le beurre clarifié des sacri-fices, ne fait que brûler avec plus de vigueur, de même les désirs que l'on cherche à satisfaire deviennent insatiables.

« L'homme vertueux est celui qui pouvant jouir de tous les plaisirs, y renonce volontairement ; la renonciation est préfé-rable à la jouissance.

« Le meilleur moyen de soumettre ses sens toujours dis-posés à l'abus de la sensualité, est dans l'étude persévérante de l'Écriture sainte.

« Mais l'étude des Védas, la pratique de la charité, les sacri-fices pieux, les oblations, les donations les plus austères, ne procureraient jamais le bonheur éternel à l'homme qui se livre à toutes les jouissances d'un naturel corrompu.

« L'homme   vertueux n'est entièrement assuré d'avoir

dompté ses passions, que quand il voit, touche, entend, ressent, mange, sans joie ni peine.

*
* *

« Si on ouvre la porte à une seule de ses passions, tout le travail accompli par l'homme pour acquérir la sagesse s'écoule comme l'eau d'une outre percée.

*
* *

« Mais l'homme qui n'est pas encore parvenu à l'âge des vanaprasthas[1], doit se contenter de réprimer les exagérations de ses sens, sans se livrer à des austérités qui pourraient nuire à ses affaires de chaque jour.

*
* *

« Dès l'aube, qu'il récite debout, les mains jointes, la face tournée vers l'*Orient*, la sublime prière de la sâvitri exprimée du Véda, jusqu'au soleil levant, et qu'il la récite dans la même posture au soleil couchant, jusqu'à ce que les étoiles brillent aux cieux.

*
* *

« La prière du matin efface tous les péchés commis volontairement ou involontairement pendant la nuit. La prière du soir efface tous les péchés commis volontairement ou involontairement pendant le jour.

*
* *

« Quiconque ne fait pas la prière du soir debout, les mains jointes en signe de respect, et le visage tourné vers l'Orient, et ne fait pas celle du soir dans la même posture, tourné du côté du soleil couchant, doit être, comme un impur soudra chassé de la compagnie des trois castes.

1. Anachorète.

***

« Lorsque le dwidja se retire pour faire une retraite dans la forêt de trois, sept ou neuf jours, près d'une source d'eau pure, maîtrisant les organes de ses sens, selon la règle prescrite, la prière de la sàvitri prononcée dans un recueillement parfait lui tiendra lieu d'étude de la sainte Écriture.

***

« Mais il ne suspendra pas la lecture des védanyas, ni les prières de chaque jour, ni les sacrifices pieux, ni les invocations sacrées qui accompagnent les oblations du feu.

***

« La prière du matin et du soir ne peut être suspendue, car elle a reçu des sages le nom de brahmasattra, l'oblation à Brahma : quant au sacrifice à la parole divine, qui est le Véda, il ne sera pas non plus laissé de côté, même dans les moments où la lecture de l'Écriture sainte doit être suspendue.

***

« La prière récitée par les hommes vertueux, selon le mode prescrit, pendant une année entière, fait monter au séjour des dieux et des esprits ses offrandes de lait caillé, de miel et de beurre clarifié.

***

« Le dwidja qui a reçu l'investiture par la cérémonie de l'oupanayana doit, à partir de ce moment, alimenter le feu sacré, demander sa subsistance à l'aumône, coucher sur la dure, et obéir à son directeur, jusqu'à ce qu'il ait terminé son noviciat.

***

« Tout brahme gourou ne peut recevoir pour élève que

dix jeunes hommes, y compris son fils, et il doit choisir les autres parmi les plus dociles, les plus studieux, les plus purs, les plus vertueux, parmi tous ceux qui lui sont liés par le sang ou par l'amitié.

**

« Le brahmatchari — élève en théologie, initié — ne doit point prendre la parole sans y être convié, ni répondre à des questions déshonnêtes, et quelle que soit sa science, se conduire en public comme s'il était ignorant ou muet.

**

« Celui qui répond à une question déshonnête encourt le mépris des gens de bien.

**

« L'Écriture sainte, comme une graine que l'on ne confie pas à un terrain stérile, ne doit pas être enseignée aux hommes qui ne sont ni zélés, ni vertueux, ni soumis, ni de bonne famille.

**

« Il est préférable pour le brahme gourou de supporter tous les malheurs, et même de mourir avec sa science que de l'enseigner à des méchants ou à des ingrats.

**

« Le souverain maître de toutes choses a dit au brahme : La connaissance de mes perfections est le plus précieux de tes trésors, ne me fais pas connaître aux pervers et tu pourras toujours mettre ta confiance en moi.

**

« Mais lorsque tu auras pour élève un brahmatchari, maître de ses organes, vertueux et pur, si tu le crois digne d'être le gardien d'un tel trésor, alors révèle-moi à lui.

* * *

« Quiconque, sans en être digne, parvient à s'emparer de la connaissance des textes sacrés, est dit coupable de vol du Véda, et à sa mort il descend au naraca (enfer).

* * *

« Quel que soit le gourou qui ait initié le brahmatchari dans la science de la parole divine, et la connaissance de l'Être suprême, l'élève doit considérer son maître comme son père spirituel, et le saluer le premier entre tous, quel que soit le lieu où il le rencontre.

* * *

« Tout brahme qui ne connaîtra que la sâvitri, mais qui est maître de ses sens, pratique les austérités les plus méritoires et est connu comme un homme vertueux, se réunira plus vite au grand Tout que celui qui connaissant l'Écriture ne sait pas imposer de frein à ses passions.

* * *

« Le brahmatchari ne doit ni se coucher ni s'asseoir en présence de son professeur, et, s'il est couché ou assis, se lever immédiatement en signe de respect à son approche.

* * *

« La présence d'un vieillard doit inspirer de pieux sentiments aux jeunes gens, c'est en se levant et le saluant qu'ils montrent le respect qu'ils doivent avoir pour lui.

* * *

« L'adolescent qui salue avec respect les vieillards et se montre avide de prévenir leurs désirs, voit s'accroître quatre choses, la durée de sa vie, sa santé, sa science et sa réputation.

« Après le salut, que le brahmatchari qui aborde un vieillard prononce son nom en disant : C'est moi.

***

« Et qu'après avoir dit son nom il prononce l'interjection *Bhauh!* que les sages ont déclarée être la plus haute formule de respect pour les personnes à qui on s'adresse.

***

« Quand il reçoit à son tour le salut d'un brahme qu'il a abordé, ainsi qu'il est prescrit, il doit lui dire en prolongeant la finale de son nom, l'espace de trois aspirations : prospérité et longue existence à l'homme sacré.

***

« Le bramatchari, qui ne connaît pas les différentes formules de salutations qu'il doit employer selon les personnes et les castes, se ravale au niveau de l'impur soudra.

***

« Il est prescrit de demander à un brahme s'il approche de son union intime avec la divinité !

« A un xchatria, s'il est en bonne santé ;

« A un soudra, s'il n'est point malade, mais seulement quand la nécessité oblige à lui adresser la parole.

***

« Quand le brahmatchari sert d'aide à un sacrifice solennel, on ne doit pas l'appeler par son nom, les hommes qui connaissent la loi doivent s'adresser à lui par l'interjection Bhauh! ou l'appeler seigneur.

***

« En parlant à une femme étrangère de bonne naissance,

mais qui ne lui est pas allié par le sang, il doit dire mama —
madame.

*
* *

« A ses oncles maternels et paternels, au père de sa femme,
aux ritwidjs — prêtres célébrants — et aux gourous il doit le
salut le premier quand même ils seraient plus jeunes que lui.

*
* *

« Il doit les mêmes égards à ses tantes paternelles et ma-
ternelles, à la mère de sa femme qu'à la femme de son gourou.

*
* *

« Il doit se prosterner chaque matin devant sa mère et la
femme de son frère aîné, mais il n'est tenu d'aller rendre ses
devoirs à ses autres parents qu'au retour d'un voyage.

*
* *

« Qu'il n'oublie jamais de saluer sa mère en se prosternant
matin et soir, car il doit vénérer sa mère entre toutes les
femmes.

*
* *

« Entre les membres d'une même caste, l'égalité n'est pas
détruite par une différence d'âge quelle qu'elle soit ; dix ans
entre vaysias ne créent pas d'inégalité, cinq ans entre xchatrias, et trois ans entre brahmes versés dans le Véda n'en
créent pas non plus, mais l'égalité n'existe plus après ces limites.

*
* *

« Dans la même famille, il n'y a jamais d'égalité entre les
divers membres, qui sont tous soumis au père et au frère
aîné.

« Mais un brahme de dix ans et un xchatria de cent ans doivent être considérés comme père et fils, et c'est le brahme qui est le père.

« L'âge, la parenté, la richesse sont des titres de respect, mais la science, la vertu, la probité, la connaissance de la sainte Écriture, la répression des sens, l'action de rendre le bien pour le mal et de pratiquer l'aumône sont les seules qualités vraiment recommandables, celui qui les possède n'a pas d'âge devant le maître de toutes choses.

« Si le brahmatchari rencontrait même un soudra qui, arrivé à sa dixième décade (cent ans), possédât toutes ces vertus, et les eût toujours pratiquées, il lui devrait le respect, car comme l'or mêlé de substances viles qui se dépouille dans la coupelle d'un orfévre, le pur serait sorti de l'impur.

« Il doit céder le passage aux vieillards qui ont dépassé leur neuvième décade, aux malades et à l'homme qui ploie sous le faix d'un fardeau, quelle que soit leur caste.

« Il doit toujours le céder aux brahmes qui ont terminé leurs études, à un xchatria qui a été initié, à une femme quel que soit son rang.

« Lorsque le brahme, après avoir initié son élève, lui enseigne le Véda, les rites des sacrifices et les invocations mystérieuses aux esprits de la nature et aux pitris, il ajoute à son nom celui d'atcharya (instituteur.)

*_**

« Le brahme qui, dans le but d'assurer sa subsistance, enseigne quelques parties des Védas, Védangas, et mentrams [1] reçoit le nom de dupadyaya (sous-précepteur).

*_**

« Le brahme qui accomplit la cérémonie religieuse après la conception , l'ondoiement après la naissance , place sur la langue du nouveau-né le sel, le miel et le beurre clarifié, et plus tard le dirige dans ses études, est appelé gourou — directeur.

*_**

« Celui qui est attaché au service des saints et illustres personnages, pour entretenir le feu sacré, faire les sacrifices aux dieux, et les oblations aux esprits domestiques, et purifier les fautes dont on fait l'aveu, reçoit le nom de ritwidj — chapelain. »

Ce texte, si curieux au point de vue des rapprochements qu'il permet de faire avec les usages du catholicisme, n'est point le seul dans lequel Manou ait parlé de la confession.

Voici deux autres slocas aussi concluants :

« Par un aveu fait devant tout le monde, par le repentir, par la dévotion, par la récitation des prières sacrées, un pécheur peut être déchargé de sa faute...

« Suivant la franchise et la sincérité de l'aveu fait par un

---

1. Formules des sciences occultes. Ce mot est aussi pris dans le sens de prières.

homme qui a commis une iniquité, il est débarrassé de cette
iniquité ainsi qu'un serpent de sa peau. »

(Manou, liv. XI, sloca 226 et suiv.)

Comme on le voit, les brahmes anciens avaient reçu
quelques milliers d'années avant les bonzes de Rome le droit
de confesser les gens.

On sait que, pendant les premiers siècles de l'Église, la confession fut publique, jusqu'au jour où la révélation du péché
de fornication d'un diacre, pour employer l'expression sacerdotale, fit abolir cet usage, rétabli depuis dans le secret des
églises.

Nous poursuivons : les commentaires sur ce livre de Manou, sur l'éducation de la jeunesse, demanderaient un volume.
Nous pensons avoir bientôt les loisirs de le lui consacrer.

« Tels sont les différents emplois permis aux brahmatcharis
qui ont terminé leur noviciat et qui ont conquis le droit d'ins-
truire et de diriger leurs semblables.

« L'élève ne doit jamais causer le moindre chagrin au
brahme qui s'est imposé le devoir de l'élever, de lui faire connaître la sainte Écriture; il doit le vénérer comme un père et
une mère.

« Un gourou est dix fois plus vénérable qu'un sous-précepteur, que cent instituteurs, il est l'égal du père. *Mais une
mère est mille fois plus vénérable que le père.*

« Les sages prétendent même que le gourou qui initie le brahmatchari dans la science divine, doit être préféré au père, car la

naissance spirituelle qui ouvre le swarga — ciel — au dwidja
est éternelle, tandis que la naissance en ce monde est fragile
et périssable.

*
* *

« L'union du père et de la mère par l'amour ne donne à
l'enfant qu'une existence purement humaine.

*
* *

« Mais la naissance qu'il reçoit par l'initiation aux livres sacrés, par l'oupanayana, par la sâvitri est la seule véritable ; ni
la vieillesse ni la mort ne sauraient l'atteindre.

*
* *

« Il faut que l'on sache que le brahme qui procure à un enfant l'inappréciable avantage d'une seconde naissance par la
science *des textes révélés* doit être considéré comme son père
spirituel.

*
* *

« Le gourou qui enseigne le Véda et les devoirs prescrits,
et qui procure ainsi la naissance spirituelle, fût-il enfant, serait regardé comme le père d'un vieillard.

*
* *

« Kavi, fils d'Angiras, à peine âgé de douze ans, enseigna la
sainte Écriture à ses oncles paternels et à ses cousins déjà
âgés. Et en leur enseignant, pour montrer l'autorité d'un
maître, il leur disait : *Enfants !...*

*
* *

« Ceux-ci furent se plaindre aux dieux de ce peu de respect,
mais les dieux leur répondirent :

*
* *

« L'enfant a bien parlé, la science des vérités divines l'a

élevé au rang de précepteur, et les sages ont dit que le titre de père lui était dû.

« Ce ne sont ni les cheveux blancs, ni les années, ni la caste, ni la famille qui rendent l'homme digne des respects de tous. L'ignorant âgé est un enfant, l'enfant instruit est un père.

« Il est grand parmi nous, celui qui connaît les Védas, les anges et le livre de la loi, ont dit les sages.

« La science et la vertu règlent seules la prééminence entre les brahmes, le courage entre les xchatrias, la richesse entre les vaysias, l'âge entre les soudras.

« Un homme n'est pas vieux parce que sa tête grisonne, mais celui qui, quoique jeune, est versé dans la connaissance du Véda, est regardé comme un vieillard par les sages.

« Un brahme qui a négligé l'étude de l'Écriture sainte, n'est pas plus utile sur la terre qu'un éléphant de bois ou la peau d'un animal gonflé d'air, tous trois ont la même valeur.

« La femme ne conçoit pas d'un eunuque, une vache d'un bœuf, la science est inutile à l'ignorant, le brahme qui ignore la sainte Écriture est comme la femme stérile, il ne produit pas de fruits sur la terre[1].

1. Manou, Manava-Dharma-Sastra.

« La science révélée ne doit être donnée qu'avec de douces
et agréables paroles ; ce n'est pas en maltraitant les brahma-
archtis qu'on doit enseigner la parole de Dieu.

« Pour profiter de tous les biens que donne la connaissance
du Véda, il faut être pur de cœur, de pensée et de parole.

« Que le brahmatchari fuie tout honneur mondain comme
du poison, et qu'il recherche le mépris comme l'amrita (am-
broisie).

« Délaissé de tous, quoique dans l'indigence, il s'endort
avec la paix du cœur, et se réveille joyeux; il est heureux,
tandis que celui qui recherche les honneurs meurt rongé par
son orgueil.

« Le dwidja qui a été initié aux différents sacrements, et
qui a appris les rites des sacrifices aux dieux domestiques —
esprits — doit, sous la direction de son gourou, se livrer peu à
peu aux austérités méritoires, qui préparent à l'étude approfondie des Védas.

« Qu'il se soumette à ces austérités tout entier et s'imprè-
gne de la lecture de la sainte Écriture, car c'est la dévotion la
plus méritoire, la plus efficace qu'il soit recommandé au dwidja
d'accomplir même le jour où il porte une guirlande de fleurs [1].

1. Les jours de fête.

« Le bramatchari qui renonce à l'étude des Livres saints pour s'occuper d'autre chose, est rejeté à l'instant dans la caste de l'impur soudra, lui et toute sa descendance.

« La première naissance du dwidja a lieu par sa mère et par l'ondoiement; la seconde par l'initiation et l'investiture du cordon, la troisième par le késanta, — la réception de la prêtrise — et le droit d'offrir chaque matin le sacrifice du sarvaméda.

« Dans la seconde naissance, qui est l'initiation à la sainte Écriture, qui se distingue par l'investiture du cordon et de la ceinture, la sâvitri — prière qui contient toute la substance du Véda — est la mère de l'initié et le gourou est son père.

« Le gourou a reçu des sages le nom de père, parce qu'il enseigne le Véda, et que le jeune élève ne peut accomplir aucun acte sérieux de sa vie avant d'avoir reçu de lui l'investiture.

« Jusqu'au moment où il sera régénéré par l'initiation et l'investiture, il est peu au-dessus du soudra, et il ne doit prononcer aucune autre invocation dans les sacrifices, que l'invocation des mânes — esprits désincarnés.

« Quand les éléphants sacrés frappent les premières heures de la nuit, il doit prononcer trois fois le mot :

Swadha! Swadha! Swadha!

qui est l'invocation des mânes.

« Après l'initiation, et dès qu'il commence à étudier la sainte Écriture, qu'il se soumette à toutes les pratiques prescrites, qu'il change ses vêtements, son cordon, sa ceinture, son bâton, son aiguière aux époques indiquées.

« Qu'il se conforme dans la maison de son directeur à tous les usages de dévotion pieuse, qu'il veille sur ses sens, et cherche sans cesse à augmenter sa dévotion.

« Que, chaque jour, il commence par se baigner ; puis, quand il est en état de pureté parfaite, qu'il fasse les oblations prescrites aux dieux, aux saints, aux mânes, avec de l'eau fraîche ; puis qu'il fasse l'oblation du feu, et entretienne le feu sacré.

« Qu'il s'abstienne de miel et de viandes de toutes sortes, qu'il ne se parfume pas, ne couvre pas son corps de fleurs, ne boive pas de liqueurs extraites du suc savoureux des fruits et des végétaux.

« Qu'il s'abstienne de femme et de toute substance fermentée, qu'il ne s'oigne pas le corps d'huiles embaumées, qu'il ne se teigne pas les cils avec des collyres, qu'il ne porte ni souliers, ni parasols, s'abstienne de toute sensualité, de chant, de danse, de musique.

« Qu'il fuie la colère, la cupidité, le jeu, les querelles, les mensonges, les impostures, les médisances.

« Qu'il ne séduise jamais une femme !

« Qu'il se garde de nuire à autrui !

« Qu'il ramasse le bâton de celui qui l'a frappé et le lui rende.

« Qu'il rende le bien pour le mal !

« Qu'il se couche seul à l'écart, et fuie à l'égal du plus grand des crimes toute pollution nocturne ; en cédant à des désirs infâmes, il abrége sa vie et descend au naraca.

« Si le jeune dwidja reçoit involontairement une souillure pendant son sommeil, il doit au lever du soleil se plonger par trois fois dans l'étang sacré en disant : « Que ce qui est parti « malgré moi, revienne à moi. »

« Qu'après avoir accompli les premières oblations prescrites au lever, le dwidja aille chercher, selon les besoins de son gourou, de l'eau, des fleurs, de l'herbe cousa, de la terre et de la bouse de vache[1], et s'en aille ensuite quêter sa nourriture.

1. Les Indous se servent de la bouse de vache pour enduire la terre

« Le dwidja ne doit demander sa nourriture qu'auprès des gens renommés pour la connaissance de la sainte Écriture, qui accomplissent leurs devoirs et les sacrifices prescrits.

« Il doit commencer toujours par les parents de son directeur, et ses parents paternels et maternels, mais en commençant par ceux qui sont les plus éloignés dans la parenté.

« S'il n'a pas de parents dans le village qu'il habite auprès de son gourou, qu'il aille mendier auprès des gens de sa caste en négligeant ceux qui ne jouissent pas d'une bonne réputation.

« Qu'il s'en aille ensuite dans la forêt chercher du bois qu'il fera sécher à l'air, et dont il fera deux parts, une pour le soir et l'autre pour le lendemain matin, afin de faire les oblations au feu.

« Il ne se servira jamais d'autres bois que de ceux du manguier, du sandal, du figuier, du tamarinier sauvage et de l'accacia rose.

« S'il arrive que, pendant sept jours, le dwidja, hors le cas de maladie, ait négligé de recueillir sa nourriture suivant le mode consacré et d'entretenir le feu sacré, il doit subir la punition de celui qui a violé son vœu de chasteté[1].

battue de leurs maisons. C'est un désinfectant des plus utiles dans les contrées chaudes.

1. « Le dwidja qui a violé le vœu de chasteté doit, pour se purifier sacrifier un âne noir à Neiritia, suivant les rites des invocations mysté-

« Recueillir sa nourriture par l'aumône est aussi méritoire pour le novice que de jeûner.

« Quand il se trouve à un repas sacré offert en l'honneur des dieux, des saints et des mânes, il lui est permis de manger autant qu'il le pourra, en se conformant aux règles de purification des sannyassis — anachorètes.

« Ce cas n'a été étendu par les sages ni aux xchatrias ni aux vaysias; il ne concerne que les brahmes.

« Le jeune novice doit s'appliquer à l'étude et chercher à satisfaire en tout son directeur.

« Il doit obéir à tous ses ordres, maîtriser ses sens et sa volonté, et s'appliquer à ce que son esprit soit un reflet de celui du gourou dont il reçoit les leçons.

« Qu'il ait un maintien convenable, un vêtement décent, et ne s'assoie que quand il en reçoit l'invitation.

« Que sa nourriture, ses habits et tous les objets dont il se sert soient des plus chétifs; que jamais, soit pour sortir, soit pour rentrer, il ne prenne le pas sur son directeur.

rieuses, pendant une nuit sombre, dans un lieu où quatre chemins se rencontrent. »

(MANOU, lib. XI.)

***

« Il ne doit répondre à une interruption de son gourou, ni couché, ni assis, ni en mangeant, ni en courant, ni de loin, ni en regardant de côté.

***

« Qu'il vienne auprès de lui et, debout, écoute respectueusement et réponde de même.

***

« Son lit et son siége doivent être le plus près de terre possible ; une natte suffit.

***

« Qu'il évite de prononcer le nom de son gourou, et, quand il y est obligé, qu'il le fasse en faisant précéder son nom de : seigneur.

***

« Qu'il ne se moque jamais de lui en son absence, et ne s'amuse pas à contrefaire sa voix, ses gestes, sa démarche, ses discours.

***

« S'il entend tenir de mauvais propos sur la réputation de son gourou, qu'il se bouche les oreilles et s'éloigne.

***

« Si lui-même calomnie son directeur, il renaîtra, à la première migration, âne ; s'il en médit, chien ; s'il le vole, insecte ; s'il regarde sa femme avec amour, ver.

***

« Il ne doit jamais lui faire rendre ses hommages par une autre personne, ni quand il est irrité, ou en présence d'une femme avec laquelle il s'entretient.

« S'il est en voiture et qu'il aperçoive son gourou, qu'il descende immédiatement pour lui rendre les honneurs.

« Qu'il ne s'asseye pas avec lui contre le vent, et ne parle pas en criant, quand il est loin, pour se faire entendre.

« Si le gourou de son gourou vit encore et qu'il vienne dans la maison, le brahmatchari doit en user avec lui exactement comme s'il était son propre directeur.

« Si ses parents entrent chez son père spirituel, il ne peut les saluer qu'après en avoir reçu la permission.

« Il doit tenir la même conduite, et vénérer tous les gens qui lui enseignent la vérité, lui donnent de bons conseils, et cherchent à l'éloigner de l'erreur, quand bien même ils ne seraient point ses professeurs et n'appartiendraient pas à sa parenté.

« Qu'il se comporte de même avec tous les gens de bien, avec les parents et le fils de son directeur, s'il est plus âgé que lui.

« Mais il ne doit ni oindre de parfums la chevelure et le corps du fils de son directeur, ni le servir et le masser au bain, ni lui laver les pieds, ni manger ses restes.

« Si la femme de son directeur et les autres parentes qui habitent la maison sont de la même caste que lui, le novice doit les honorer à l'égal de son gourou; mais si elles sont d'une caste inférieure, il n'est tenu que de se lever en leur présence et de les saluer.

***

« L'élève ne doit point accepter de servir au bain la femme de son directeur, de répandre des parfums sur elle, de la masser, d'arranger ses cheveux avec art, et de les oindre de parfums.

***

« Il ne doit pas non plus se prosterner devant la jeune épouse de son directeur en touchant respectueusement ses pieds, si par son âge il a déjà acquis la science du bien et du mal.

***

« Il est dans la nature de la femme de chercher à plaire aux hommes et à les séduire, mais les sages ne se laissent jamais aller jusqu'à céder à leurs attraits, quand cela est blâmable.

***

« La femme peut détourner de l'honnêteté et de la modération les hommes forts et pleins d'expérience, aussi bien que les hommes faibles et ignorants. Le joug des passions amoureuses ne nous abandonne plus dès qu'il nous a courbés sous lui.

***

« Il ne faut demeurer dans des lieux isolés, seul avec sa mère, ses sœurs, sa fille ou ses autres parents; les sens excités par l'isolement sont si puissants qu'ils ont parfois raison de l'homme le plus sage.

***

« C'est ainsi que le richi Vasta, retiré dans une caverne avec ses deux filles, pour fuir la méchanceté des hommes du pays de Kota, les rendit mères toutes les deux ; et pour cela il accomplira des milliers de migrations parmi les végétaux et les animaux, avant de reconquérir la forme humaine.

« Mais un jeune élève ignorant le mal peut, suivant le mode prescrit, se prosterner aux pieds de la jeune épouse de son directeur, et les toucher en signe de respect.

« Le brahmatchari, au retour d'un voyage, doit s'incliner dans la poussière et toucher avec respect, du front, les pieds des femmes de son père spirituel.

« L'homme qui creuse la terre sans relâche avec une pioche, finit par rencontrer une source d'eau ; de même l'élève studieux et plein de zèle qui s'applique sans cesse à comprendre les leçons de son gourou, arrive à la source de la vie qui est la science.

« Qu'il ait la tête rasée, moins la touffe du sommet de la tête ; qu'il porte la tonsure seulement ou tous ses cheveux, comme les sannyassis, ou qu'il soit entièrement rasé[1] ; que jamais le soleil, soit qu'il se lève, soit qu'il se couche, ne le trouve endormi.

« Si le soleil se couche ou se lève sans qu'il l'accompagne de

---

1. Ces modes indiquent la caste et la profession : la tonsure indique l'élève en théologie, de caste brahme, destiné à la prêtrise ; la tête rasée moins la touffe indique le xchatria ; les cheveux longs, le cénobite, le fakir ; la tête rasée, le vaysia.

ses prières, étant déjà livré au sommeil, il jeûnera pendant un jour entier en répétant, sans s'arrêter plus longtemps que l'espace de cinq aspirations, la prière de la sâvitri.

« Après avoir fait ses ablutions, et en état de pureté parfaite, que le brahmatchari se recueille, et, se plaçant dans un endroit purifié par l'eau lustrale, qu'il adresse, par la sâvitri, son invocation au Grand-Tout, chaque fois que le soleil se lève ou se couche.

« Il y a des hommes sensés qui disent : Le bonheur consiste dans la vertu et la fortune.

« D'autres disent que c'est dans le plaisir et la richesse
« D'autres, dans la richesse seulement.

« Mais les sages ont dit : Le bonheur ne consiste que dans la vertu.

« Le gourou est l'image de l'éternel Brahma ; le père est l'image de Viradj, le seigneur des créatures. Mais la mère est l'image de l'immortelle vierge Nari — la Nature. — Le frère aîné est l'image des ancêtres.

« Le gourou, un père, une mère, un frère aîné ne doivent jamais être méprisés par le brahmatchari, même quand il ne recevrait d'eux que de mauvais traitements.

« Des siècles de dévouement ne payeraient pas un père et une mère de ce qu'ils font pour leurs enfants.

« Que le brahmatchari se fasse une loi d'obéir toujours et sans murmurer aux ordres de ses parents et de son directeur spirituel ; par leur satisfaction, l'élève acquiert une longue existence et une bonne réputation.

« Ces trois personnes, le gourou, le père et la mère, représentent la sainte Trinité, les Trois Mondes, les Trois Castes, les Trois Livres sacrés, les Trois Feux.

« Le père entretient perpétuellement le feu sacré de la maison, le feu dédié à l'éternel Brahma, appelé Gârapathya. La mère entretient le feu des cérémonies, et des oblations consacrées aux pitris — esprits, — appelé Dockchina. Le gourou entretient le feu des sacrifices religieux, appelé Ahavanya.

« Celui qui n'oublie pas la vénération qui leur est due verra son âme se dépouiller rapidement, en passant par les Trois Mondes, et, brillant de l'éclat le plus vif, parvenir au séjour céleste.

« Par son respect envers sa mère, le brahmatchari se dépouille de son enveloppe terrestre ; par son respect envers son père, il se dépouille de la forme plus subtile qu'il revêt dans l'atmosphère ; par son respect envers son directeur, il devient plus léger, plus pur encore, et monte au séjour de Brahma.

« Quiconque n'honore pas ces trois personnes, est incapable d'accomplir une action méritoire.

« Pendant la vie de ces trois personnes, le brahmatchari ne doit avoir d'autre occupation que de leur obéir, d'autre devoir que de leur être soumis, mettant toute sa gloire à prévenir leurs désirs.

« La vénération de ces trois personnes est appelée, par l'Écriture sainte, le premier des devoirs ; tous les autres sont considérés par les sages comme secondaires.

« La foi accomplit des merveilles ; quiconque la possède peut être instruit des choses qu'il ignore par un vil soudra, apprendre à connaître la vertu d'un homme vil, et recevoir une épouse charmante d'une famille méprisée.

« On peut retirer de l'amrita du poison, recevoir d'un enfant un conseil salutaire, apprendre d'un ennemi des choses utiles et extraire de l'or de métaux impurs.

« Les femmes, l'or, les choses précieuses, la vertu, la pureté, la science, un bon conseil et tout ce qui est utile et beau, doivent être reçus d'où qu'ils viennent.

« En cas de nécessité absolue, il a été reconnu par les sages qu'on pouvait étudier la sainte Écriture avec un professeur qui n'appartienne pas à la caste des brahmes ; alors la soumission lui est due pendant tout le temps de l'éducation.

« Mais le brahmatchari ne peut, s'il veut sanctifier son âme et tenir son corps dans un état de pureté complète, rester pendant toute sa vie auprès d'un professeur qui ne serait pas brahme, ou qui, étant brahme, aurait une conduite réprouvée par les gens de bien.

*
* *

« S'il désire rester toute sa vie auprès de son directeur spirituel, l'aimer, le servir, jusqu'à la désagrégation de son âme et de son corps, il le peut si le gourou remplit les conditions exigées, et si le brahmatchari respire dans sa maison un air chargé de chasteté, de douceur, de bonté et de vertu.

*
* *

« Le novice qui se sera soumis, pendant tout le temps de son éducation, aux volontés de son directeur ; qui, après avoir reçu l'initiation sacrée et tous les sacrements qui y sont attachés, aura ensuite étudié à fond le Véda et les sciences mystérieuses ;

*
* *

« S'il n'a jamais négligé de réciter les prières du soir et du matin, la face tournée du côté du soleil levant et du soleil couchant ; s'il a, chaque jour, récité la sainte invocation de la sâvitri ;

*
* *

« S'il n'a jamais négligé de prononcer, dans le silence des bois, sur les bords des claires fontaines, au milieu du calme des nuits, l'invocation infinie contenue dans le mystérieux monosyllabe : Aum ;

*
* *

« S'il n'a jamais oublié ses ablutions corporelles, qui effacent les souillures du corps, et ses ablutions spirituelles, *par l'aveu et la pénitence*, qui effacent les péchés ;

« S'il n'a jamais négligé de faire l'aumône et de mendier lui-même sa nourriture, s'il a fui la colère, l'orgueil, l'envie, la médisance ; s'il a su se conserver chaste ;

« S'il a accompli les dix vertus dont les sages apprennent que se compose le devoir ;

« Il est assuré d'un bonheur éternel, cette terre ne verra plus son âme venir s'envelopper de sa grossière substance.

« Pendant tout le temps que dure son éducation, le brahmatchari ne doit faire aucun présent, de quelque nature qu'il soit, à son directeur ; mais, sur le point de le quitter et de faire l'oblation du départ, qu'il lui offre ce qui est en son pouvoir de lui donner.

« Une terre, une maison, de l'or, une vache, un cheval, un parasol, des sandales, un siége, du riz, de simples herbes potagères, qu'il laisse à son vénérable directeur un souvenir selon sa fortune.

« Si son directeur spirituel vient à mourir, le brahmatchari qui veut passer sa vie dans l'étude et la méditation de la sainte Écriture, doit se conduire, avec le fils aîné de son gourou, s'il est vertueux, et avec sa veuve, comme il le faisait avec son vénérable professeur.

« Si ni le fils, ni l'épouse, ni un parent paternel du gourou ne sont vivants, que l'élève devenu sûataca — qui a fait l'ablution de la fin, — qui a terminé ses études, s'installe dans l'ermitage de son gourou, et, les yeux fixés sur la délivrance finale, qu'il continue les exercices pieux et à entretenir le feu sacré.

« Le brahme qui continue à vivre ainsi après l'achèvement de son noviciat, se prépare à atteindre la condition suprême : il ne renaîtra plus sur la terre ! »

Tel est cet étrange chapitre de Manou, sur la naissance et l'éducation de l'enfant et de l'adolescent, qui, à part quelques détails particuliers de mœurs, nous révèle un état religieux, moral et philosophique identique au nôtre.

Où trouverons-nous des maximes supérieures à celles qui sont semées à profusion dans ces quelques pages si pleines d'enseignements chastes, sains et honnêtes.

Le bonheur n'est que dans la vertu.

Il faut fuir l'envie, la médisance, l'orgueil, la calomnie, la colère..., etc.

Et ces invocations constantes à la Grande-Cause première, au Grand-Tout, à Swayambhouva, l'être existant par lui-même.... Comme nous sommes loin de ces mœurs sémitiques, stupides et grossières, mœurs de brigands nomades que nous aurons à étudier, et que l'influence des émigrations indoues, en leur apportant des traditions honnêtes et une morale élevée et philosophique, parvinrent à peine à changer.

Nous ne voulons pas examiner ce passage important de Manou, indépendamment de ceux que nous allons donner encore, et avec lesquels il se lie intimement. Relevons cependant les traditions les plus importantes qui y sont contenues.

Ce livre de la Jeunesse établit :

1° L'unité de Dieu dans la trinité;

2° L'existence d'esprits inférieurs, demi-dieux, mandataires
a Dieu suprême ;

3° L'existence des mânes et pitris, esprits qui vivent dans
notre atmosphère et qui sont en communication constante avec
les créatures ;

4° Il donne, comme origine de toute science divine et
humaine, la Révélation — Srouti — et la Tradition — Smriti;

5° Établit l'excommunication contre les athées, peine ter-
rible dont l'élément sacerdotal abusa pour maintenir sa puissance, et que messieurs de Rome n'eurent garde d'oublier dans
leur réédification du brahmanisme ancien en Europe ;

6° Il reconnaît que le mobile du bien est dans l'amour de
soi, mais qu'il serait préférable qu'il fût dans l'amour de
la vertu. Ce principe est la base de toute philosophie ;

7° Il contient une prophétie de l'avénement du rédempteur
Christna, promis à Eva par Brahma ;

8° Il établit les sacrements, qui sont :

La purification de la conception par les oblations au feu ;

L'ondoiement du nouveau-né ;

L'investiture par l'huile sainte, ou confirmation de la purification ;

L'investiture de la prêtrise ;

(Nous verrons les autres sacrements dans les chapitres
suivants.)

Il ordonne :

9° La prière du matin et du soir ;

10° Les sacrifices, les oblations, l'aumône, le jeûne ;

11° La confession et la pénitence ;

12° Les neuvaines dans les forêts et dans les lieux consacrés ;

13° Il donne la dénomination de père spirituel au directeur
religieux ;

14° Il parle des sciences occultes enseignées aux bramatcharis et des communications des pitris avec les créatures ;

15° Il enseigne l'immortalité de l'âme humaine qui, suivant ses actions bonnes ou mauvaises, ira jouir d'un bonheur éternel dans le sein de Brahma, ou reviendra accomplir sur la terre, après s'être purifiée dans le naraca, — enfer — plusieurs séries de transmigrations nouvelles ;

16° Il établit le ciel — swarga — et l'enfer — naraca ;

17° Enfin, il contient toute une série de prescriptions morales, sur les devoirs des fils envers leurs parents, des élèves envers leurs professeurs, de l'adolescent dans le monde, qu'aucune religion et aucun système philosophique n'ont surpassés. Nulle société même ne s'est approchée de ce rigorisme, de cette sévérité de mœurs des anciens Indous qui évitaient toute souillure *matérielle* ou *spirituelle*, comme une atteinte portée aux grandes lois de la nature qui, dans leur éternelle évolution, font monter le dernier des atomes, de la boue des mers, de la goutte d'eau, jusqu'à Brahma, par des modifications progressives.

Qu'on lise attentivement la nomenclature de toutes les cérémonies, de tous les sacrements, sacrifices, prières, ablutions, qui sont imposés au brahme qui veut se rendre digne de ce nom, de toutes les vertus qu'il doit pratiquer pour qu'il puisse, suivant l'expression de Manou :

« Être assuré d'un bonheur éternel, et que cette terre ne voie plus son âme venir de nouveau s'envelopper de sa grossière substance ; »

Et qu'on nous dise si le bien, la vertu, le devoir et les idées d'unité de Dieu et de trinité, et d'immortalité de l'âme, n'ont pas revêtu dans l'Inde le caractère le plus élevé qui puisse leur être donné, et si, en copiant ces traditions indoues, le sémitisme chrétien y a ajouté quoi que ce soit.

Le brahmanisme fut une splendide formule de religion naturelle, jusqu'au jour où les prêtres en firent un instrument de domination au profit exclusif de leur caste.

Poursuivons, à l'aide des textes les plus incontestés, l'étude de cette société, véritable aïeule des sociétés humaines civilisées.

CHAPITRE III.

DU MARIAGE ET DES DEVOIRS DU PÈRE DE FAMILLE.

(D'après Manou.)

II.

« L'étude de la sainte Écriture, des mystères, des cérémonies et des sacrifices doit durer, sous la direction suprême du gourou, *neuf ans, dix-huit ans* ou *trente-six ans*, suivant le degré d'intelligence ou d'aptitude du brahmatchari.

« Après avoir étudié les livres saints dans l'ordre établi, en s'arrêtant spécialement sur telle ou telle partie, suivant sa caste, le brahmatchari, le jeune xchatria et le vaysia peuvent entrer dans la catégorie des pères de famille — grihastas.

« Connaissant tout ce qui se rapporte aux devoirs, et sachant interpréter la sainte Écriture, il peut quitter la maison de son père spirituel, qui, sur le seuil, le couronne de fleurs, appelle la bénédiction des dieux sur sa tête, et lui fait cadeau d'une génisse.

« Le dwidja — deux fois né — doit alors, avec l'assenti-

ment de son gourou, prendre son bâton et son aiguière, et se
mettre à la recherche d'une femme de la même caste que lui,
qui brille par ses qualités, et qui soit pourvue des signes
prescrits.

*
* *

« Il ne peut épouser une femme descendant en ligne directe
d'un de ses aïeux paternels ou maternels, jusqu'au sixième
degré. Il ne peut avoir aucune union charnelle avec des femmes
parentes de son père ou ayant avec lui une origine commune.

*
* *

« Qu'il évite toute union avec une femme appartenant à une
famille qui n'accomplit pas ses devoirs religieux, dans laquelle
le nombre des filles est beaucoup plus grand que celui des
fils [1], qui ignore la sainte Écriture, ou dont les membres sont
affligés de difformités, comme la phthisie, la dyspepsie, l'épi-
lepsie, les hémorrhoïdes, la lèpre et l'éléphantiasis.

*
* *

« Il fuira ces familles, quelles que soient leur puissance,
leur renommée, leurs richesses.

*
* *

« Qu'il cherche une femme belle de formes, dont le nom soit
agréable à prononcer, qui ait la démarche d'un cygne ou d'un
jeune éléphant, la voix douce, dont le corps soit couvert d'un
léger duvet, dont les cheveux soient soyeux, les dents petites
et régulières, les membres d'une souplesse délicate.

---

1. Cette recommandation vient de la croyance que le père de famille
ne voit le swarga (ciel) s'ouvrir devant lui que par les prières et les cérémonies accomplies par son fils sur sa tombe. De là la nécessité d'avoir
un fils.

« Une belle femme fait la joie de la maison, conserve l'amour de son mari et lui donne des enfants bien constitués.

« Qu'il n'épouse pas une fille qui n'a pas de frère [1], ou dont il ne connaît pas le père [2].

« Le premier mariage du dwidja ne peut avoir lieu que dans sa propre caste. Si la nécessité l'oblige à une seconde union [3], il peut la choisir dans les castes inférieures.

« En cas de nécessité, et pour assurer l'accomplissement des cérémonies funéraires sur sa tombe, le brahme peut con-tracter une seconde union, avec le consentement de sa pre-mière épouse, avec une femme xchatria ou vaysia.

« Le xchatria avec une femme vaysia ou même soudra, le vaysia avec une soudra. Le soudra n'épouse jamais qu'une soudra.

« Aucune tradition ne fait mention d'un brahme, même en

1. Son premier-né pourrait être malgré lui adopté par son beau-père, pour l'accomplissement des cérémonies funéraires, et, dans ce cas, s'il venait à ne pas avoir un second fils, il serait obligé lui-même d'avoir recours à l'adoption.

2. Ne connaissant pas le père, il ne pourrait comparer sa généalogie à celle de sa femme, et il s'exposerait à épouser une femme qui serait sa parente à un degré prohibé.

3. La nécessité de se procurer un fils qu'il n'a pu avoir de sa femme légitime.

cas de nécessité, ayant épousé une femme de la caste impure.

***

« Le brahme qui épouse une soudra est dégradé sur-le-champ, et il rabaisse sa famille à la condition servile.

***

« Des sages, comme Sonaca et Brighou, ont prétendu que le brahme épouseur d'une soudra n'était dégradé que par la naissance d'un enfant mâle, mais les éminents richis Atri et Gotama, fils d'Antathya, déclarent que l'union seule suffit.

***

« Il est donc prescrit que le brahme qui épouse une soudra, s'il n'en a pas d'enfant, devra, après sa mort, aller se purifier dans le naraca ; mais s'il en a une fille, il est dégradé de sa caste.

***

« Le brahme doit toujours être assisté de sa femme, dans les sacrifices aux dieux, les offrandes aux pitris, et dans l'accomplissement des devoirs d'hospitalité. Comment voudrait-il que les dieux et les mânes acceptassent des oblations, que les voyageurs de sa caste qui viennent se reposer sous son toit acceptassent une nourriture offerte par une impure soudra ?

***

« Pour le brahme qui s'est uni à une soudra et qui en a eu un fils, il n'est pas d'expiation connue sur cette terre.

***

« Apprenez maintenant quels sont les différents modes de mariage en usage dans les quatre castes, et que les sages ont reconnus comme bons ou mauvais.

« Ils sont au nombre de huit :

Le mode de Brahma ;

Celui des dieux inférieurs (dévas) ;

Celui des richis (saints) ;

Celui des pradjapatis (créateurs) ;

Celui des asouras (génies malfaisants) ;

Celui des gandharbas (musiciens célestes) ;

Celui des rakchasas (géants précipités dans les cieux inférieurs après leur révolte contre Brahma) ;

Et enfin celui des pisâtchas (vampires).

« Voici quels sont les modes que chaque caste doit adopter, les chances heureuses qui y sont attachées, et les qualités bonnes ou mauvaises qui en résultent pour les enfants.

« Il est des sages qui permettent les six premiers mariages aux brahmes et les quatre derniers aux autres castes, moins le mode des géants, interdit aux soudras.

« D'autres n'accordent aux brahmes que les quatre premiers, aux xchatrias que le mode des géants, aux vaysias celui des musiciens célestes, et aux soudras le mode le plus vil, celui des vampires.

« Le présent code n'accorde au brahme que les quatre premiers modes :

Celui de Brahma ;

Celui des dévas ;

Celui des richis ;

Celui des pradjapatis.

*_**

« Aux xchatrias, que le sixième et le huitième mode :
Celui des gandharbas,
Celui des rakchasas.

*_**

« Aux vaysias, que le sixième mode :
Celui des gandharbas (musiciens célestes).

*_**

« Aux soudras, que le cinquième mode :
Celui des asouras (mauvais génies).

*_**

« Si un père, après avoir amplement pourvu sa fille de vêtements et de bijoux, la donne à un dwidja versé dans la science des livres saints, vertueux et jouissant d'une bonne réputation, et qui soit de la même caste que lui, ce mariage est dit :

Le mode de Brahma !

*_**

« Lorsque le brahme prêtre offre le sacrifice du sarvaméda, et qu'un père s'approchant, pendant la cérémonie, consacre sa fille à celui qui officie, ce mariage est dit, par les sages :

Le mode des dévas !

*_**

« Lorsqu'un père accorde sa fille suivant les règles prescrites, à un homme qui lui a fait présent d'un ou de plusieurs couples de taureaux pour les sacrifices religieux, ce mode est dit :

Le mode des richis !

*
* *

« Lorsqu'un père accomplit les cérémonies d'usage, en disant aux deux nouveaux époux : « Vous êtes unis ; allez et pratiquez les devoirs prescrits, » ce mariage est dit :

Le mode des pradjapatis (les créateurs) !

*
* *

« Si le prétendu reçoit la femme qu'il a choisie en raison des cadeaux et des présents qu'il a faits aux parents, ce mode est dit :

Le mode des asouras !

*
* *

« Quand l'union d'un jeune homme et d'une jeune fille est le fruit d'un choix mutuel, cette union, née de l'amour et qui a pour but l'amour, est dite :

Le mode des musiciens célestes !

*
* *

« Quand on enlève de la maison de son père une jeune fille qui résiste, qui appelle à son secours ; que l'on brise la clôture, et que l'on tue ou blesse ceux qui s'y opposent, le mariage est dit :

Le mode des géants !

(Nous consacrerons un chapitre spécial à ce curieux sloca, à cette singulière prescription qui avait force de loi dans l'Inde, et dont nous suivrons la marche à travers le monde, à la suite des émigrations indoues.)

« Lorsqu'on s'empare d'une femme après l'avoir endormie, à l'aide d'une liqueur préparée à cet effet, ou par le pouvoir du fluide pur, — agasa — ou quand sa raison est égarée, ce mariage détestable est dit :

Le mode des vampires !

*
**

« Le mode des mauvais génies et celui des vampires ne doivent jamais être employés par les hommes vertueux des trois premières castes.

« Que le brahme s'en tienne au mode de Brahma, et le xchatria à celui des géants !

« Le mariage d'un brahme doit toujours être accompagné de libations d'eau à Swayambhouva, l'être existant par lui-même, à Nari, la mère immortelle, à Sourya, le dieu du feu, aux trois Mondes et aux quatre Éléments.

« Dans les autres castes, les mariages s'accomplissent suivant les usages reçus et la volonté du père de famille.

« Sachez de moi maintenant, ô sages brahmes qui m'écoutez, quelles sont les qualités que Manou lui-même a assignées à ces différents mariages.

« Le fils né d'une union accomplie selon le mode de Brahma, par une vie honnête et les pratiques pieuses, délivre *du péché et de l'enfer* dix de ses ancêtres paternels ou maternels, dix de ses descendants et lui-même.

« Celui qui est né d'une union contractée selon le mode des

dieux, sauve du naraca — enfer — sept de ses ancêtres, sept de ses descendants et lui-même.

*
* *

« Celui qui doit le jour à un mariage célébré selon le mode des richis (saints) en sauve cinq dans la ligne ascendante et cinq dans la ligne descendante et lui-même.

*
* *

« Celui qui provient de l'union accomplie selon le mode des créateurs, en sauve trois dans chacune des branches et lui-même.

*
* *

« De ces quatre mariages, naissent des hommes vertueux, renommés par leur science des livres sacrés, la pureté de leurs mœurs, et l'estime dont ils jouissent pendant toute leur vie.

*
* *

« Ils dépassent leur dixième décade (cent ans), ces hommes doués des meilleures qualités ; ils sont aimés des dieux, qui voient en eux le sommet des transformations humaines.

*
* *

« Les quatre derniers mariages ne produisent que des fils dissipés, querelleurs, menteurs, qui ignorent la sainte Écriture et les devoirs qu'elle prescrit.

*
* *

« Des mariages honnêtes et recommandables, naissent des enfants recommandables et honnêtes ; mais les mauvais mariages ne voient qu'une postérité méprisable.

*
* *

« La cérémonie de l'union des mains par les deux anneaux

soudés que l'on brise[1] n'a lieu que quand les deux époux appartiennent à la même caste ; pour les autres cas, la règle suivante est imposée :

« La fille de la caste militaire qui épouse un brahme doit tenir entre ses mains une flèche.

« La fille de la caste commerçante qui épouse un brahme ou un xchatria doit tenir un aiguillon.

« La fille de la caste soudra qui s'unit à un homme des castes supérieures, doit être à genoux et tenir entre ses mains le bas du manteau de son maître.

« Que le mari s'approche de sa femme dans la saison favorable, à l'exception des jours lunaires défendus. Il doit venir à elle avec amour, et lui rester fidèle et éternellement attaché.

« Seize nuits par mois forment la saison naturelle des femmes favorables à la conception.

« Les gens de bien s'abstiennent des quatre premières, sans qu'elles soient défendues cependant. La onzième et la treizième sont prohibées, car elles sont vouées aux esprits. Les dix autres nuits sont approuvées.

1. Dans les mariages entre brahmes, ou xchatrias, ou vaysias, les deux époux passent le troisième doigt de la main gauche ou de la main droite, suivant les castes, dans deux anneaux d'or ou d'argent légèrement soudés ensemble par un côté ; la plus légère pression brise la soudure, et chacun des époux garde son anneau.

« Les nuits paires donnent des fils ; les nuits impaires donnent des filles.

« L'enfant mâle est aussi engendré par un sang plus fort,
plus énergique chez le père ; le contraire produit une fille. Les
eunuques et les monstres sont produits par une faiblesse du
sang et du cerveau, soit des deux époux, soit d'un seul.

« Celui qui, pendant les nuits interdites, respecte sa femme,
se respecte lui-même, et il reste aussi chaste qu'un novice.

« Le père de famille qui connaît ses devoirs ne doit accepter
aucun présent en mariant sa fille, car celui qui accepte, par
cupidité, la plus légère gratification, est considéré comme
ayant vendu son enfant.

« Tous les présents faits par le futur en vêtements, en parures et en objets de prix, doivent être laissés à la femme.

« Les parents qui, par cupidité, s'emparent de ces choses,
se mettent en possession de ses bijoux, de ses voitures, de ses
riches étoffes, descendent après leur mort au naraca.

« Quelques sages ont pensé que dans le mariage suivant le
mode des saints, le présent d'un taureau et d'une vache était
une gratification au père de famille; c'est une erreur : ce présent est fait aux dieux, et il doit être immolé dans le sacrifice.

« Si les parents ne prélèvent rien sur les cadeaux faits, il n'y a pas de vente : ces présents sont une marque d'amour du futur à sa fiancée.

« Les femmes mariées doivent être comblées d'attentions et de cadeaux par leurs pères, leurs frères, leurs maris, et les frères de leurs maris, lorsque ceux-ci désirent une longue prospérité.

« Partout où les femmes sont honorées, les divinités sont satisfaites ; mais lorsqu'on ne les honore pas, tous les actes pieux sont stériles.

« Toute famille où les femmes vivent dans la douleur ne tarde pas à s'éteindre ; mais celles qui les rendent heureuses s'augmentent et vont sans cesse en prospérant davantage.

« Les maisons maudites par les femmes auxquelles on ne rend pas les honneurs qui leur sont dus, peu à peu se détruisent, comme si elles étaient frappées par une puissance magique.

« Les hommes qui désirent prospérer doivent être pleins d'égards pour les femmes de toute leur famille, leur donner des parures, des vêtements, des mets recherchés, pour les fêtes particulières et les cérémonies religieuses.

« Dans toute famille où le mari se plaît avec sa femme et la femme avec le mari, le bonheur est assuré pour jamais.

13

« Si une femme n'est pas heureuse et parée d'une manière digne d'elle, elle ne fera pas naître le plaisir et l'amour dans le cœur de son mari ; et si le mari n'éprouve pas d'amour, le mariage sera stérile.

« Lorsqu'une femme est heureuse, toute la famille l'est également.

« Par des unions interdites, l'oubli de la sainte Écriture et des devoirs, par la négligence des sacrifices, par l'irrévérence envers les prêtres brahmes, les familles tombent dans le mépris et finissent par s'éteindre.

« Le brahme qui se livre au trafic, prête à usure, exerce des métiers défendus, se livre à la débauche, épouse une soudra, fait commerce de chevaux, de vaches, de voitures, et sert un roi autrement que comme chapelain ;

« Celui qui, par l'appât d'un salaire, célèbre un sacrifice pour ceux qui n'ont pas le droit d'en offrir, qui nie les récompenses et les châtiments futurs, qui abandonne l'étude des livres sacrés, prépare à toute sa famille et à lui un retour aux transmigrations les plus basses.

« Celui, au contraire, qui s'abstient de tout ce qui est défendu et qui étudie chaque jour le Véda, se prépare une place au warga, ainsi qu'à sa famille.

* * *

« Le père de famille doit, chaque jour, faire les oblations domestiques aux mânes du foyer, et les cinq grandes offrandes à Dieu, à l'aide du feu consacré, dit feu nuptial [1].

* * *

« Le feu qui n'est pas employé aux sacrifices, mais seulement à la cuisson des aliments, ne porte pas bonheur.

* * *

« Le père de famille a cinq instruments de destruction pour les petits animaux : le foyer, la pierre à moudre les graines, le balai, le mortier, le pilon et la panelle à eau. Chaque fois qu'il s'est servi de ces instruments, il est obligé de se purifier des meurtres involontaires qu'il a commis [2].

* * *

« C'est pour cela que les saints maharchis ont institué les cinq grandes offrandes que le maître de maison doit accomplir tous les jours.

* * *

« La lecture et l'étude de la sainte Écriture est dite l'offrande du Véda.

« Les libations d'eau sont l'offrande aux pitris (mânes).

---

1. Le feu allumé le jour du mariage ne doit plus s'éteindre. La garde en est confiée à la femme, qui est chargée de le conserver sous la cendre et de l'alimenter dans l'intervalle des sacrifices et des repas. Il faut voir là un souvenir consacré par l'idée religieuse, du soin avec lequel les premiers hommes qui découvrirent le feu durent s'appliquer à conserver cette précieuse conquête.

2. Tout ce passage est motivé par la croyance indoue à la préexistence des âmes et les doctrines de la métempsycose.

« Le beurre liquide répandu dans le feu des sacrifices est l'offrande aux divinités.

« Le vin et tous les aliments dont use l'homme sont l'offrande que l'on offre aux esprits. L'hospitalité et l'aumône sont l'offrande que l'on fait aux hommes.

« Ces cinq offrandes ont reçu le nom de : Ahouta, — Houta, — Prahouta, — Brahmy-Houta, — Prasita [1].

« Le chef de famille qui ne néglige jamais ces cinq oblations prescrites ne contracte aucune souillure par la mort des animalcules qu'il détruit sans le vouloir ; celui qui ne les accomplit pas, abrége sa vie.

« Le chef de famille doit être exact à accomplir l'offrande de l'Écriture sainte, et l'offrande aux dieux, car c'est par la prière et les sacrifices que cet univers et tous les êtres qui l'habitent sont soutenus.

« Lorsqu'il jette, selon le mode prescrit, le beurre clarifié dans le feu des sacrifices, l'eau qui y est contenue à l'état de vapeur s'élève vers le soleil, du soleil elle redescend en pluie, de la pluie naissent les végétaux, et des végétaux les créatures [2].

1. Adoration sans offrande effective par la seule lecture du Véda, — offrande, — excellente offrande, — offrande céleste, — offrande du repos aux voyageurs.

2. Comme on le voit par ce passage et une foule d'autres de Manou, les théories naturalistes modernes sur la formation progressive des êtres par

« L'enveloppe mortelle de tous les êtres animés ne vit que par le secours de l'air, l'âme ne vit que par le secours de la prière.

« Le brahme par la prière, les offrandes et les sacrifices, soutient les trois autres castes ; c'est pour cela qu'il est le premier entre toutes les créatures.

« Celui qui veut acquérir au ciel une félicité éternelle doit vénérer le brahme, seigneur de toutes les créatures.

« Il doit maîtriser ses sens ; les hommes qui n'ont pas d'empire sur leurs sens ne sont pas capables de remplir leurs devoirs.

« Les dieux, les saints, les mânes, les esprits et les hôtes doivent recevoir les offrandes prescrites, celui qui ne les donne pas, ne connaît pas ses devoirs.

« On honore Swayambhouva, l'être existant par lui-même, par la lecture du Véda, les dieux par les offrandes au feu, les saints par des libations d'eau, les mânes par des services funéraires, les esprits par des offrandes de riz, les hommes par l'aumône.

l'eau et les végétaux, ne sont pas nouvelles, l'Inde les a agitées des milliers d'années avant nous.

« Chaque jour, l'homme vertueux doit faire des offrandes de riz, de menu grain, d'eau, de lait, de caillé, de miel, de fruits et de racines, afin de se rendre les esprits propices.

« L'homme vertueux des classes régénérées peut inviter un brahme aux offrandes qu'il fait aux saints, aux mânes, et aux esprits, mais nul ne doit assister aux offrandes qu'il fait aux dieux.

« Après avoir sacrifié aux dieux, le dwidja doit faire chaque matin par le feu domestique l'oblation au soleil, et chaque soir à la lune.

« Qu'il offre aussi tous les jours le sacrifice à Dhanwantari[1] ; à chaque phase de la lune, au ciel et à la terre, et au seigneur des créatures.

« Après avoir fait l'offrande de riz, de beurre clarifié, de miel et de lait, qu'il se tourne successivement du côté des quatre régions célestes et qu'il fasse l'oblation à Indra, Yama-Varouna et Couvera [2].

« Qu'il répande un peu de riz cuit sur le seuil de sa maison, en disant : adoration aux marouts (vents) ; dans l'eau en di-

1. Dhanwantari ou Tcharaka, le dieu de la médecine.
2. Esprits qui président aux quatre points cardinaux.

sant : adoration aux esprits des eaux ; dans son mortier en disant : adoration aux esprits des forêts [1].

« Qu'il fasse les mêmes oblations dans l'intérieur de sa demeure à Brahma lui-même, et aux quatre coins de sa chambre, aux pieds et à la tête de son lit, aux esprits protecteurs du foyer.

« Qu'il jette dans les airs une poignée de riz grillé, comme un hommage à tous les dieux, et qu'il fasse une oblation aux esprits du jour et de la nuit.

« Qu'il place à part, au dehors de sa maison, de la nourriture pour les chiens, pour les corbeaux, pour les hommes sans caste, et ceux attaqués d'éléphantiasis ou de lèpre.

« Le brahme qui honore tous les dieux, tous les saints et tous les esprits, et qui se rend utile à tous les êtres, même aux plus impurs, monte au ciel sous une forme resplendissante.

« Après avoir accompli ses prières, les sacrifices et les oblations prescrites, qu'il distribue la nourriture à ses hôtes, et fasse l'aumône aux novices qui viennent la lui demander.

« Les offrandes faites aux dieux, aux mânes, aux saints et

1. Le mortier est l'instrument de nécessité première de toute maison indoue ; il sert à décortiquer les grains de riz, et à piler les menues graines du carry, base de la nourriture indigène.

aux esprits, par les ignorants ou les pervers ne portent pas de fruit, et le brahme qui accepte d'eux la nourriture, est obligé d'accomplir les cérémonies de la purification.

« Quand un voyageur vient frapper à la porte d'une demeure, que le père de famille, d'après les usages prescrits, lui offre un siége, de l'eau pour se laver les pieds, et des aliments qu'il a préparés de son mieux.

« Du riz, des légumes, un lit pour se reposer, un visage aimable, de bonnes paroles, ne manquent jamais dans la demeure des hommes vertueux.

« Le père de famille ne doit pas traiter comme des hôtes ceux qui restent dans le même village que lui et qui viennent lui rendre visite par manière de passe-temps.

« Les gens qui vont sans cesse en visite à droite et à gauche, dans le but unique de se faire inviter à partager le repas, après leur mort deviennent bestiaux de ceux qui leur ont donné des aliments.

« Le père de famille ne doit jamais fermer sa porte aux étrangers qui viennent y frapper après le coucher du soleil.

« Il ne faut pas dire à l'hôte qui se présente : tu arrives trop tard, il n'y a plus de nourriture à la maison, le feu dort sous la cendre.

« Celui qui répondra toujours ainsi, arrivera toujours trop tard pour franchir le seuil du swarga (ciel) et pénétrer dans la demeure céleste.

« Le père de famille ne doit prendre aucune nourriture sans en donner à son hôte. Honorer ceux que les esprits ont guidé vers votre demeure, est le meilleur moyen d'obtenir le bonheur en ce monde et dans l'autre.

« Le lit, la place, le siége que le père de famille offre à ses hôtes, les honneurs qu'il leur rend doivent être proportionnés au rang de chacun.

« Si l'oblation aux dieux qui doit précéder chaque repas, est terminée quand un étranger se présente, qu'on le reçoive et lui offre ce qui est prescrit, mais l'oblation ne doit pas être recommencée.

« Pour obtenir une place à un repas, un brahme ne doit pas se targuer de sa dignité, qu'il attende que le maître de maison lui rende les honneurs qui lui sont dus.

« Les hommes des trois classes inférieures à la sienne ne sont pas considérés comme des hôtes par le brahme ; qu'il remplisse cependant à leur égard les devoirs de l'hospitalité de la manière suivante :

« Qu'il donne à manger à un xchatria, après que les brahmes présents et toute sa famille sont rassasiés.

« Qu'il fasse manger un vaysia avec ses domestiques et un soudra sous la vérandah de sa maison.

« Avant d'offrir de la nourriture à ses hôtes, il doit servir auparavant les femmes nouvellement mariées, les jeunes filles, les malades et les femmes enceintes.

« Celui qui mange sans se conformer à cette règle servira lui-même de pâture aux chiens et aux vautours. Telle est la loi.

« Après avoir distribué la nourriture aux brahmes, aux hôtes et prélevé la part des domestiques, que le maître de maison et sa femme prennent leur repas.

« La nourriture que le chef de maison prépare pour lui seul, qu'il prend seul, se tourne en poison.

« Un roi, un brahme prêtre, un novice qui vient d'achever ses études, un directeur spirituel. un beau-père ou gendre, un oncle, doivent, quand ils viennent en visite, recevoir un présent de lait caillé, de miel et de fruits.

« Pendant la célébration du sacrifice, la même nourriture doit être offerte au brahme.

« Chaque mois, au renouvellement de la lune, le brahme doit offrir aux mânes les pindas consacrés — gâteaux de miel et de riz — et faire le repas funéraire que l'on appelle pindan-waharya.

« A ce festin mensuel en l'honneur des mânes, qui doit être composé d'aliments purs, je vous ferai connaître quels sont les gens qu'il faut inviter et les mets qu'il faut leur servir.

« Au repas funéraire que l'on offre aux saints, le père de famille doit inviter deux brahmes, et trois au repas funéraire qui a lieu en l'honneur de son père et de ses aïeux.

« Qu'il invite peu de monde, tout le bénéfice de la présence des brahmes serait détruit par une trop nombreuse assemblée.

« Mille prospérités sont assurées à celui qui, chaque mois, au moment prescrit, ne manque jamais d'accomplir les cérémonies et le repas en l'honneur des morts.

« Tout ce qui a été consacré aux mânes et aux saints dans les cérémonies funéraires, doit être donné aux brahmes invités ; c'est le meilleur moyen de se rendre les dieux propices.

***

« On peut n'inviter qu'un seul brahme, instruit dans la sainte Écriture, et connaissant parfaitement le mode des oblations aux saints et aux mânes.

***

« Les cérémonies accomplies par un brahme seul sont plus profitables que celles accomplies par une foule de gens ignorants des livres saints.

***

« Que celui qui désire offrir la cérémonie funéraire aux mânes, choisisse un brahme qui a déjà parcouru une longue carrière, et qui a achevé l'étude du Véda.

***

« Cet homme est le plus digne d'offrir les oblations aux saints, aux mânes et aux esprits.

***

« Dans un repas funéraire, donner de la nourriture à un seul brahme savant dans le Véda est plus méritoire que de nourrir un million d'hommes.

***

« Parmi les brahmes, les uns se consacrent spécialement à l'étude des livres saints, d'autres à la science des sacrifices, d'autres aux austérités plus méritoires et à l'accomplissement de tous les actes pieux prescrits.

***

« Quelles que soient les occupations du brahme, dans l'or-

dre qu'elles viennent d'être définies, tous peuvent présider à
un repas funéraire et faire les oblations aux mânes.

« On ne doit pas prier un ami de venir faire les oblations au
repas funéraire, l'amitié se prouve autrement. Seul le brahme
qui n'est ni ami ni ennemi doit officier à la cérémonie.

« Celui dont les repas funéraires ne sont que des prétextes
à des réunions d'amis ne reçoit ni en ce monde ni en l'autre la
récompense de ses offrandes.

« L'homme qui ne se rend aux cérémonies et aux repas funéraires que pour y rencontrer ses connaissances et en faire
de nouvelles sera exclu du séjour céleste.

« L'offrande funéraire qui n'est offerte à une nombreuse
réunion que pour montrer la richesse et la libéralité de celui
qui la donne a été appelé Paisâtchi par les sages — qui ne
porte pas de fruits.

« Ainsi que le laboureur qui jette sa semence dans une terre
aride et stérile n'en retire absolument rien, de même celui qui emploie, pour faire les offrandes de beurre clarifié, un
brahme ignorant, n'en retire aucun avantage.

« Mais ce qui est offert, selon les prescriptions de la loi, par
un homme versé dans la science sacrée, produit des fruits

en ce monde et dans l'autre pour la famille qui fait offrir et les brahmes qui accomplissent le sacrifice.

« S'il n'y a pas de brahme à proximité de sa demeure, pour accomplir la cérémonie funéraire, on peut inviter un ami versé dans l'Écriture, mais jamais un ennemi, quelle que soit sa science, l'oblation des gâteaux sacrés mangés par un ennemi pendant le sacrifice n'est d'aucun avantage ni sur la terre ni au swarga — ciel.

« On peut convier à la cérémonie funéraire un brahme profondément versé dans le *Rig-Véda*, un autre dans l'*Yadjour-Véda*, un autre dans le *Sama-Véda*, un quatrième dans l'*Atharva-Véda*. Mais la présence et les prières d'un seul brahme connaissant à fond un de ces livres suffisent pour ouvrir le séjour des bienheureux à sept ancêtres dans la branche paternelle et maternelle.

« Telle est la condition nécessaire de toute cérémonie funéraire. Après l'invitation faite aux brahmes, on peut inviter au sacrifice tous ses parents dans les lignes ascendante et descendante, et dans la ligne collatérale jusqu'aux cousins seulement.

« Il peut aussi inviter au srâddha le chapelain de son aïeul paternel ou maternel, ou le prêtre qui offre les sacrifices pour lui.

« Tous les brahmes peuvent offrir les sacrifices aux dieux, mais le sacrifice aux mânes des ancêtres qui attendent la pu-

rification dans les cieux inférieurs ne peut être offert que par
un brahme très-pur lui-même.

« Les brahmes qui se sont rendus coupables de vols ou de
grands crimes, ceux qui professent l'athéisme et le matérialisme ne doivent être priés à aucune cérémonie.

« Ceux qui n'ont point passé par le noviciat, qui ont négligé
l'Étude de l'Écriture sainte, *ceux qui ont été circoncis et qui
se trouvent ainsi rejetés dans la classe impure des tchandalas*. Ceux qui font métier de sacrifier pour les soudras,
ceux qui ne peuvent lire que de droite à gauche, ne doivent
pas être priés aux cérémonies funéraires.

« Les charlatans, les prêtres qui adorent des idoles, ceux
qui débitent de la viande hors les cas prescrits pour les sacrifices, tous ceux qui vivent d'un commerce infâme doivent être
exclus de toute cérémonie.

« Les valets de ville, les lépreux, ceux qui sont frappés
d'éléphantiasis, le brahme qui n'entretient plus le feu sacré,
celui qui vit du prêt à usure.

« Le frère marié avant son aîné, ceux qui castrent les bestiaux, le brahme qui n'accomplit pas chaque jour les cinq oblations, celui qui vit au dépens des autres.

« Les danseurs de profession, celui qui viole son vœu de

chasteté, le mari infidèle, celui qui épouse une femme de la caste servile, celui qui vit de l'inconduite de sa femme et de sa fille.

*
* *

« Ceux qui n'enseignent la sainte Écriture que moyennant salaire, les soudras, l'enfant adultérin, celui qui quitte son père ou sa mère, qui s'allie à des gens de mauvaise réputation.

*
* *

« L'incendiaire, l'empoisonneur, le meurtrier, ceux qui mangent de la nourriture impure, les faux humains, les marchands de liqueurs fortes, les courtisans, les adulateurs de la puissance.

*
* *

« Le fils qui ne respecte pas son père, celui qui tient une maison de jeux de hasard, celui qui trompe son ami.

*
* *

« L'épileptique, l'homme affligé de maladies honteuses, les astrologues et sorciers ambulants, ceux qui font battre des oiseaux, les dompteurs d'animaux féroces, les maîtres d'armes.

*
* *

« Celui qui détourne le cours des ruisseaux pour nuire à la récolte de ses voisins, les espions.

*
* *

« Les dresseurs de faucons pour la chasse, celui qui a séduit une jeune fille, le brahme qui fréquente des soudras, le prêtre qui sacrifie à des divinités cruelles, celui qui adore des dieux inconnus.

* * *

« Celui qui n'a pas de bonnes mœurs, qui ne se conforme pas aux usages établis, qui se joue de sa parole, la donnant à tout propos sans la tenir, ceux qui portent les morts au bûcher.

* * *

« Tous ces hommes qui ne sauraient être reçus dans la société des gens de bien, doivent être soigneusement éloignés des cérémonies funéraires que leur seule présence pourrait souiller.

* * *

« Il ne faut, à ces cérémonies destinées à purifier les mânes de leurs dernières souillures, et à leur ouvrir le swarga, que des gens purs.

* * *

« Écoutez : ce qui résulte de l'admission des hommes impurs aux sacrifices aux dieux, aux offrandes et oblations aux saints, et aux cérémonies funéraires en l'honneur des mânes.

* * *

« Tous ces sacrifices, oblations, offrandes, cérémonies sont repoussés par les dieux et les saints et ne profitent pas aux mânes, pour le salut desquels ils sont offerts ; ils tournent au profit des rakchasas — démons.

* * *

« Le frère cadet qui accomplit la cérémonie nuptiale alors que son aîné n'est pas marié, descend droit au naraca — enfer — après sa mort.

* * *

« La jeune fille qui s'est mariée ainsi, sachant que le frère aîné n'était pas marié, le père qui l'a donnée, le prêtre qui a célébré la cérémonie, ont tous trois le même sort.

« Celui qui, remarié avec la veuve de son frère pour procurer au mort un fils qui puisse accomplir sur sa tombe les cérémonies funéraires, et qui ne songe qu'à assouvir ses passions va au naraca — enfer.

« L'enfant adultérin, né pendant la vie du mari de sa mère ou après sa mort, détruit par sa présence tout l'effet des cérémonies funéraires.

« Lorsqu'un homme des classes honnêtes donne une cérémonie funéraire et qu'il laisse s'y introduire des gens de peu, pour la satisfaction de leur curiosité, tout le mérite de la cérémonie est détruit.

« Le brahme officiant qui dans les cérémonies ne tient pas compte de ces recommandations et, moyennant salaire, laisse s'y introduire des gens qui ne doivent pas y assister, se détruit lui-même aussi sûrement qu'un vase de terre non cuite se détruit quand on le plonge dans l'eau.

« Toute nourriture céleste[1] qui a été d'abord offerte aux dieux et que le prêtre présente aux gens déclarés inadmissibles, au lieu de leur préparer l'entrée du swarga — ciel — se change en ordure.

1. Cette cérémonie où la nourriture céleste est distribuée aux assistants est l'ancêtre de la communion catholique.

« Écoutez maintenant quels sont les moyens par lesquels les brahmes officiants, ainsi que les réunions funéraires, peuvent être purifiés de la présence des personnes inadmissibles.

« Tous les brahmes parfaitement versés dans l'Écriture sainte, dans les commentaires des livres saints et qui appartiennent à une famille de théologiens fameux effacent toutes les souillures d'une réunion.

« Le brahme, qui a consacré sa vie à l'étude du *Yadjour-Véda*. Celui qui entretient les cinq feux et offre chaque jour les oblations prescrites.

« Celui qui connaît tous les hymnes du *Rig-Véda* et les six commentaires sacrés. Celui qui s'est marié suivant le mode de Brahma.

« Celui qui est capable de commenter toutes les parties obscures de l'*Atharva-Véda* ; le bramatchari qui, en terminant son noviciat, a offert mille vaches pour les sacrifices ; l'homme âgé de cent ans effacent par leur seule présence toutes les souillures d'une réunion.

« Pour que ni la présence ni *le mauvais œil* des personnes qui ne sont pas dignes d'assister aux cérémonies mortuaires ne puissent les souiller, que le maître de maison ait soin d'inviter un de ces trois hommes, ou tous les trois ensemble, en les priant d'une manière honnête.

« Les mânes des ancêtres accompagnent de tels brahmes conviés. Sous une forme aérienne, ils les suivent et prennent place à côté d'eux quand ils s'asseyent.

« Le brahme invité à un srâddha et qui profite de l'obscurité du lieu de réunion pour assouvir sa passion sur une femme soudra, ou toute autre suivante de la maison, négligeant ainsi l'accomplissement du plus sacré des devoirs, la purification des mânes, se charge par ce fait de toutes les fautes que tous les assistants ont commises depuis leur naissance, et renaîtra dans le corps d'un porc.

« Sachez que les pitris qui sont les ancêtres des mânes et des hommes sont nés des dieux ; ils doivent être spécialement honorés.

« De Brahma , aux trois visages, sont issus les dieux supérieurs ; des dieux les dévas, des dévas les saints, et des saints les mânes qui forment les tribus des pitris.

« Les mânes sont les âmes des hommes revêtues d'un corps aérien, et qui remontent, après leur mort, par les purifications et les austérités de leur fils, jusqu'au séjour céleste.

« Les somapas sont les mânes des brahmes.

« Les havichmats sont les mânes des xchâtrias.

« Les adjyapas des vaysias ; les soucalis des soudras.

« Les aguibagdhas, les canias, les barhichads, les aguich-wattas et les tomyas sont les mânes ancêtres des brahmes.

« L'ablution de l'eau pure et du feu est ce qu'il y a de plus agréable à Brahma. L'avrita composée des cinq substances est l'offrande des dieux.

« Le riz, les menus grains, les herbes vertes sont les offran-des agréables aux saints.

« Les cérémonies funéraires sont agréables aux mânes revê-tus d'un corps aérien.

« Tout sacrifice à Brahma, aux dieux, aux saints, aux mâ-nes doit être précédé des formules magiques de l'*Atharva* — pour chasser les mauvais esprits qui sans cela bouleversent les sacrifices.

« Toute cérémonie funéraire doit commencer par une of-frande aux dieux et se terminer de même ; celui qui n'agit pas ainsi perd le mérite de son sacrifice et prépare la perte de sa race [1].

« Que le sacrifice funéraire se fasse sur une surface plane

1. Leurs mânes ne pourront jamais se purifier et arriver au swarga.

purifiée avec de la fiente de vache, et un peu inclinée vers le midi, qui est la demeure de Yama, régent des mânes.

« Les meilleurs lieux pour offrir le sacrifice de purification des mânes sont les clairières des forêts silencieuses, les bords des rivières dans les endroits déserts.

« Les carrefours où aboutissent quatre chemins dans un lieu écarté et la nuit sont aussi un endroit propice.

« Les brahmes officiants, après avoir fait leurs ablutions selon le mode prescrit, doivent être placés selon leur rang et leur âge, par le maître de maison, sur des siéges couverts de cousa.

« Après une invocation préalable aux dieux, que les invités soient couronnés et parés de guirlandes odoriférantes, et qu'on leur verse sur les pieds, sur les mains et sur la tête, des parfums.

« Puis, chacun des assistants ayant reçu dans les mains un peu d'eau, de l'herbe cousa, et un peu de grains de riz, de mil et de sésame, les saints brahmes font l'offrande au feu sacré.

« Après l'invocation à Brahma et le sacrifice du feu expiaoire, une offrande de beurre clarifié doit être offerte à Agni, à Soma et à Yama.

« Si celui qu' ffre le sacrifice, n'a pas de feu sacré, n'étant pas encore marié ou étant veuf, qu'il verse son offrande de beurre clarifié dans les mains d'un brahme. Les mains d'un brahme sont aussi pures que le feu[1].

« Les brahmes de la race primitive, au visage calme et exempt de colère, à la conscience toujours pure qui travaille au perfectionnement progressif du genre humain, sont les véritables sacrificateurs des cérémonies funéraires, et les purificateurs des mânes des ancêtres. Ainsi l'ont reconnu les sages.

« Après avoir fait le tour du feu selon le mode prescrit, que le brahme officiant répande avec la main des sacrifices l'eau des libations sur la flamme; l'eau qui s'élève en vapeurs au milieu des prières purifie les âmes des ancêtres, puis retombant en pluie donne naissance aux végétaux et aux animaux.

« Puis ayant fait trois gâteaux avec du riz, du safran et du beurre clarifié, qu'il fasse l'offrande *à celui qui existe par lui-même* et répande sur eux quelques gouttes d'eau lustrale, le visage tourné vers le midi.

« Et faisant l'oblation aux quatre points de la terre qu'il mange une portion de ces gâteaux et partage ensuite le restant de cette nourriture sanctifiée aux assistants, en commen-

1. La femme mariée allumait le feu sacré en entrant vierge dans la demeure de son époux, et ce feu ne devait plus s'éteind.e qu'à sa mort. Le veuf n'avait pas le droit de conserver du feu sac.é chez lui.

çant par les brahmes présents, le chef de la maison, ses parents et les vieillards, en disant :

« Que cette nourriture sanctifiée purifie vos corps, et que les prières pures que vous prononcerez après ouvrent le svarga — ciel — aux mânes des ancêtres.

« Que le chef de la maison et ses parents, après avoir fait une oblation, et mangé l'offrande céleste, appellent par leurs noms tous leurs ancêtres morts depuis l'aïeul de leur aïeul, et continuent par les noms de leurs descendants décédés.

« Alors |le repas funéraire du srâddha peut commencer, et le brahme officiant peut répandre sur les mains des saints brahmes et des assistants l'eau lustrale.

« Qu'il apporte d'abord le vase de riz cuit dans un vase de terre neuf et le place au milieu des assistants en prononçant avec recueillement les paroles de la purification.

« La nourriture que l'on sert sans prononcer ces paroles devient sur-le-champ la proie des mauvais génies.

« Qu'il place à côté du riz avec soin tout ce qui doit être mangé avec, les sauces, les légumes, le lait, le caillé, le beurre clarifié, le miel, les confitures, les fruits, les racines odorantes et les boissons parfumées.

« Qu'il prélève alors sur ces mets la part du voyageur, et qu'il la dépose sur le seuil extérieur de la maison, et la part des femmes.

« Et qu'il distribue le restant à tous les assistants en commençant par le vieillard qui a dépassé sa dixième décade — cent ans — puis par les brahmes et les parents qui font offrir le sràddha aux mânes.

« Pendant que chacun mange avec recueillement, qu'il explique les passages mystérieux de la sainte Écriture, sur l'immortalité de l'âme et l'Être suprême, c'est par là que les mânes sont purifiés.

« Par la lecture du Véda, de ce code de lois, le récit des actions des saints illustres, le chant des poëmes héroïques et des légendes primitives, les mânes sont purifiés.

« Que tous les assistants écoutent avec recueillement en mangeant les mets qui doivent être servis très-chaud; pendant ce repas, les mânes absorbent les prières du Véda et cette nourriture les purifie.

« Que nul ne s'avise pendant le repas de déclarer la qualité des mets, quand bien même il en serait prié par le maître de la maison.

« Ce qui serait mangé en causant, en riant, en racontant

des histoires mondaines ne profiterait qu'aux rakchasas — démons.

« Il faut veiller avec soin à ce que les animaux domestiques, tels que les chiens, les coqs, les porcs, ne pénètrent pas dans le lieu du repas, et qu'un impur tchandala [1], un eunuque ou une femme fatiguée par ses affections mensuelles [2] ne puissent jeter un regard sur les mets préparés.

« Un brahme, un mendiant, un voyageur peuvent entrer dans la maison ou le lieu où se donne le repas funéraire, à n'importe quel moment; ils doivent être admis et être bien traités.

« A la fin du repas, le brahme officiant doit délayer un peu de chaque mets dans l'eau lustrale et le répandre sur l'herbe sacrée du cousa, c'est la part des enfants morts avant l'initiation [3]; par cette cérémonie, leurs mânes sont purifiés et peuvent entrer au swarga.

« Ce qui reste du repas funéraire a été décidé par les sages être la part des serviteurs honnêtes et fidèles.

« Le srâddha fait pour le repas funéraire d'un brahme ne

1. Homme sans caste — paria.
2. La femme en cet état est considérée comme impure dans l'Inde. Tout l'Orient a partagé cette croyance
3. Rappelons-nous que l'initiation commence par la cérémonie de l'ondoiement ou baptême.

doit pas contenir de sacrifice aux dieux ni aux saints, il doit
être consacré un seul gâteau, et fait une seule offrande, à
l'Être suprême, à la grande Cause Universelle, et ainsi ce
srâddha a reçu le nom de Ekodichta — offert à un seul.

« Que tous les ans, au jour anniversaire de sa mort, le
srâddha solennel soit offert par le fils aîné du dwidja.

« Celui qui donne les restes d'un repas funéraire à un
impur soudra, est précipité après sa mort dans la région de
l'enfer appelée Calasoutra — séjour des animaux venimeux.

« Celui qui au sortir d'une cérémonie funéraire partage la
couche d'une femme, renaîtra ver dans les excréments d'une
femme.

« Le repas terminé, que le maître de la maison adresse la
question d'usage : Êtes-vous rassasiés; puis, après leur avoir
fait servir l'eau pour les ablutions de la bouche, qu'il leur dise :
Vous pouvez, si vous le désirez, vous reposer ici.

« Après avoir accompagné les saints brahmes jusqu'au milieu du chemin, et les autres convives jusqu'au seuil de la porte
seulement, le maître de la maison, après avoir de nouveau
fait ses ablutions, doit se tourner du côté de l'Orient et dire :

« Que notre famille croisse par le nombre de ses membres,

« qu'elle s'élève par la générosité, la vertu et la fidélité aux
« dogmes et aux vérités révélées. Que la foi ne nous abandonne
« jamais, que la charité guide nos actions envers nos sembla-
« bles, que nos richesses soient inépuisables pour l'aumône.

« Et en même temps les mânes des ancêtres disent : Que
« notre famille restée sur la terre croisse par le nombre de
« ses membres, qu'elle s'élève par la générosité, la vertu et
« la fidélité aux vérités révélées. Et que nos fils et les des-
« cendants de nos fils ne manquent jamais de nous offrir du
« riz bouilli dans du lait, du miel et du beurre clarifié, le
« treizième jour de la lune, à l'heure où l'ombre de l'éléphant
« tombe à l'est.

« Toute oblation faite par un fils dont le cœur est pur,
d'après les règles prescrites, purifie les âmes de ses ancêtres et
leur procure dans l'autre monde un bonheur éternel.

« Dans la quinzaine de décroissance lunaire, le dixième jour
et les suivants, à l'exception du quatorzième, sont les jours
favorables pour les cérémonies funéraires, le meilleur est le
treizième.

« Le fils aîné qui fait le srâddha dans les jours pairs de la
lune, purifie ses ancêtres jusqu'à l'aïeul de son aïeul, et obtient l'accomplissement de ses prières.

« Mais celui qui accomplit la cérémonie funéraire les jours

impairs de la lune, obtient des dieux la purification des mânes de tous ses ancêtres aussi éloignés qu'ils soient, et obtient pour lui-même la récompense future.

***

« Les nombres impairs sont les chiffres des dieux. Un est le chiffre de Swayambhouva, l'Être suprême. Trois est le chiffre de la trimourti — trinité — contenue dans le mystérieux monosyllabe *aum!* Sept, neuf, treize, dix-sept, vingt et un, vingt-sept, et ainsi, aussi loin que l'on compterait dans l'éternité des temps, représentent les qualités et les forces créatrices des dieux [1].

***

« Sept représente les sept cieux, les sept vallées sacrées, les sept villes célestes, les sept planètes.

***

« Neuf représente les neuf vierges célestes qui président aux chants, à la poésie, à l'éloquence, à la danse sacrée, aux conjurations magiques, aux astres, aux récits héroïques, à la théologie et aux cérémonies funéraires.

« La quinzaine de décroissance de la lune est préférable à la quinzaine de croissance, pour les cérémonies funéraires.

« Toute la cérémonie du srâddha doit être accomplie par un brahme versé dans les rites funéraires, le cordon sacré sur

On connaît l'adage latin : *Numero Deus impare gaudet.*

l'épaule droite, ayant à la main une tige de cousa, et ne prenant aucun repos.

« Que l'oblation aux dieux et aux mânes ait toujours lieu avec la main droite, la seule qui soit destinée aux sacrifices.

« Seul un brahme qui a dépassé sa huitième décade — quatre-vingts ans — peut offrir le sacrifice funéraire à toute heure du jour et de la nuit, en tous lieux, dans les maisons et dans la profondeur des bois, s'il est arrivé à cet âge dans l'étude du Véda, la prière et les austérités méritoires.

« Les autres qui n'ont pas encore atteint ce degré de pureté, ne doivent jamais faire le srâddha la nuit, car, à ce moment, les cieux inférieurs et la terre sont peuplés de mauvais esprits, qui s'emploient à tourmenter les saints ermites et à annuler l'effet des cérémonies funéraires.

« Le père de famille doit trois fois l'an convier les saints brahmes pour accomplir les cérémonies funéraires pendant la saison chaude, pendant la saison froide et pendant la saison humide, avec le repas funèbre et les rites prescrits.

« Mais qu'il n'oublie pas, chaque jour, de faire le srâddha journalier qui fait partie des cinq oblations.

* * *

« L'oblation en l'honneur des mânes doit toujours se faire

dans le feu consacré. Le srâddha mensuel des brahmes doit avoir lieu le premier jour de la lune.

*
* *

« Le grand srâddha, offert chaque année par les brahmes, pour la purification de toutes les âmes des mânes qui ont quitté cette terre, doit avoir lieu à la fin de la première quinzaine de mârgasircha [1].

*
* *

« Que chaque jour, en accomplissant le sacrifice solennel, les brahmes fassent une libation d'eau en l'honneur des mânes; chaque oblation faite avec le cœur pur profite aux ancêtres.

*
* *

« Nos pères ont reçu des sages le nom de vasous, nos ancêtres celui d'adityas, et les ancêtres de nos ancêtres celui de rutas [2].

*
* *

« L'homme des classes régénérées qui veut rester pur et préparer sa place au swarga doit manger les restes de la nourriture sacrée, offerte par les saints brahmes, pendant le sacrifice aux dieux [3].

*
* *

« Telles sont les règles que doivent suivre les pères de famille pour les sacrifices aux dieux, les offrandes aux saints, les cérémonies funéraires aux mânes et les cinq oblations journalières. »

(MANOU, liv. III.)

1. Fin octobre.

2 Nous avons vu dans l'*Histoire des Vierges* que les Indous prétendaient descendre d'une race primitive et antédiluvienne qu'ils nomment les Rutas.

3. Toujours la communion.

Tout ce passage du vieux législateur de l'Indoustan relatif au mariage, aux sacrifices et aux cérémonies funéraires, est à commenter sloca par sloca, mot par mot. Il n'est pas une seule de nos coutumes qui n'y retrouve son origine, pas une seule des théories chrétiennes sur les sacrements, les sacrifices et la purification des âmes des ancêtres, par les offrandes et la prière, qui ne soit une émanation directe du culte brahmanique.

L'homme doit passer par les trois états de *brahmatchari*, ou d'étudiant, de *dwidja*, ou homme régénéré, né à la science et maître de maison, et de *vânaprastha*, ou habitant de la forêt, purifiant ses derniers jours par la prière et les austérités méritoires. Nous avons hâte de faire connaître à nos lecteurs ce dernier état, celui de cénobite, afin de pouvoir, dans une revue d'ensemble, caractériser cette réglementation religieuse et civile, qui prenait l'homme pour ainsi dire dans le sein de sa mère, pour le conduire par delà le tombeau jusqu'au swarga, où il s'absorbait dans le Grand Tout et jouissait d'une éternelle félicité.

Nous démontrerons que la superstition religieuse ne fut pour rien dans l'édification de ce système; et que toutes les religions postérieures nées dans le monde de ces croyances primitives, oublieuses des traditions scientifiques dont elles étaient des émanations allégoriques, ont remplacé le Grand Tout, le Germe primordial, Swayambhouva, l'Être existant par lui-même, et les forces qu'il met en mouvement pour le perfectionnement des êtres créés qui sont sa propre substance, par des dieux et des démons irrascibles, vengeurs, ridicules inventions sacerdotales dont la liquidation dure encore...

« Dieu est le Germe primordial, le Grand Tout existant par lui-même... »

(MANOU, lib. I, *sloca* 6 et 7.)

« Le premier germe de la vie s'est développé par l'eau et
la chaleur... »

(MANOU, lib. I, sloca 8.)

« De l'eau sont nés les végétaux, et des végétaux sont nés
les animaux... »

(MANOU, lib. III, sloca 76.)

« Les êtres acquièrent les qualités de ceux qui les précèdent, de telle sorte que plus un être est éloigné dans la série
et plus il a de qualités... »

(MANOU, liv. I, sloca 20.)

Telle est, d'après Manou, la genèse du monde et des créatures.

Le prêtre et le savant, ce qui fut tout un à cette époque, ce
qui est encore tout un de nos jours, par l'orgueil de caste,
l'intolérance et l'horreur des idées nouvelles, peu à peu déi-
fièrent les éléments, plongèrent le peuple dans les superstitions les plus singulières, donnèrent naissance à tous ces
panthéons anciens, devant lesquels s'agenouillèrent la plèbe
et l'esclave... Mais l'homme avait conçu, dès le début, l'idée
d'une force unique, maîtresse et directrice suprême de l'universalité des êtres. Il l'avait conçue en développant les notions qu'il trouve dans sa propre nature. Et il n'a jamais
adoré, nous le démontrerons par les preuves les plus irréfutables, ni la pierre, ni le bois, ni les légumes, ni les animaux.
Il n'a jamais été fétichiste, il n'a été polythéiste qu'en vertu
d'un jeu de mots. Il a toujours été monothéiste, parce qué,
dans tous les temps et sous toutes les latitudes, la conscience,
en même temps qu'elle lui donnait la certitude de sa propre
existence, lui donnait la notion d'un être supérieur, loi suprême de tout ce qui existe.

La science franco-allemande prétend faire du nouveau
en rééditant à dix à douze mille ans de distance le scepticisme

15

naturaliste de Kapila... ne voit que des forces physiques dans la nature, et fait naître le droit de la force brutale et le bien de *la sociologie*, repousse toute conception de l'Être suprême chez l'homme primitif, et le courbe plein d'effroi devant les orages et les bêtes féroces qu'il regarde, suivant elle, comme des dieux...

Nous verrons ses preuves.

Nous donnerons les nôtres.

Le débat a plus d'intérêt qu'on ne pourrait le croire.

S'il n'y a sur la terre que des luttes de forces physiques, les assassins et les voleurs ne sont que des hommes politiques et des conquérants qui n'ont pas réussi... Cartouche et Lacenaire avec cent mille hommes auraient eu le droit pour eux... le bien serait la réussite !...

Les champions de pareille doctrine ont beau crier sur les toits qu'ils nous apportent une nouveauté, qu'ils ont découvert la véritable science !...

J'ai trouvé leur nouveauté dans la poussière des pagodes de l'Inde et des temples de l'Égypte, et quant à la véritable science, elle ne séparera jamais les forces morales des forces physiques, pour interdire l'étude des unes ou des autres.

La théologie scolastique faisait peu de cas des forces physiques.

Les naturalistes franco-allemands nient les forces morales, c'est dans l'ordre.

A une exagération spiritualiste on répond par une exagération matérialiste. Mais ce n'est pas ainsi qu'on fera la véritable science de l'homme : entre le prêtre qui ne voit que l'âme, et le médecin qui ne voit que l'enveloppe qu'il déchiquette avec son scalpel, je ne fais aucune différence.

La vérité n'est d'aucun côté dans les opinions extrêmes, et tous les raisonnements prétendus scientifiques n'empêcheront pas qu'il n'y ait dans l'ensemble de notre être des phénomènes de sensation physique et de perception intellectuelle, et que l'homme ne possède en dehors de toute convention sociale le sentiment du juste et du bien.

Étudions, caractérisons ces doubles phénomènes, sans avoir ni d'un côté ni de l'autre la prétention de dire le dernier mot, d'asseoir une science définitive.

Le jour où l'homme aurait surpris tous les secrets de son existence, nous pourrions dire en retournant la pensée du poëte : *que le Dieu tombé a regagné les cieux.*

CHAPITRE IV.

DE L'HOMME DANS LA TROISIÈME PÉRIODE DE SA VIE

Aprèsavoir terminé son noviciat et sa période comme père de famille.

LA VIE CÉNOBITIQUE DANS L'INDE.

« Lorsqu'après avoir terminé ses études le dwidja a accompli ses devoirs de père de famille pendant le temps prescrit, il doit suivant la loi se retirer dans la forêt pour vivre dans le renoncement de tous les biens de ce monde.

« Le personnage sanctifié, qui a passé sa vie dans l'étude des livres saints et qui se voit en sa vieillesse seul en sa maison, doit, pour se purifier et se rendre maître de ses sens, se retirer dans la forêt et y vivre selon la règle prescrite.

« Il est également permis au père de famille, bien qu'ayant des enfants, de se retirer dans la forêt pour y mener la vie cénobitique, mais seulement quand ses cheveux ont blanchi, que sa peau s'est ridée, et qu'il a sous les yeux les fils de ses fils. Renonçant à tout, qu'il confie sa femme à ses fils ou qu'il l'emmène avec lui.

« Que l'ermite emporte avec lui le feu consacré et tous les objets employés dans les sacrifices, qu'il quitte son village, la maison où il est né et se retire dans le désert pour y finir sa vie dans les privations.

« Qu'il offre les cinq grands sacrifices à Dieu, à la création, à la rédemption[1], à la mort, à la vie future avec les grains sauvages, les racines et les fruits, qui sont la seule nourriture permise aux personnages sanctifiés.

« Qu'il ne se vêtisse qu'avec l'écorce des arbres ou la peau des animaux, qu'il laisse pousser ses cheveux, sa barbe et ses ongles, et les poils de son corps.

« Qu'il trouve le moyen sur sa chétive nourriture de faire des aumônes, et qu'il offre de l'eau, des racines et des fruits à ceux qui viennent le visiter dans sa retraite.

« La lecture du Véda doit être sa principale occupation ; qu'il endure toutes les souffrances sans se plaindre, qu'il soit bienveillant, compatissant à l'égard des autres, qu'il donne toujours et ne reçoive jamais.

« Qu'avant de cuire sa nourriture, il l'offre à l'Être suprême

1. Par la mort et la seconde naissance.

suivant le mode Vitana, et qu'il renouvelle le sacrifice prescrit en l'honneur de la création chaque jour de la lune nouvelle.

« Qu'il ne manque jamais d'offrir le sacrifice des moissons à l'époque du grain nouveau, et accomplisse tous les quatre mois, aux changements de saison, les cérémonies consacrées.

« Avec les grains purs et les racines qui servent de nourriture aux saints personnages, et que l'on récolte au printemps et en automne, qu'il prenne soin lui-même de faire selon le mode prescrit les gâteaux destinés à être offerts sur la pierre du sacrifice.

« Après avoir offert à Dieu cette nourriture pure de la forêt, qu'il la mange avec le sel qu'il a ramassé, et cette nourriture purifie son âme et la fortifie.

« Il peut offrir ainsi et manger les graines potagères qui viennent dans l'eau et sur la terre, les fleurs, les racines, les fruits des arbres et l'huile produite par les fruits.

« Qu'il évite le miel, le beurre, la viande, les végétaux qui poussent sur les bois morts, et que dans le mois d'aswina — août — il jette toutes les provisions de grains, de racines qu'il avait faites, ainsi que ses vieux vêtements.

« Quand même il souffrirait de la faim, il doit s'abstenir de tout ce qui pousse dans les champs labourés, bien qu'il eût l'autorisation du propriétaire; il ne doit rien accepter non plus qui soit fabriqué par la main des hommes.

« Il peut manger ses aliments cuits ou tels qu'il les récolte sur la terre ou aux branches des arbres, et se servir de deux pierres pour les écraser.

« Il peut faire sa provision pour un an, pour six mois, pour un mois, pour un jour, mais il est mieux de ne ramasser ses grains que pour un jour.

« Il faut prendre sa nourriture tous les jours, soir et matin, mais il est mieux de ne manger qu'une fois tous les soirs, et même que tous les deux jours seulement.

« Les personnages qui sont arrivés au plus haut degré de sainteté, ont suivi les règles de la tchandryana, qui consiste à manger quinze bouchées le premier jour de la lune et d'aller en diminuant, de sorte qu'une seule bouchée soit mangée le quatorzième jour et que le quinzième soit consacré au jeûne. Il faut agir de même pour les quinze jours de la lune qui décroît.

« Pour observer strictement son devoir, le cénobite ne doit vivre que de fleurs et de racines sauvages, et de fruits tombés des arbres par eux-mêmes et que le temps a mûri.

« Que, pour prier, il se couche sur la terre nue ou se relève

sur les genoux, ou se tienne incliné sur les pieds, fuyant les positions agréables, et qu'il fasse ses ablutions trois fois par jour.

****

« Pendant la saison chaude, qu'il s'expose tout nu aux ar-
deurs du soleil ; pendant la saison des pluies, qu'il soit sans
abri contre les torrents d'eau qui descendent du ciel et des
montagnes, et pendant la saison froide, qu'il n'habite que des
lieux malsains et humides.

****

« Que trois fois dans le jour, après les ablutions prescrites,
il invoque le nom de l'Être suprême, soumette son corps aux
austérités les plus rigoureuses, et flagelle jusqu'au sang son
enveloppe mortelle.

****

« Arrivé à ce degré de mortification, qu'il éteigne le feu
consacré et se couvre de cendres, qu'il n'ait plus ni demeure
ni abri, ne vivant plus que de racines crues et de fruits
aigres.

****

« Exempt de tout désir sensuel, chaste comme un novice,
qu'il n'ait d'autre lit que la terre, d'autre habitation que le
pied des arbres.

****

« Qu'il ne demande l'aumône qu'aux autres anachorètes et
aux pères de famille à qui il est permis de se retirer dans la
forêt, et, si on lui offre quelque nourriture, qu'il n'en reçoive
pas plus que ce que contient une feuille ou le creux de la main.

****

« Celui qui a ainsi dégagé son corps de tout attachement

charnel, par l'étude des livres saints, la prière, les mortifications et l'aumône, peut attendre sans crainte l'heure d'être admis dans le séjour de Brahma.

« Lorsque l'anachorète a passé ainsi la troisième partie de sa vie, quand il ne lui reste que peu de temps à vivre, qu'il quitte la forêt voisine des lieux habités, pour se retirer dans les lieux déserts, incultes, habités seulement par les bêtes fauves ; qu'il embrasse la vie ascétique, renonçant même au souvenir de toute affection.

« Passant ainsi dans ce quatrième ordre, qui est le renoncement suprême à tout, l'homme est sûr, après sa mort, d'obtenir le plus haut degré de félicité.

« Après avoir été successivement brahmatchari — étudiant, élève en théologie, — grihasta — père de famille, — et vanaprastha — anachorète , — qu'il dirige son esprit vers le mokcha — la délivrance finale, — qu'il devienne sannyassi nirvany — pénitent nu[1].

« Mais celui qui, sans avoir accompli les devoirs prescrits, et payé les trois dettes de la vie, ambitionne le bonheur final, est précipité dans le naraca — enfer.

« Lorsqu'il a étudié le Véda et les commentaires de la sainte

1. Les Γυμνοσοφισταί des Grecs.

Écriture, qu'il s'est marié, a donné le jour à des fils, offert les sacrifices, les oblations et les cérémonies funéraires pendant le temps prescrit, alors il lui est permis d'envisager le mokcha et la délivrance finale.

« Après avoir accompli le sacrifice de pradjapati, qui est le renoncement à tout, après avoir éteint le feu des sacrifices, n'emportant qu'un bâton et une aiguière, qu'il s'éloigne des régions habitées, qu'il embrasse la vie ascétique, celui qui désire arriver resplendissant de gloire au séjour céleste.

« Qu'il soit toujours seul, sans autre compagnie que sa pensée, car pour obtenir le bonheur suprême il doit abandonner tout et être abandonné de tous, coucher sans vêtement sur la dure, ne parlant pas, fixant son esprit sur l'Être divin, tel est l'état dans lequel doit se trouver le saint personnage, deux fois régénéré, qui approche de la délivrance finale.

« Tout homme pour qui le Véda n'a plus de secret, qui ne craint pas la douleur et ne recherche pas la joie, qui quitte l'ordre des pères de famille pour passer dans celui des cénobites, réjouit les cieux qui resplendissent de lumière.

« Qu'il soit toujours seul, sans compagnon, car la félicité suprême ne se conquiert que dans la solitude; quand il a tout abandonné, c'est alors que les cieux ne l'abandonnent pas.

« Qu'il n'ait ni habitation, ni feu consacré, qu'il ne doive sa nourriture qu'au hasard; un pot de terre, les cavités des grands arbres pour demeure, les vêtements les plus misérables et une vie solitaire, tels sont les signes auxquels on doit reconnaître un brahme qui approche de la délivrance finale.

« Qu'il ne désire pas la mort, qu'il ne désire pas la vie ; ainsi qu'un moissonneur qui, le soir venu, attend péniblement son salaire à la porte du maître, qu'il attende que le moment soit venu.

« Qu'il purifie ses pas en regardant où il met le pied, qu'il purifie l'eau qu'il doit boire, afin de ne donner la mort à aucun animal, qu'il purifie ses paroles par la vérité, qu'il purifie son âme par la vertu.

« Qu'il supporte avec patience, et sans jamais les rendre, les mauvaises paroles, les injures et les coups ; qu'il se garde surtout de conserver de la rancune à qui que ce soit au sujet de ce misérable corps.

« Méditant avec délice sur l'âme suprême, n'ayant besoin de rien, inaccessible à tout désir des sens, sans autre société que son âme et la pensée de Dieu, qu'il vive ici-bas dans l'attente constante de la béatitude éternelle.

« Il ne doit jamais chercher à se procurer la subsistance, en expliquant les prodiges et les présages, ni au moyen de l'astrologie ou de la chiromancie, ni en donnant des préceptes de morale casuiste, ou en interprétant l'Écriture sainte.

« Qu'il ne se rende jamais dans les lieux fréquentés par les ermites du premier degré qui n'ont pas encore entièrement renoncé au monde.

« Qu'il fuie toute réunion, même celles où n'assistent que des brahmes, qu'il se garde sur son salut éternel de se rendre dans les lieux où l'on fait battre des oiseaux ou des chiens.

« Qu'il erre constamment dans la tenue prescrite avec un plat, une aiguière et un bâton, mettant tous ses soins à ne pas faire de mal aux êtres animés.

« Un plat de bois, une gourde, un pot de terre et une corbeille de bambou, tels sont les ustensiles d'un cénobite, autorisés par Manou ; il ne doit rien conserver en métal précieux.

« Lorsque la fumée ne s'élève plus dans l'air, que le charbon est éteint, que le bruit du pilon, retombant en cadence sur la pierre, ne se fait plus entendre, que les gens sont rassasiés, que les plats sont retirés, il est l'heure pour l'ermite de mendier sa subsistance.

« S'il ne reçoit rien, qu'il ne se désole pas ; qu'il ne se livre pas à la joie, s'il obtient quelque chose ; il ne doit songer qu'à soutenir sa maigre existence sans se réjouir ou s'affliger de la qualité et de la quantité des mets.

« Qu'il prenne peu de nourriture, c'est le meilleur moyen de maîtriser les organes des sens entraînés par la volupté, et c'est en maîtrisant ses sens que l'homme conquiert l'immortalité.

« Qu'il considère avec attention, pour mieux sanctifier sa vie, les transmigrations des hommes qui sont causées par leurs actions coupables, leur chute dans l'enfer, et les tourments qu'ils y endurent.

« Leur séparation de ce qu'ils aiment, la nécessité de supporter ce qu'ils détestent, la vieillesse et les maladies qui affligent l'humanité.

« Qu'il réfléchisse que l'Esprit vital, en sortant du grand Tout, subit dix mille millions de transformations avant de revêtir la forme humaine.

« Qu'il observe quels sont les maux incalculables qui résultent de l'iniquité, et les grandes joies qui naissent de la pratique de la vertu.

« Qu'il porte sans cesse son esprit sur les perfections et l'essence indivisible de Paramâtmâ, — la grande âme — qui est présente dans tous les corps, aussi bien dans les plus bas que dans les plus élevés.

« Qu'il sache bien qu'un atome est la représentation exacte du Tout.

« Que l'homme accusé faussement et à qui on a enlevé ses signes de caste et les insignes de son ordre continue à remplir ses devoirs ; porter les insignes d'un ordre n'est pas une preuve qu'on en remplit les devoirs, pas plus que le fruit du cataca, qui purifie l'eau, ne le serait si on se bornait à prononcer son nom sur l'aiguière.

« Que sans cesse, en marchant, le swayassi regarde de jour et de nuit avec précaution où il met le pied pour ne causer, autant que possible, la mort d'aucun animal.

« Les purifications et le parvaméda — petit sacrifice — ont été institués pour racheter la mort des petits animaux, qu'il fait mourir involontairement.

« Il doit, à cet effet, prononcer trois fois en retenant son haleine le mystérieux monosyllabe Aum! la prière de la sâvitri, et les trois paroles sacrées bhoûr-bhouva-swar.

« Ainsi que les impuretés des métaux sont détruites par le feu, ainsi les fautes que l'homme peut commettre sont effacées par la prière.

« Que le swayassi expie ses fautes par le recueillement, la méditation, la répression de tout désir sensuel, les austérités méritoires; qu'il détruise en lui toutes les imperfections opposées à la nature divine.

« Qu'il suive par la méditation la marche de l'âme dans ses différentes transformations, depuis le degré le plus élevé jusqu'au plus bas, marche que ne peuvent comprendre les hommes qui ne se sont pas perfectionné l'esprit par l'étude du Véda.

« Celui qui est doué de cette vue sublime n'est plus captivé par les actions d'ici-bas, celui qui est privé de cette vue parfaite, n'étant point assez purifié, est destiné à retourner dans ce monde.

« Ce corps, dont les os font la charpente à laquelle les muscles servent d'attaches, enduit de chair et de sang, recouvert de peau et contenant les excréments infects, soumis à la vieillesse, à la décrépitude, aux chagrins, aux maladies, et à des souffrances sans nombre, doit être laissé avec bonheur par le juste.

« Tout disparaîtra dans la pourriture terrestre, seules les bonnes actions et l'âme ne passeront point. Mais la demeure céleste ne s'obtient que par la méditation de l'essence divine, car aucun homme ne recueillera le fruit de ses efforts, s'il ne s'est élevé à la connaissance de l'Ame suprême.

« De même qu'un arbre abattu sur les bords d'une rivière suit le courant qui l'emporte, de même que l'oiseau rejette son nid et s'élève vers les cieux, de même l'homme s'élèvera au séjour de Brahma, en rejetant son enveloppe périssable.

« Lorsque, par sa connaissance intime du mal et son iden-
tification avec la vertu, le sannyassi obtient la félicité éternelle, il s'élève jusqu'au séjour de l'immortel Brahma, qui
existe de toute éternité.

« Affranchi de toute affection et de tous désirs mondains,
insensible à tout, il est absorbé pour toujours dans l'Ame universelle où il jouit d'une félicité sans égale.

« Tout ce qui a été dit et enseigné ne s'obtient que par la
méditation sur l'essence divine ; nul parmi ceux qui ne s'élèvent pas jusqu'à la connaissance de la grande Ame ne peut
espérer de parvenir au séjour céleste.

« Que le sannyassi récite constamment les parties du Véda
qui concernent les sacrifices, celles qui ont rapport à l'Ame
suprême, aux divinités, et observe tout ce qui est déclaré dans
le Védanta.

« La sainte Écriture est un refuge assuré pour ceux qui l
comprennent et pour les esprits faibles qui ne la comprennent
pas; tous ceux qui la lisent, sachant que c'est la parole de
Brahma, arriveront à une éternité de bonheur.

« C'est ainsi que le brahme qui embrasse la vie ascétique
selon les règles qui viennent d'être déclarées se dépouille pour
toujours de tout péché et se réunit à la divinité.

« Ainsi vous avez appris quels sont les devoirs imposés aux contitcharas, aux bahoudacas, aux housas et aux paramahousas, qui sont les quatre classes de brahmes sannyassis — ermites.

« Le novice, l'homme marié, l'anachorète, le prêtre et le dévot ascétique forment cinq classes qui tirent leur origine du père de famille.

« Le brahme ne peut parvenir à la condition suprême sans passer successivement par tous ces ordres, conformément à la loi.

« Parmi tous ces ordres, le père de famille qui connaît et observe tous les préceptes de la srouti et de la smriti [1] est supérieur à tous les autres ordres, car c'est de lui que procèdent les autres.

« De même que toutes les rivières et tous les fleuves vont se confondre dans l'Océan, de même tous les hommes de toutes les classes viennent s'absorber dans le sein de la divinité, mais le cénobite et le dévot ascétique sont les seuls qui n'aient pas besoin de la purification funéraire par les sacrifices prescrits.

« Les dwidjas qui appartiennent à ces quatre ordres doivent toujours, avec le plus grand soin, pratiquer les dix vertus qui composent le devoir.

1. Révélation et tradition.

« Écoutez, ô hommes, quelles sont les vertus dont la pratique vous est recommandée pour obtenir sûrement un bonheur éternel au céleste séjour.

« La résignation, — *l'action de rendre le bien* pour le mal, — la tempérance, — la probité, — la pureté, — la chasteté et la répression des sens, — la connaissance de la sainte Écriture, — celle de l'Ame suprême, — le culte de la vérité, — l'abstinence de la colère, telles sont les dix vertus en quoi consiste le devoir.

« Les brahmes qui, étudiant ces préceptes et les éclairant par les lumières de la sainte Écriture, y conforment leur conduite, parviennent à l'immortalité dans le séjour de Brahma.

« Tout dwidja qui met tous ses soins à pratiquer ces dix vertus, qui connaît le Véda et les commentaires du Védanta, qui, en toutes choses, se conduit d'après les prescriptions de la loi, et qui a acquitté ses trois dettes [1], peut renoncer entièrement au monde et ne plus vivre que dans la contemplation des perfections éternelles.

« Se désistant alors de tous les devoirs du père de famille, abandonnant alors la direction des sacrifices et l'accomplissement des cinq oblations, ayant effacé toutes ses fautes par les

1. Brahmatchari-grihasta-vanaprastha.

purifications prescrites, réprimé ses organes, et compris toute
l'étendue du Véda, qu'il s'en remette à son fils du soin de
toutes les cérémonies et pour l'offrande des repas funéraires.

*
* *

« Après avoir ainsi abandonné toute pratique pieuse, tout
acte de dévotion austère, appliquant son esprit à la contemplation unique de la grande cause première, exempt de tout
désir mauvais, son âme est déjà sur le seuil du swarga, alors
que son enveloppe mortelle palpite encore comme les dernières lueurs d'une lampe qui s'éteint.

*
* *

« Tels sont les différents états par lesquels doivent passer
les brahmes, et les règles de conduite qu'ils doivent s'imposer
s'ils veulent arriver au terme de leurs transmigrations dans le
séjour de l'immortel Swayambhouva. »

(Manou, liv. VI.)

Nous en avons fini avec ces textes véritablement extraordinaires sur les primitives traditions religieuses et sociales des
Indous, traditions qui, en se transformant suivant les temps et
les milieux, ont inspiré les sociétés anciennes et dominent
encore les civilisations modernes.

Chaque strophe, dont on ferait le commentaire en suivant à
travers les âges les coutumes auxquelles elle a donné naissance, demanderait des développements hors de proportion
avec les bornes d'un volume. Notre thèse n'a pas besoin du
reste d'une étude complète de détail. Il nous suffit, pour prouver que toutes les prétendues traditions originales des Touraniens et des Sémites sont d'origine indoue, de signaler le texte
qui leur a donné naissance sur les bords du Gange, et d'indi-

quer la route parcourue du fleuve sacré des brahmes aux rives de l'Euphrate et du Jourdain.

Après avoir comparé les traditions générales, et pour montrer quel admirable travail historique et ethnographique la science pourra faire peu à peu sur Manou le jour où l'on voudra bien créer une école de sanscrit dans l'Inde, nous prendrons bientôt quelques-unes de ces coutumes, traditions et légendes que nous suivrons dans leurs transformations jusqu'au seuil des temps modernes.

CHAPITRE V.

LA TRADITION DU MANAVA-DHARMA-SASTRA.

Nous supplions nos lecteurs de lire, avec la plus grande attention, les trois passages de Manou dont nous venons de donner la traduction, faite sous la direction d'un des plus savants brahmes du sud de l'Indoustan, sur les manuscrits des pagodes de Willenoor et de Chelambrum. Il n'est pas, croyons-nous, dans le monde une coutume religieuse, une cérémonie, un sacrement ou sacrifice funéraire, une prescription morale élevée, une superstition même, qu'on ne puisse rencontrer dans ces curieuses ordonnances du plus ancien législateur dont l'œuvre nous soit parvenue. Nous allons pouvoir maintenant dresser le bilan exact de la tradition brahmanique.

Notre traduction présente de notables différences dans les détails avec celle de William Jones, et par conséquent avec celle de Loiseleur-Deslongchamps, qui n'est qu'une copie textuelle de la traduction du grand indianiste anglais; mais, comme fond de doctrine, les deux traductions sont tellement identiques qu'il serait indifférent de se servir de l'une ou de l'autre, si l'on restait sur le terrain des principes et de la tradition pure.

Les différences de détail que je signale, sans importance à ce point de vue, en ont une énorme sur le terrain ethnographique. Le sud de l'Indoustan, où nous avons étudié, a échappé à l'influence directe des invasions musulmanes, ses temples, ses pagodes sont restés debout, ses bibliothèques ont été préservées de toute destruction, la chaîne des traditions ne s'est jamais interrompue. Dans le nord, au contraire, croyances, coutumes, traditions religieuses et philosophiques, culte extérieur, tout a été détruit, tout s'est nivelé sous le fanatisme des Mogols, et lorsque après des siècles de servitude les Indiens du nord obtinrent de se livrer ouvertement à l'exercice du culte de Brahma, il ne leur restait plus ni livres sacrés, ni temples pour prier ; ils avaient oublié la vieille langue de leurs pères, et furent obligés d'envoyer des députations dans le sud pour y faire copier les *Védas*, *Manou*, le *Védanta* et tous les ouvrages de théologie et de science orthodoxe. Beaucoup de ces copies furent mal faites ; la plupart, tout en respectant servilement tout ce qui touchait à la doctrine, introduisirent des changements dans les formes des sacrifices, les heures où on devait les offrir, la composition des mets qui devaient être offerts aux dieux et aux mânes, et la manière d'offrir le srâddha ou sacrifice funéraire, etc... dans le but de mettre tout cela en harmonie avec les mœurs nouvelles, qui par l'esclavage sous le sabre des fils d'Hayder-Ali, et la suppression de tout culte public, s'étaient peu à peu, par la force de cette situation, développées dans le nord de l'Inde.

Les modifications apportées par les musulmans sur les bords du Gange furent tellement profondes, qu'aujourd'hui, où leur liberté religieuse n'est plus en jeu, les Indous du Bengale ne construisent plus de temple, les fidèles ne se réunissent plus par grande masse, chaque famille continue à adorer ses dieux dans l'intérieur de son habitation, ou comme au temps où il était défendu de prononcer le nom de Brahma sous peine de mort.

C'est donc à bon droit que le sud de l'Indoustan est aujourd'hui considéré par les brahmes comme la terre sacrée, et comme le lieu où traditions et manuscrits ont été conservés dans toute leur pureté.

William Jones, qui, le premier, a soulevé le voile qui couvrait le merveilleux passé brahmanique, n'a eu en sa possession que les copies du Bengale, trop souvent modifiées, dans le but de mettre le culte et les cérémonies en harmonie avec les mœurs locales.

Nous ne pensons donc pas, et cela avec tous les brahmes savants du sud de l'Inde, que le texte suivi par cet indianiste puisse être considéré dans toutes ses parties, comme un texte original de Manou.

Il y a au surplus dans l'Inde entière, nous avons déjà eu l'occasion de le dire, d'après les renseignements fournis par l'académie indoue de Trichnopoli, environ trois cent cinquante textes de Manou qui diffèrent non comme doctrine, mais comme détails de cérémonies et de sacrifices. Loin de nuire à l'authenticité de Manou, ces copies, par leurs détails de mœurs et de cultes différents, indiquent époque par époque, siècle par siècle, le moment exact où elles ont été transcrites.

La doctrine étant la même partout, le travail de reconstitution sera facile quoique long; il suffira de dégager de chaque copie le commentaire, et de lui assigner sa date. Hâtons-nous de dire que ce travail d'érudit, très-utile pour décider de l'antiquité de telle ou telle cérémonie, de telle ou telle coutume, n'ajoutera ni n'enlèvera rien aux traditions et aux prescriptions religieuses et morales de Manou.

La tradition du Manava, nous n'hésitons pas à le dire, a été la source de toutes les traditions du monde actuel, la véritable genèse de la race blanche. Au sommet se trouve un dieu unique, *Swayambhouva*, existant par lui-même, immense foyer générateur de la vie, qui lance autour de lui dans l'espace, comme le soleil ses rayons, les quantités innombrables de mondes et d'êtres animés qui peuplent l'infini.

Ces atomes, ces êtres, ces mondes se modifient, se transforment, progressent, se purifient et remontent jusqu'au *centre immortel de vie et de lumière*. Au fur et à mesure qu'ils s'en rapprochent, ils deviennent plus parfaits, et, sous le nom de dieux, demi-dieux, anges, séraphins, saints, sont les agents les plus actifs de transformation des mondes inférieurs.

Mais comment Dieu a-t-il créé le premier atome ? En unissant sa double nature, mâle et femelle, il produit de lui-même un germe céleste, l'immortel viradj, fils de dieu et père de la nature entière.

Les êtres que Swayambhouva fait rayonner dans l'univers entier, émanations de sa propre puissance vitale, ne peuvent revenir à lui que purifiés, voilà le principe général, auquel rien dans la nature ne pourra se soustraire.

Nous ne nous étendrons pas longuement sur ces primitives fictions religieuses que nous avons suffisamment étudiées dans nos précédents ouvrages ; constatons une fois de plus :

Que la religion indoue débute par l'unité : Brahma Swayambhouva ;

Qu'elle se développe par le dualisme et l'union des deux principes mâle et femelle de Brahma, Nara et Nari ;

Que l'union de Nara le père et Nari la mère produit le fils Viradj ;

Et que la création s'opère par la trinité Brahma ou Nara le père, Nari la mère, Viradj le fils.

L'unité engendre le dualisme, et le dualisme la trinité.

L'homme est créé exactement *à cette image et à cette ressemblance*, et rien ne ressemble à la trinité céleste :

Nara le père — Nari la mère — Viradj le fils, comme la constitution de la famille humaine, trinité touchante qui se compose du père, de la mère et de l'enfant.

Tous les animaux et la plupart des plantes ne se reproduisent que par la trinité.

De là la faveur dont a joui le nombre trois, ses multiples et ses nombres impairs, dans toute l'antiquité.

« La monade initiale a engendré la monade seconde, leur union a produit la troisième, et c'est cette triade qui brille dans la nature entière... »

Disaient les prêtres de la Chaldée et de l'Égypte, héritiers des brahmes, en commençant l'éducation de l'initié.

Cette trinité se trouve au seuil de toutes les religions anciennes et modernes, même chez les juifs ; les manifestations les plus anciennes de cette idée nous étant données par Manou, il est impossible d'admettre que les autres peuples ne les aient pas reçues de l'Inde, à moins de soutenir, comme les catholiques le font aujourd'hui, qu'elles soient le fruit d'une révélation primitive, commune à tous les peuples.

Nous n'insistons pas sur cette singulière opinion qui ne voit le doigt de Dieu et la révélation partout que dans l'intérêt du prêtre et de l'autel.

Après ces théories générales sur Dieu, la création et les évolutions des êtres, Manou prend l'homme, la créature la plus parfaite de ce monde, et le dirige depuis *la conception*, selon lui la véritable époque de la naissance, jusqu'à *la mort*, qui, d'après les Védas, n'est qu'une nouvelle naissance en Dieu.

Entre la naissance et la mort, Manou distingue cinq périodes particulières d'existences : 1° la conception, 2° l'enfance, 3° le noviciat ou l'étude des sciences divines et humaines, 4° l'état de père de famille, 5° celui d'anachorète se préparant à la mort. Dans aucun de ces états l'homme ne peut se sanctifier sans le secours d'en haut, et la grâce céleste — *carma*. — Pour cela Manou institue les sacrements — *sanscaras*.

1° Le fœtus conçu reçoit dans le sein de sa mère le *sanscara* de purification par les oblations au feu.

2° L'enfant reçoit les deux *sanscaras* de l'ondoiement et de la tonsure.

3° Le novice reçoit par l'investiture du cordon et de la ceinture le sanscara de l'oupavayana, sacrement qui confirme les purifications qu'il a déjà reçues, et qui l'introduit dans la classe des adolescents et des novices par l'initiation aux premières vérités révélées.

4° L'homme fait reçoit le sacrement du *snâna*, qui le fait entrer dans l'ordre des pères de famille, avec le *sanscara* du mariage.

5° Dans le cinquième état, l'homme ne vit plus que dans la contemplation de Dieu et la méditation de la sainte Écriture ; il prépare sa transformation et veille à ce qu'aucune souillure grave ne le fasse descendre dans un degré inférieur de transmigration. A sa mort il reçoit le dernier *sanscara* de purification par la cérémonie funéraire du srâddha.

Purifié il monte au swarga — ciel — où il jouit d'un immortel bonheur.

Mort en état d'impureté légère, il vogue dans les cieux inférieurs, d'où les prières, les sacrifices pieux peuvent le tirer rapidement.

En état d'impureté grave, il descend au naraca — enfer — lieu de souffrances terribles, où son corps et son âme sont soumis aux plus affreuses tortures. La purification achevée dans le naraca il revient à la vie, et recommence par le degré infime que lui ont mérité ses fautes, ver, poisson, bête fauve, etc., toute la grande série des transmigrations, jusqu'à ce qu'il ait regagné la forme humaine, et que s'étant enfin purifié dans cet état il puisse remonter à Dieu.

La loi qui doit diriger l'homme dans la vie procède de la révélation et de la tradition, qui sont d'après Manou les deux seules et uniques sources de toute science. Chaque fois que la

méchanceté conduit l'homme à oublier son origine et ses devoirs, à ce point que l'humanité semble faire un retour vers
la brute, Dieu vient sur la terre, par incarnation dans le sein
d'une vierge, rappeler ses créatures au culte des vérités im-
mortelles qu'il a déposées dans la conscience de tous.

Telle est en substance la tradition qui se dégage du *Manava-Dharma-Sastra*, tradition qui se retrouvant au berceau
de tous les peuples permet de leur assigner l'Inde comme
berceau.

Nous le demandons aux inventeurs du touranisme et du sémitisme... est-il une seule des croyances assyriennes ou hébraïques dont le principe, dont l'origine ne se retrouve dans
Manou? et non pas seulement par allusion, mais caractérisée,
définie et logiquement expliquée?

Nous mettons au défi qui que ce soit de nous en citer une
qui ne se rattache à l'Inde de toute antiquité... Si un seul des
versets de Manou était retrouvé gravé sur une pierre enfouie
dans les sables de la Palestine, — le suivant, par exemple, que
nous cueillons au hasard, — ne ferait-il pas une révolution dans
le monde savant?

« Après avoir fait le tour du feu selon le mode prescrit, que
le brahme officiant répande avec la main des sacrifices, l'eau
des libations sur la flamme; l'eau qui s'élève en vapeurs au
milieu des prières purifie les âmes des ancêtres, puis retombant en pluie donne naissance aux végétaux et aux animaux. »

Tout ce qu'il y a de sémitologues dans le monde écrirait son
mémoire ou son volume sur ces cinq lignes, qui dans un ma-
nuscrit sont à peine connues des orientalistes.

La raison en est simple.

Dans les castes scientifiques, le savant n'est pas celui qui *sait*, c'est celui qui reconstitue toute une civilisation perdue sur une inscription à demi effacée.

Vous trouverez par milliers des gens qui iront chercher des tessons de pots dans les ruines de Ninive, les sociétés savantes enverront des commissions à la recherche des ruines de Troie qui n'a jamais existé que comme écho de la tradition indoue, du siége de Lanka et de l'enlèvement de Sita, femme de Rama, par Ravana.

Vous trouverez des remueurs de sable, des déchiffreurs d'inscriptions... Je vous mets au défi, vous qui me lisez, quelle que soit votre puissance, de faire fonder dans l'Inde une école de sanscrit dans laquelle les meilleurs élèves de l'École normale sortants iraient passer dix ans dans l'étude de l'Inde ancienne.

Les savants officiels n'en veulent pas, parce que ce serait la ruine de la science officielle, l'anéantissement de leurs traditions sémitiques, touraniennes, accadiennes, sumériennes, kasdéennes, protokasdéennes, kasdéo-scythiques, dans lesquelles chacun se complaît, se fait sa petite place et invente des peuples dont l'existence cadre avec ses systèmes... Ils n'en veulent pas, parce qu'avant dix ans la méthode des sciences historiques et ethnographiques serait trouvée et acclamée par tous, parce qu'en face des milliers de preuves récoltées, l'histoire des races se ferait par l'histoire logique de la filiation de leurs idées, et que l'Inde apparaîtrait comme le réel berceau du genre humain.

Et cette hostilité voulue, raisonnée, de certains savants contre les études indianistes faites sur les lieux mêmes où s'est développée la civilisation brahmanique, a pour alliée fidèle toute la puissance du cléricalisme qui ne veut pas qu'on aille fouiller les temples où sont nés les mystères.

Pour nous, nous n'avons qu'une chose à répéter à nos lecteurs : Lisez et relisez ces passages de Manou, et dites-nous s'il peut rester un doute dans vos esprits sur l'origine de toutes les traditions orientales que l'on prétend nées sur les bords du Jourdain ou de l'Euphrate. Quant aux traditions européennes, nul n'ose plus contester qu'elles ne viennent des bords du Gange.

Nous avons vu tous les assyriologues d'accord sur ce point, que la civilisation chaldéo-babylonienne était étrangère aux rives de l'Euphrate, et qu'elle avait été apportée par une foule de peuplades parlant des idiomes différents.

Trouvez-vous dans le monde ancien, en dehors de l'Inde, un seul pays qui puisse fournir cette foule de peuplades parlant des langages différents, et cependant unies par des croyances religieuses, des coutumes et des mœurs identiques ?

Les Védas et les Manou existent en trente-deux dialectes différents, et cela de toute antiquité.

Dites-nous quelle est en dehors de l'Inde la nation qui présente dans les temps anciens un phénomène ethnographique aussi extraordinaire.

Qu'est-ce que le Touran, où vous faites naître cette civilisation merveilleuse, dont les lambeaux transportés par des peuplades pastorales auraient donné naissance à la société chaldéo-babylonienne?

Une contrée désolée, asile de brigands nomades, où aucune nationalité n'a jamais pu se former, se développer, et où on ne trouverait pas un vestige, une ruine attestant qu'un passé quelconque est enfoui par là. Les traditions de l'histoire ne sont pas moins absentes de ces contrées que les vestiges matériels de civilisation ; la situation climatérique et le peu de fertilité de ces vastes plaines, en dehors des rives de l'Oxus, relègue dans le domaine du rêve vos Accadiens et vos Sumériens comme ancêtres de la civilisation babylonienne.

Allons, messieurs, il n'y a plus qu'un pas à faire. Traversez donc l'Indus... et si les sémitologues et les hébraïsants vous disent, comme M. Halévy : Citez, je vous prie, une croyance, une coutume, etc., que l'Inde nous ait transmise,

Vous ouvrirez les Védas et Manou... et il n'y aura plus de sémitisme dans la science.

CHAPITRE VI.

ORIGINE DES PEUPLES DITS SÉMITIQUES ET TOURANIENS.

———

UN TEXTE DE MANOU.

La circoncision et l'écriture de droite à gauche.

Nous venons de dire que l'histoire des différents rameaux
de la race blanche, dans lesquels nous comprenons tous les
peuples à cheveux plats, car tous possèdent les mêmes traditions d'origine, devrait se faire par l'histoire de ces traditions
et l'étude approfondie de la filiation de leurs idées. C'est là le
véritable axiome de l'avenir pour les sciences ethnographiques.
Les études de linguistique pure qui tiennent actuellement la
tête dans les méthodes des savants franco-allemands, seront
rejetées au second plan, le seul qu'elles doivent occuper, à
moins qu'on ne veuille mettre la statue au-dessous du ciseau,
l'idée au-dessous du son phonétique qui la rend, et qu'on ne
fasse la pensée esclave du mot...

Les esprits stériles qui, par incapacité de se distinguer sur
le terrain des conceptions humanitaires, lesquelles, en histoire,
en philosophie, en politique, ont fait la gloire de l'esprit français, se sont mis à la remorque des Allemands pour éplucher

des racines et extraire des radicaux, auront beau faire, on leur rira encore longtemps au nez sur les rives de la Seine, lorsqu'ils viendront, à la remorque de l'épais Max Muller, nous dire *que tout le passé mythologique, philosophique et religieux de l'antiquité n'est que le produit d'une métaphore qu'on a pris mal à propos dans le sens propre, que toutes ces fictions symboliques ne sont que des excroissances produites par des maladies du langage* (sic), des manières de phylloxeras rongeant les racines des mots... *Risum teneatis!*

Nous vous l'avons déjà dit, messieurs, épaississez autant que vous voudrez le monde, pour mieux emprisonner la pensée. Comme la bulle d'air brisant le tube qui la comprime, pour reconquérir la liberté et les espaces infinis, la pensée, l'intelligence, la vie s'échapperont malgré vous de l'enveloppe matérielle où vous pensez les étouffer.

Nous ne pouvons aborder toutes les questions de détail que soulèvent les curieux textes de Manou que nous venons de donner. Après avoir indiqué l'idée générale qui s'en dégage, et pour montrer quels travaux admirables de reconstruction ethnographique les livres sacrés de l'Inde permettront de faire quand ils seront mieux connus, nous allons étudier deux des coutumes les plus curieuses de l'ancienne société brahmanique, coutumes que nous retrouvons également chez les peuples *dits sémitiques*, et dont parle Manou dans le sloca suivant, à propos des personnes qui ne doivent pas être invitées aux cérémonies funéraires.

« Ceux qui ont été circoncis, et qui se trouvent ainsi rejetés dans l'impure caste des tchandalas, ceux qui font métier de sacrifier pour les soudras, ceux qui ne peuvent lire que de droite à gauche, ne doivent pas être priés aux cérémonies funéraires. »

La division du peuple en quatre castes : les brahmes, les

xchatrias, les vaysias et les soudras, fit naître dans l'Inde un droit pénal dont nous retrouvons des vestiges chez toutes les nations de l'antiquité et même dans les codes modernes. Cette forme de pénalité s'appela, dans l'Inde, le rejet de la caste.

A Athènes, le bannissement avec privation de ses droits de citoyen.

A Rome, *la diminution de tête.*

Dans les codes modernes, la mort civile.

Par le rejet de la caste, l'homme perdait dans l'Inde non-seulement ses droits sociaux, mais encore ses droits naturels. Il n'était plus rien non-seulement pour les gens de son village et de sa caste, mais encore pour sa femme, ses enfants et tous ses parents. Du jour où le rejet de la caste était prononcé, sa succession était ouverte.

On lui interdisait l'eau, le riz et le feu, non qu'il ne conservât le droit de se nourrir, mais il était défendu à qui que ce fût, sous peine de subir la même flétrissure, de lui fournir aucun de ces objets, d'exercer à son égard les droits de l'hospitalité.

Le tuer n'était pas un crime.

La société indoue n'avait pas encore inventé la prison, les tortures, la mort... elle resta stationnaire pendant plusieurs milliers d'années devant ce mystérieux problème de la vie sans oser y toucher, n'admettant d'autre droit pour la société que celui de chasser de son sein celui de ses membres qui refusait de se soumettre à ses lois.

Cette coutume engendra bientôt toute une catégorie d'individus qui reçurent le nom de *tchandalas* ou *gens des classes mêlées.*

Les parias actuels descendent des tchandalas.

Lorsque l'Indou était frappé par un arrêt de rejet de caste, il n'entraînait pas dans sa chute, à moins de complicité, sa femme et ses enfants ; mais si ces derniers voulaient par dévouement le suivre dans sa disgrâce, ils étaient dégradés par ce seul fait et rejetés dans la classe impure, de même tous les enfants qui lui naissaient, soit de sa femme, soit d'unions passagères, appartenaient à la classe des tchandalas.

Cette classe n'avait aucune existence légale. La loi ne reconnaissait pas plus les liens de parenté de ses membres que ceux des animaux; les malheureux décastés étaient moins protégés même que ces derniers, puisqu'on pouvait les blesser et les mettre à mort impunément.

Comme toutes les races abandonnées à la vie de nature, les tchandalas se développèrent avec une extraordinaire rapidité. Issus des criminels de toutes les castes, même des castes brahmes et xchatrias, ils ne tardèrent pas à former un ensemble beaucoup plus intelligent, plus capable que la moyenne des soudras et même des vaysias; peu à peu, ils se réunirent en villages dans les contrées incultes et jugées inhabitables jusqu'alors; ils cultivèrent la terre, élevèrent des troupeaux, et chacun ayant conservé la caste précédemment possédée dans la société qui les avait chassés, ils ne tardèrent pas à former une petite nation, s'élevant à côté de la grande et sur son modèle, et ayant elle aussi ses brahmes, prêtres, ses xchatrias, chefs, ses vaysias, négociants, et ses soudras, cultivateurs. Les plus anciens historiens indous, Vina-Snati et Veda-Vyasa par exemple, leur attribuent l'*invention de la brique*.

Les brahmes ne pouvaient accepter cette situation qui devait infailliblement conduire à des luttes séculaires le jour où les tchandalas seraient assez forts pour braver ceux qui les avaient rejetés de leur sein.

La persécution commença.

Un premier édit du brahmatma Yati-Richi défendit à tous les gens *des classes mêlées* d'habiter dans les villages.

Ils se firent nomades et vécurent avec leurs troupeaux, mais sans s'éloigner du centre commun de ralliement, c'est-à-dire de leurs fours à briques. Ils continuèrent à se développer et à croître avec une extraordinaire rapidité.

Toutes les provinces de l'Inde avaient leurs tchandalas gouvernés par ceux d'entre eux qui étaient d'origine brahme et xchatria. De plus, quoique parlant des langages différents suivant les latitudes, tous les groupes tchandalas possédaient les mêmes mœurs, les mêmes croyances que les Indous, car les brahmes chassés de leur caste avaient doté les classes mêlées d'un culte et d'une discipline religieuse semblables à ceux des castes régulières. Bientôt ils se hasardèrent à bâtir quelques modestes édifices en terre et pierre sèche, servant de pagodes et d'écoles... Malgré tous les obstacles, malgré la loi civile et religieuse, une nouvelle nation se formait dans la nation.

Le brahme Vamana, le vainqueur de Prithou, homme intelligent autant qu'habile, conseillait à l'artaxchatria Aristanata, dont il avait consolidé le trône par ses victoires, d'admettre tels quels dans les castes tous les groupes tchandalas et de leur restituer les droits dont avaient joui leurs ancêtres. Si cet avis eût prévalu, toutes les persécutions et les révolutions serviles qui ensanglantèrent l'Inde pendant des siècles eussent été évitées. Mais déjà, à cette époque, la logique, la justice et le sens commun étaient de peu de poids dans les conseils du gouvernement, et l'on ne songea à se défendre des tchandalas qu'en leur infligeant les plus odieux traitements.

Environ huit mille ans avant notre ère, l'artaxchatria — grand roi — Pratichta lança contre eux l'édit connu dans l'Inde sous le nom de Arta — l'acte juste, par lequel il leur défendit l'exercice du culte de Brahma et la lecture des Védas.

Voici cet acte que nous avons traduit de l'Avadana-Sastra ou recueil des récits historiques.

« Manou a dit : les tchandalas naissent de l'adultère, de

l'inceste et du crime. Ils ne peuvent avoir pour vêtements que les habits des morts, pour plats que des pots brisés, pour parure du fer, pour culte que celui des mauvais génies et qu'ils vaguent sans cesse d'un lieu à un autre.

Les sages ont de tous temps confirmé ces décisions. Il est interdit aux tchandalas *de faire aucunes cérémonies funéraires en l'honneur des mânes des ancêtres, de se réunir en villages, d'observer entre eux les différences de castes et d'y attacher des priviléges, d'offrir les sacrifices et les oblations à l'eau et au feu, de faire les ablutions prescrites.*

Il leur est interdit *de prononcer le nom de Brahma l'être existant par lui-même, et le mystérieux monosyllabe, de lire, de copier et d'enseigner le Véda, d'écrire de gauche à droite, qui est le mode réservé aux hommes vertueux des quatre castes et pour la transcription de l'Écriture sacrée.*

Pour les actes entre eux, ou constater les louages de service pour l'enlèvement des immondices et des cadavres en putréfaction, et pour leurs marchés de briques, il leur est interdit d'écrire de la main droite et autrement que de droite à gauche. La main droite est la main pure réservée aux sacrifices aux dieux et aux oblations que les gens des castes reconnues ont seuls le droit d'offrir.

« Que cela soit sous peine de mort.

« Telle est la loi. »

Ces distinctions de main droite et de main gauche, et d'écriture de gauche à droite et de droite à gauche, sont encore observées dans toutes les provinces du sud de l'Inde, bien que les castes se soient multipliées à l'infini ; les castes supérieures les ont imposées aux castes inférieures, et un paria qui voudrait les transgresser aujourd'hui se ferait assommer par les gens de bonne caste. Retenons bien ce fait :

De l'interdiction de la main droite et de l'écriture de gau-

*che à droite, faite aux gens des classes mêlées par Mânou et
'édit de Pratichta.*

Nous aurons bientôt l'occasion d'y revenir.

Rien n'y fit : les tchandalas se bâtissaient des cases de feuillage qu'ils renversaient à la moindre alerte, vivaient et priaient en commun, fabriquaient des ouvrages de poterie et des briques qu'ils allaient vendre aux abords des cités, car l'entrée leur en était interdite, et le besoin de leur aide était tel pour cet ouvrage pénible, qu'un karana (bulle, rescrit, ordonnance) du bramatma Yati-Richi avait déclaré :

« Qu'il était permis *de se servir de la brique fabriquée par les hommes des classes mêlées*, car la terre était si pure qu'elle ne pouvait être souillée par l'attouchement des tchandalas. »

(Avadana-Sastra, 1re partie.)

Enfin ces pauvres proscrits, par tous les moyens dont ils pouvaient disposer, reconstruisaient peu à peu entre eux le pacte social déchiré par leurs ancêtres.

Ils n'avaient pas le droit de posséder la terre, aussi la vente des objets qu'ils manufacturaient, leur vie sobre, leurs économies de plusieurs siècles, finirent par concentrer dans leurs mains une partie de la richesse monnayée de l'Indoustan. Malgré l'interdiction de l'eau, du riz et du feu qui pesait toujours sur eux, ils parvenaient à se procurer, en secret, le riz, le safran, et tous les objets nécessaires à leur nourriture et à la toilette de leurs femmes. Ils s'étaient rapprochés des villes, aux cases en feuillage avaient succédé des abris en briques construits sur un autre modèle que celui de leurs oppresseurs, pour ne pas exciter leurs persécutions. Insensiblement ils ruinaient les bases légales de leur proscription. En deux mille ans, ils étaient arrivés à former presque le tiers de la nation, et le jour approchait où il allait être nécessaire de compter avec eux, lorsque, sous l'artaxchatria Agastya, la persécution recommença avec de telles rigueurs, qu'en quelques mois ils furent rejetés dans la condition misérable que la loi leur avait primitivement faite.

Les montagnards de l'Himalaya ayant, pour la seconde fois, fait irruption dans les plaines de l'Indoustan, et détruit Asgartha, la ville du soleil, Agastya, après avoir été à deux doigts de sa perte, finit par les anéantir, et jugea l'occasion bonne pour s'emparer de toutes les richesses amassées par les tchandalas. Il accusa ces derniers d'avoir favorisé les envahisseurs et rendit coup sur coup une série d'édits qu'il fit exécuter par ses soldats.

Le premier, connu sous le nom de karana-karaya, l'édit d'impôt royal,

« Confisque tout ce qui sera trouvé en possession des tchandalas, par ce motif qu'ils n'avaient pas le droit de rien posséder. »

(Avadana-Sastra, 1re partie.)

Le second, appelé karana–kuhanaya, l'édit sur les choses de terre cuite,

« Ordonne que les tchandalas soient désormais employés uniquement aux travaux de briques et de poterie, pour le compte des vaysias dont ils deviennent les esclaves; et que, divisés en escouades, ils soient immédiatement employés à entourer les villes de murs en briques, à construire des pagodes et des forteresses sans autre salaire que leur nourriture. »

(Avadana-Sastra, 1re partie.)

Le troisième, appelé karana-munkundakaya, l'édit sur les légumes impurs,

« Ordonne que la seule nourriture qu'il sera permis de leur donner consistera en ail et oignons (munkundaka, oignon), les livres sacrés défendant qu'il soit donné aux tchandalas ni grains, ni fruits portant grains, ni feu ni eau. »

(Avadana-Sastra, 1re partie.)

La même ordonnance porte :

« Qu'ils ne pourront prendre de l'eau pour leur subsistance, ni dans les fleuves, ni dans les sources, ni dans les étangs, mais seulement aux abords des marécages et des abreuvoirs, et dans les trous faits dans la vase par les pas des bestiaux. »

(Id.)

Défense fut faite également :

« De laver leur linge et de faire leurs ablutions, l'eau croupie, qui leur était concédée, ne devait être employée qu'à éteindre leur soif. »

Il fut interdit aux femmes soudras d'accoucher les femmes tchandalas, et à ces dernières de s'aider entre elles, etc...

(Avadana-Sastra, 1re partie.)

On aurait de la peine à ajouter foi à toutes ces horreurs, si l'antiquité de l'Orient n'était pleine de pareils actes.

Tout, comme on le voit, fut combiné de façon à amener le plus rapidement possible l'extinction de cette race, que les moyens ordinaires n'avaient pu empêcher de croître.

Excès de travail au soleil et devant le feu des fours à briques, des légumes crus pour toute nourriture — l'eau bourbeuse pour boisson — défense de procéder à aucuns soins de propreté — interdiction d'aider aux femmes enceintes à se délivrer. Un pareil traitement aurait raison en quelques années de la nation la plus robuste et la plus énergique.

Le premier résultat de ces atroces dispositions que l'Avadana-Sastra signale, fut amené par la défense faite à ces malheureux de procéder à aucune ablution corporelle.

En peu de temps, presque tous ces malheureux furent at-
teints de plaies purulentes aux parties génitales. Comme en
cet état ils ne pouvaient travailler, Agastya rendit l'ordonnance
appelée karana-nistrincaya, l'édit du couteau, par lequel :

« Tout homme et tout enfant mâle en naissant furent as-
treints à la circoncision, et toute femme dut subir l'ablation
des petites lèvres vaginales... »

(Avadana-Sastra, 1re partie.)

Toutes ces prescriptions, exécutées à la lettre sous Agastya,
avaient eu pour résultat, à la mort de ce prince, de diminuer
d'une bonne moitié le nombre des tchandalas.

Sous les successeurs de cet homme de fer, les rigueurs se
relâchèrent un peu, et les malheureux, quoique plongés dans
le plus dur esclavage, purent se procurer une nourriture moins
malsaine, et reconstruire leurs primitives cases de brancha-
ges.

Nous les retrouvons, environ quatre mille ans avant notre
ère, possédant des troupeaux et vivant à peu près tranquilles à
condition de ne pas bâtir de maison, de ne pas se réunir en
village, et de se soumettre aux prescriptions de Manou.

« La demeure des tchandalas doit être hors des villages ;
ils ne peuvent avoir des vases entiers, et ne doivent posséder
pour tout bien que des chiens et des ânes.

« Qu'ils aient pour vêtements les habits des morts, pour

plats des pots brisés, pour parure du fer. Qu'ils vaguent sans cesse d'un lieu à un autre.

*
* *

« Qu'aucun homme fidèle à ses devoirs n'ait de rapports avec eux ; ils doivent n'avoir d'affaires qu'entre eux et ne se marier qu'entre leurs semblables.

*
* *

« Que la nourriture qui leur est accordée ne leur soit donnée que sur des tessons, et qu'ils ne circulent pas la nuit dans les villages et les villes.

*
* *

« Qu'ils n'y entrent de jour que pour leur besogne, portant les signes prescrits par le roi pour qu'on les reconnaisse. Qu'on les charge de transporter les morts qui ne laissent pas de parents.

*
* *

« Qu'ils exécutent les sentences de condamnation à mort..... »

Ils étaient devenus exécuteurs des hautes œuvres lorsque, pour ne pas augmenter le nombre des *gens des castes mêlées*, la répression pénale par la mort et les tortures avait remplacé le rejet de la caste, qu'on n'avait conservé que pour les crimes religieux d'une gravité exceptionnelle, comme la divulgation des mystères par un initié.

A l'époque des luttes brahmaniques et bouddhistes, environ quatre mille ans avant notre ère, pris entre des ennemis aussi acharnés contre eux les uns que les autres, *les tchandalas, au rapport de l'Avadana-Sastra :*

« *Emigrèrent en foule par le pays du Sind et d'Aria-Iran,*

*avec leurs troupeaux, route qu'avaient déjà parcourue Hara-
kala et ses guerriers...* » Comme on le voit, c'est le chemin de
l'Euphrate et du Tigre, le chemin de la Chaldée et de la Babylonie.

L'émigration la plus considérable notée par la tradition historique de l'Avadana eut lieu sous la conduite d'Artaxa-Phasi-
Pal [1].

Le mot *pal* en sanscrit signifie *chef de tribu*, de là le mot
palli, qui prend le sens de *tribu, village*. La route suivie fut
celle du Sind que prirent ensuite toutes les émigrations, car,
dans ces immenses plaines qui s'étendent le long de la mer
d'Oman et du golfe Persique, les tchandalas étaient à l'abri,
eux et leurs troupeaux, des poursuites de leurs oppresseurs,
qui, du reste, ne voyaient peut-être pas sans plaisir le flot des
castes serviles qui menaçait de les envahir se déverser sur des
contrées étrangères.

Il est un principe fatal qui préside au développement des
nations, et auquel les peuples modernes ne se soustrairont pas
plus que leurs ancêtres de l'antiquité. L'esclavage naît de l'é-
goïsme humain, dans toute société ; le travail du bas voit ses
résultats de bien-être profiter surtout au sommet ; les heureux
du hasard se liguent pour conserver leur situation, mais il arrive un jour où l'esclave ne veut plus travailler pour le maître...
Toutes les émigrations antiques sont nées de là, à part quelques vaincus ambitieux qui, comme Manou-Vena, Hara-Kala
et Iodha allèrent coloniser l'Égypte, l'Asie-Mineure, et les contrées du Nord, à la suite de luttes sanglantes. La plupart des
tribus tchandalas et autres qui quittèrent l'Inde furent des
émigrations de déshérités, allant chercher d'autres cieux où
il leur fût loisible de vivre libres, d'avoir une famille et de
posséder.

---

1. Une foule de souverains babyloniens conservèrent cette expression à
la suite de leurs noms, signe frappant de leur origine indoue.

L'organisation de la société indoue, telle qu'elle résulte des prescriptions de Manou dont nous avons donné la traduction, ne laissait aucune place à l'homme décasté, au tchandala, au paria ; au fur et à mesure que le nombre de ces pauvres gens s'est augmenté, ils sont allés demander un peu d'air, de soleil et de liberté à ces immenses plateaux de l'Asie centrale parsemés d'oasis et de déserts, contrée où ils ne rencontrèrent pas les conditions de la vie qui pouvaient leur permettre de constituer des nations durables, et de jouer un grand rôle dans l'histoire de l'humanité.

La nature du sol les força à continuer cette vie nomade qui avait été leur lot dans l'Inde, et ils la continuent aujourd'hui dans le Bélouchistan, les déserts de Karman, le Kurdistan, et en Arabie jusqu'aux rives de l'Euphrate et du Tigre.

La loi du passé est la loi du présent, l'homme obéit aux nécessités de la terre. Nul grand royaume, nulle nation puissante n'eût pu s'établir, ni dans le passé, ni dans le présent, dans la contrée comprise entre la mer Caspienne, l'Euphrate, le golfe Persique, la mer d'Oman et l'Indus, et aucun peuple n'y jouera dans l'avenir un grand rôle historique, à moins qu'un bouleversement géologique qu'on ne peut prévoir ne vienne changer les oasis rabougries, les steppes et les déserts sans fin de ce pays en terres riches et fertiles.

Regardez toutes ces immenses contrées qui se nomment :
Désert de Karinn,
Désert du Khorassan ou désert Salé,
Désert de Kouhistan,
Désert de Kerman,
Désert de Zerrah,
Désert de Djalk,
Désert de Lora,
Désert de Saravan,
Pour ne nommer que les plus importants, et dites-nous s'il

n'est pas absurde, à tous les points de vue ethnographiques, de faire vivre là des civilisations puissantes, ancêtres des Chaldéo-Babyloniens et de tous les peuples que la science officielle appelle les Sémites.

Vous avez fait de la science avec la Bible et vous ne voulez pas en démordre, mais vos inventions sont aussi surannées que les livres sacrés du judaïsme, l'histoire des familles humaines qui se rattachent à la race blanche veut, aujourd'hui, autre chose que des conceptions de cabinet, et des compilations approuvées par la Rome orthodoxe...

Les émigrations des déshérités, des tchandalas indous, apportant dans ces contrées leurs langues différentes par tribus, leurs croyances religieuses uniques, leurs habitudes d'écriture de droite à gauche, la circoncision imposée qui avait fini par passer dans les mœurs, leurs habitudes nomades, leurs connaissances des travaux de briques et de poteries... voilà la véritable source des nations dites sémitiques qui se sont développées dans la mesure du possible sur les plateaux de l'Asie centrale et les rives de l'Euphrate et du Tigre.

Quant à toutes ces grandes luttes assyriennes et babyloniennes, exagérées par cette tradition orientale qui ne connaît pas de bornes sur le terrain de l'emphatique épopée, ce ne furent que des guerres de tribus se disputant les bords plus favorisés de l'Euphrate, et la possession des camps retranchés de Ninive et de Babylone, qui donnaient la suprématie passagère à la peuplade qui les possédait.

Ainsi également toutes ces guerres interminables entre Athènes, Sparte, Corinthe, Mégare, etc., ne furent que des disputes de village.

Voilà la vérité historique.

Il est temps de voir juste à travers toutes ces exagérations antiques, immortalisant des révolutions de bourgade, et livrant à l'admiration de la postérité des hommes qui, comme Alcibiade, *l'équivoque ami* du savetier Socrate, faisaient couper la queue à leur chien pour amuser la foule...

Il fandra faire la réduction de tout cela, et tout en gardant une admiration raisonnée pour le développement artistique et littéraire, qui procédait de l'Inde et s'est continué sur le sol de la Grèce, ramener une foule de petits hommes et de petits faits à une taille que Plutarque et consorts ont par trop exagérée.

Aucun des peuples de l'antiquité ne s'est développé isolément et en un jour, et tout dans le domaine artistique, littéraire, philosophique et scientifique, doit être, comme les anneaux d'une chaîne, rattaché au berceau commun. De même que nous avons aujourd'hui sur toutes matières un fond commun *de conceptions européennes*, de même l'antiquité eut un fond commun *de conceptions indo-asiatiques*.

A mesure que nous avançons le fait se dégage, et aux preuves que nous avons données dans notre première partie, de l'origine indoue des Chaldéo-Babyloniens, c'est-à-dire de tous les Sémites, Manou vient ajouter celles qui résultent de l'origine de ces curieuses coutumes, de la *circoncision* et de l'écriture de droite à gauche imposées aux esclaves, comme un moyen de les distinguer à tout jamais des gens des castes reconnues.

Les prétendus Sémites furent si bien des esclaves tchandalas émigrés qu'ils ne purent jamais s'élever au-dessus des conceptions vulgaires qu'ils avaient emportées de la mère-patrie. Les tchandalas ignorants n'avaient guère vu dans le culte indou que les manifestations extérieures abandonnées à la plèbe, rien dans ce que nous ont laissé les Chaldéens, leurs descendants, ne prouve que sur le terrain religieux ils se soient élevés aux croyances philosophiques et spiritualistes des brahmes. M. Lenormand lui-même va nous en donner une preuve en même temps qu'il constate, peut-être sans s'en douter, la filiation indoue des Chaldéens.

L'éminent assyriologue, citant la description suivante de l'écrivain anglais M. J. Roberts, du caractère superstitieux des basses castes indoues, l'applique également aux Chaldéens.

« Le peuple indou a affaire à tant de démons, de dieux et de demi-dieux, qu'il vit dans une crainte perpétuelle de leur pouvoir. Il n y a pas un hameau qui n'ait un arbre ou quelque place secrète regardée comme la demeure des mauvais esprits. La nuit, la terreur de l'Indou redouble, et ce n'est que par la plus pressante nécessité qu'il peut se résoudre, après le coucher du soleil, à sortir de sa demeure. A-t-il été contraint de le faire, il ne s'avance qu'avec la plus extrême circonspection et l'oreille au guet. Il répète des incantations, il touche des amulettes, il marmotte à tout instant des prières, et porte à la main un tison pour écarter ses invisibles ennemis. A-t-il entendu le moindre bruit, l'agitation d'une feuille, le grognement de quelque animal, il se croit perdu ; il s'imagine qu'un démon le poursuit, et dans le but de surmonter son effroi, il se met à chanter, à parler à haute voix ; il se hâte et ne respire librement qu'après qu'il a gagné quelque lieu de sûreté. »

Ce tableau est des plus fidèles. Nous avons été à même de le constater pendant les longues années que nous avons habité l'Inde.

Il ne nous est pas arrivé une seule fois de faire une excursion de nuit, sans que les Indous que nous rencontrions sur une route déserte, ne se missent à suivre notre voiture au pas de course, en s'appuyant sur un point quelconque du véhicule, pour diminuer par la compagnie les terreurs de la route.

Lorsque nous les interrogions, ils nous répondaient à voix basse et en tremblant, que la nuit, les esprits des eaux, des forêts et de l'air venaient tourmenter les hommes pour obtenir d'eux des cérémonies de purification funéraires.

A propos de la description de l'auteur anglais, M. Lenormand s'exprime ainsi :

« Cette description des Indous *modernes* s'applique trait pour trait aux *anciens* Chaldéens, et peut donner une idée de l'état de terreur superstitieuse où les maintenaient constamment les croyances que nous venons d'esquisser. Contre les démons et les mauvaises influences de tout genre dont ils s'imaginaient être entourés à chaque moment de leur existence, quels étaient les secours que leur offrait la magie sacrée, etc.?... »

Les inscriptions laissées par les Chaldéens ne permettent de relever que les plus grossières superstitions ; la ressemblance des mœurs de ces peuples avec les mœurs du bas peuple dans l'Inde, que M. Lenormand constate, est une preuve de plus en faveur du système que nous avons exposé.

Nous ne ferons à l'éminent assyriologue qu'une légère querelle.

Pourquoi dit-il :

Cette description des Indous *modernes* s'applique trait pour trait aux *anciens* Chaldéens? Par cette opposition des mots *modernes* appliqués aux Indous, et d'*anciens* appliqués aux Chaldéens, voudrait-il, sans oser le dire, laisser supposer au lecteur que les Indous auraient pris ces coutumes des Chaldéens ? M. Lenormand, bien qu'il ait inventé les Accadiens pour repousser l'influence indoue à l'égard de la Chaldéo-Babylonie, n'a certainement pas eu l'intention de dicter un pareil anachronisme... Mais comme il pourrait se faire que ces oppositions de mots — modernes et anciens — pussent faire naître cette opinion, nous dirons que cette croyance aux esprits et la science des incantations et des exorcismes forment le fond de la théologie vulgaire des Indous, et que les Védas, Manou et les Pouranas, et tous les ouvrages religieux de l'Inde ancienne sans exception, témoignent hautement de ces croyances. Qu'on nous permette de ne pas mettre notre bien mince autorité dans la balance avec celle de M. Lenormand, et de nous adresser à l'illustre William Jones, et à Loiseleur-Deslongchamps, son traducteur. Ces deux indianistes, dans une note sur Manou, à propos des vampires et des rakchasas ou esprits mauvais, s'expriment ainsi :

« Les rakchasas sont des génies malfaisants qui sont de plusieurs sortes :

« Les uns sont de grands ennemis des dieux, comme Ravana, dans le poëme épique de Ramayana ; les autres sont des espèces d'ogres et de vampires avides de chair humaine, hantant les forêts et les cimetières, comme Flidimbha dans le curieux épisode du Mahabharata publié par M. Rapp. Les rakchasas viennent sans cesse troubler les sacrifices des pieux ermites qui sont forcés d'appeler à leur secours des princes célèbres par leur valeur. Ainsi dans le Ramayana, liv. Ier, le mouni Viswamitra vient réclamer l'assistance de Rama, fils du roi Dasaratha, et dans le drame de Sacountala, les ermites appellent à leur secours le roi Douchmanta. Le nombre des rakchasas est incalculable et ne cesse de se renouveler, les âmes criminelles étant souvent condamnées à entrer dans le corps d'un rakchasa et à y être logées plus ou moins long-temps, selon la gravité de leur faute. »

Nous pensons que le mot de *modernes*, appliqué à ces coutumes indoues, n'était pas dans la pensée de M. Lenormand, sans cela il serait obligé d'adresser la même épithète à Manou, aux Védas, au Ramayana, au Mahabharata, etc., c'est-à-dire à tous les monuments écrits les plus anciens de la pensée humaine.

En présence de toutes ces preuves, il n'est pas contestable que cette foule mêlée dont parle Eschyle, cette multitude d'hommes de diverses nations, parlant des langages différents, et unis cependant par les mêmes mœurs et les mêmes croyances religieuses qui, selon le chaldéen Bérose, vinrent coloniser la Chaldéo-Babylonie, ne soient partis de l'Inde aux époques signalées par les traditions de l'Avadana-Sastra.

Chaldéens, Assyriens, Babyloniens, Syriens, Phéniciens et Arabes doivent donc leur origine aux différentes tribus de tchandalas qui émigrèrent de l'Indoustan à des époques différentes, pendant les longues et sanglantes luttes des brahmes et des bouddhistes.

A leur tour, les Hébreux furent le produit d'une émigration chaldéenne dont nous dirons bientôt les causes.

L'Égypte fut la seule de ces contrées qui fut colonisée [par les castes élevées de l'Indoustan, aussi son état social, ses croyances, son culte, ses traditions furent-ils de simples reproductions, des copies des usages de la mère-patrie. Mêmes influences sacerdotales, mêmes divisions de caste, même impossibilité d'en sortir, même droit pénal qui, comme dans l'Inde, produisit cette foule de décastés et de mêmes peuples qui, ainsi que le constate la Bible, s'enfuirent de l'Égypte avec les Hébreux.

Nous allons bientôt, en étudiant les primitives traditions cosmiques de toutes ces peuplades, voir que la légende concourt avec toutes les probabilités de l'histoire, pour leur assigner l'Indoustan pour berceau.

Et c'est ainsi que nous repoussons, même à titre de classification, toute conception touranienne et sémitique, pour n'admettre qu'une seule conception, la conception indoue, qui fut le résumé de toutes les traditions antédiluviennes, et que nous appelons pour les contrées occidentales :

Traditions indo-européennes ;

Et pour les contrées orientales :

Traditions indo-asiatiques.

L'Occident fut peuplé par des émigrations de guerriers, ce qui fait, pour nous servir d'une expression de Manou, d'un usage encore général dans l'Inde, que nous sommes *des gens de main droite*, c'est-à-dire *issus des hautes castes*, et ayant le droit de nous servir de la main droite réservée aux sacrifices, pour manger et écrire de gauche à droite dans le sens de l'écriture des livres sacrés.

L'Orient fut peuplé par les tchandalas, gens sans caste et *dits de main gauche*, et comme tels soumis à la circoncision, à tous les travaux des castes serviles et à l'obligation de travailler, de manger et d'accomplir la plupart des actes de la vie de la main gauche.

Sur le terrain ethnographique les plus petits faits ont souvent une importance considérable. Nous croyons qu'il n'est pas inutile de remarquer, qu'encore aujourd'hui les populations européennes ont conservé la main droite comme agent principal de tout travail, tandis que tous les prétendus Sémites se servent de la main gauche.

Les habitudes de l'esclavage, de l'isolement, la privation des femmes souvent imposée aux tchandalas pour arrêter le développement de la race, avaient fait naître chez eux des vices contre nature que Sodome et Gomorrhe n'eurent pas seules en partage, car tous les peuples dits sémitiques en furent et en sont encore infectés.

Ces ignobles et dégradantes coutumes sont considérées avec horreur dans l'Inde comme des vices de parias, et on n'a pu les remarquer chez les nations européennes qu'à titre d'exception.

Tout concourt donc, les grandes lignes comme les points de détails les plus infimes, à donner à notre système *force de loi historique!*

CHAPITRE VII.

UN TEXTE D'HÉRODOTE.

Hérodote, liv. VII, dénombrant les peuples qui habitaient primitivement à l'est de l'Euphrate et du Tigre, les contrées chaldéennes qui plus tard formèrent la Médie, en compte sept parlant des idiomes différents, et ajoute :

« Jadis ils se nommaient *arioi*, les braves. »

On ne saurait mieux accuser son origine indoue. Les chefs dans la caste des xchatrias ou guerriers recevaient la qualification sanscrite d'aryas, les braves. Arioi et aryas, ces deux mots ont évidemment la même racine en grec et en sanscrit. Tout général en chef, tout commandant de provinces sous la domination brahmanique portaient ce titre, qui était comme un ordre de noblesse plus élevé dans la caste royale.

Partisan de l'unité originelle des traditions de la race blanche, nous avons dans notre précédent chapitre exprimé cette croyance : que l'Inde avait conservé ces traditions, malgré tous les bouleversements géologiques subis par notre globe, depuis l'appparition de l'homme. Un fait étrange, dont nous avons eu déjà occasion de parler[1], vient donner un important appui à cette opinion.

1. *Fils de Dieu — Histoire des Vierges.*

Dans toute la Polynésie océanienne, aux îles Sandwich, à la Nouvelle-Zélande, dans le groupe des Marquises, aux îles de la Société, à Taïti, îles qui sont évidemment les restants d'un continent disparu, puisque tous les habitants à quinze et dix-huit cents lieues de distance, et sans avoir jamais pu communiquer entre eux avant l'arrivée des Européens, parlent tous le même idiome et possèdent les mêmes usages et les mêmes croyances religieuses. Dans tous ces groupes, disons-nous, la famille royale porte le nom de caste des *arii*, et les guerriers celui d'*arioi*.

Et comme dans l'Inde, et chez les peuples dont parle Hérodote, ces expressions signifient, en Océanie, les braves!...

On retrouve ces mêmes expressions chez les Peuls du Niger, tribu africaine au teint clair et aux cheveux plats.

Ces concordances ne sont pas le fait du hasard, les familles royales et les guerriers ne peuvent pas aux quatre coins du globe porter des noms identiques, sans que cela soit une preuve indiscutable d'une tradition antédiluvienne commune, surtout en présence de ce fait qu'aucun de ces peuples ne connaît l'existence des autres, et n'a pu communiquer avec eux dans la forme géographique actuelle du globe.

CHAPITRE VIII.

DU MODE DU MARIAGE ANTIQUE PAR ENLÈVEMENT DE LA FIANCÉE.

Continuons ces curieux rapprochements à l'aide desquels l'avenir écrira l'histoire du passé, lorsque les bibliothèques des pagodes de l'Inde n'auront plus de secrets pour nous.

Nous lisons au liv. III de Manou :

« Lorsqu'on enlève de la maison de son père une jeune fille qui résiste, qui appelle à son secours, que l'on brise la clô- ture, et que l'on blesse ceux qui s'y opposent, ce mariage est dit « le mode des géants. »

Manou nous indique que ce mode de mariage était spécia- lement celui des xchatrias, c'est-à-dire des guerriers.

Une pareille coutume existe également dans toute l'Océa- nie: les guerriers partent en pirogues et vont enlever dans les îles voisines les jeunes filles dont ils veulent faire leurs épouses.

A Sumatra, chez les Battas, peuplade guerrière, un homme est déshonoré s'il n'enlève pas, le fer à la main, au milieu de sa famille, la femme qu'il veut épouser.

Le *Kalevala*, épopée des Finnois, offre de nombreux exem- ples d'une semblable coutume.

Voici un extrait que nous empruntons à la belle traduction
de M. Léouzon-le-Duc :

« Lemmikaïnen était parti à la recherche d'une épouse...

« Une vierge, une belle vierge qu'aucun prétendant n'avait
pu fléchir, qu'aucun homme n'avait pu charmer, lui résista ;
c'était la belle Kylliki, la gracieuse fleur de Soari.

« Le joyeux Lemmikaïnen, le beau Kankomiali usa cent
paires de chaussures, cent paires de rames, à courir après
elle, à chercher à la captiver.

« La belle Kylliki lui dit : Pourquoi restes-tu ici, misérable, pourquoi, vilain oiseau, rôdes-tu dans cette île, t'enqué-
rant des jeunes filles, épiant les ceintures d'étain ? je ne serai
libre que lorsque j'aurai usé le mortier à piler le grain, que
lorsque j'aurai usé le pilon hors de service.

« Que m'importent les folles cervelles et les libertins turbu-
lents ? Je veux pour époux un homme comme moi, sérieux et
digne, je veux, pour ma fière beauté, une beauté plus fière
encore, je veux, pour ma noble taille, une taille encore plus
noble.

« Un peu de temps s'écoula, un demi-mois à peine, et voilà
qu'un jour, un beau soir, les jeunes filles de Soari folâtraient
et dansaient joyeusement sur la lisière d'une forêt, au milieu

des bruyères fleuries, Kylliki était à leur tête comme la plus
illustre et la plus belle.

« Tout à coup Lemmikaïnen vint les surprendre; il était
dans son traîneau attelé de son fougueux étalon; il enleva
Kylliki et la força de se placer à côté de lui sur son tapis
d'éclisses.

« Puis il fit claquer son fouet, il en frappa les flancs du
coursier, et partant aussitôt, il dit : Gardez-vous bien, ô
jeunes filles, de jamais me trahir; gardez-vous bien de dire
que je suis venu ici et que j'ai enlevé la belle vierge.

* * *

« S'il vous arrivait de le raconter, un grand malheur fon-
drait sur vous, je provoquerais vos fiancés au combat, je pré-
cipiterais les jeunes hommes sous les coups du glaive, et je les
ensorcellerais de telle sorte que vous ne les verriez, que vous
ne les entendriez plus, ni durant les jours, ni durant les mois
de cette vie terrestre, se promener sur ces routes fleuries,
fouler aux pieds ces bois défrichés par le feu... »

Cet enlèvement fut la cause de luttes interminables, et les
guerriers du Kalevala semblent n'avoir d'autres occupations
que celles d'enlever les jeunes filles des peuplades rivales.

Le traducteur, relevant cette singulière coutume dont il semble ne pas trouver l'explication dans le poëme, s'exprime
ainsi :

« Un trait que je relèverai dès maintenant, parce qu'il suffi-
rait à lui seul pour établir le fondement historique du poëme
finnois, c'est la recherche en mariage des filles de Pohja par

les héros de Kalevala. Comment expliquer une telle recherche entre deux parties animées l'une contre l'autre d'une hostilité aussi flagrante?

« Le savant Castren nous apprend qu'elle avait sa raison d'être dans une institution commune à tous les peuples de race finnoise. En effet, ces peuples formaient jadis plusieurs tribus divisées par un antagonisme fécond en luttes sans cesse renaissantes. Or il était interdit aux hommes de prendre leurs femmes dans celle à laquelle ils appartenaient. De là, par conséquent, ces aventures, ces violences, ces épreuves étranges qui préludaient chez les Finnois à la conclusion des mariages, et dont les *runot* — chants — ont perpétué le souvenir.

« Les chants héroïques des Ostiaks, des Samoïèdes et des Tatars, etc., roulent aussi la plupart sur ce sujet; et encore aujourd'hui, parmi les peuplades d'origine finnoise de la Sibérie, l'usage d'enlever la jeune fille que l'on veut épouser est généralement répandu.

« Il est donc démontré que les héros du Kalevala vivaient sous l'empire de l'institution dont il s'agit : autrement n'eussent-ils pas choisi leurs femmes dans leur propre tribu, de préférence à cette région de Pohja qu'ils avaient en horreur? Cet accord de tous les peuples finnois et d'un grand nombre de ceux qui leur sont unis même par une affinité éloignée sur un fait aussi capital, nous fournit un indice certain de la haute antiquité du Kalevala. »

La question que M. Léouzon-le-Duc a posée : Comment expliquer la recherche des filles de Pohja par les héros de Kalevala, alors que les deux tribus éprouvaient l'une pour l'autre la haine la plus vigoureuse?... n'est résolue ni par les explications qu'il donne, ni par celles qu'il emprunte au savant Castren.

Castren résout la question par la question, un peu à la manière du médecin de Molière qui trouve qu'une fille est muette parce qu'elle ne peut pas parler...

Pourquoi les fils de Kalevala enlevaient-ils les filles de Pohja? dit M. Léouzon-le-Duc.

Parce que c'était une institution commune aux peuples de race finnoise, répond Castren...

Tout le poëme du Kalevala constate que c'était une institution des Finnois, puisque la majeure partie de cet ouvrage est consacrée à chanter ces enlèvements. Nous n'avons donc pas besoin qu'on vienne nous dire *assez naïvement* que les Finnois enlevaient les filles des tribus rivales, parce que c'était une coutume de la race finnoise... ce que le traducteur du Kalevala recherche, ce qu'il nous importe de connaître, c'est *le pourquoi* de la coutume, c'est *l'origine même* de l'institution.

Nous avons vu que les mœurs finnoises ne sont pas les seules à présenter de pareilles singularités. La plupart des peuples de l'antiquité et des tribus de l'Océanie ont possédé et possèdent encore des coutumes identiques. Il est donc logique d'assigner à ces coutumes une origine commune.

Les Finnois, comme tous les peuples de l'Occident qui furent en possession de ces usages, sont des Indo-Européens.

Les Océano-Polynésiens et les Battas de Sumatra, dont les mœurs et les croyances religieuses sont des copies serviles de celles de l'Inde, sont incontestablement des Asiatiques séparés du foyer commun par les derniers diluviums.

Il faut donc remonter jusqu'à la coutume indoue pour avoir l'explication que nous cherchons :

« Lorsqu'on enlève, dit Manou dans le texte que nous venons de citer, de la maison de son père, une jeune fille qui résiste, qui appelle à son secours ; que l'on brise la clôture, et que l'on blesse ceux qui s'y opposent, ce mariage est dit : le mode des géants, » — c'est-à-dire de la caste royale et des guerriers.

Le brahme Collouca-Batta, que William Jones, le grand indianiste anglais, a illustré, le commentateur de Manou le plus renommé dans l'Inde, s'exprime ainsi sur ce sloca :

« Primitivement les xchatrias — ou guerriers de la caste royale — se glorifiaient de n'accepter pour femmes que les princesses que, par leur valeur, ils avaient faites captives à la guerre. Un jeune xchatria qui à seize ans n'avait pas encore trouvé l'occasion d'enlever quelque belle fille célèbre par sa beauté, son origine, ses richesses, en combattant ceux qui cherchaient à s'y opposer, n'était pas considéré comme parvenu à l'âge viril. Plus tard, quand les différentes peuplades de l'Indoustan se réunirent, se disciplinèrent sous la domination des brahmes, les querelles intestines s'apaisèrent, mais les xchatrias conservèrent au nombre de leurs priviléges le droit d'enlever, même par la force, les jeunes filles dont ils voulaient faire leurs épouses. C'est ce que Manou appelle *le mode des géants ou des guerriers*. Peu à peu, avec le relâchement des mœurs et l'augmentation de la puissance royale, les xchatrias prirent l'habitude d'en user ainsi même pour se procurer des concubines... »

Collouca-Batta.
(Commentaire sur Manou.)

L'enlèvement des Sabines par les guerriers de Romulus ne fut également que le résultat de mœurs identiques, communes aux tribus du Latium. On ne trouvera rien d'hypothétique à cette opinion si l'on veut bien se souvenir que l'Italie a été colonisée par des peuplades asiatiques, et que le latin est un des dérivés les plus directs et les plus purs du sanscrit.

L'importance de cette preuve est extrême, car les études

lethnographiques ont établi que les populations qui émigren
modifient beaucoup plus vite leur langue que leurs usages.

Chez les nations civilisées qui s'appliquent à fixer *leur parler*,
les modifications du langage marchent également avec une
singulière rapidité. En France le peuple ne comprend déjà
plus Rabelais, dans un siècle il ne comprendra plus Molière...

La coutume chez les peuples anciens, signe de patrie, de famille et de croyance religieuse, résistait aux conquêtes, aux invasions, aux émigrations les plus lointaines.

Le droit de jambage exercé au moyen âge par les bandits
féodaux, qui s'attribuaient l'homme et la terre par la conquête,
fut un souvenir des usages des ancêtres indous et des priviléges de la caste des xchatrias ou des chefs.

Voilà ce que nous dit un texte de Manou !

CHAPITRE IX.

L'INVOCATION VERS L'ORIENT.

En parlant des devoirs imposés aux fidèles qui veulent se rendre dignes du swarga, Manou a dit :

« Après avoir fait les ablutions prescrites et *le visage tourné vers l'Orient*, le brahmatchari doit, avant d'ouvrir le Véda, adresser ses respectueux hommages au maître souverain de l'univers. .

** **

« Qu'il prononce le mystérieux monosyllabe — aum, — invocation à la trimourti, que Brahma lui-même a exprimé de l'essence du Véda, *la face tournée vers l'Orient*, pur de toute souillure, retenant son haleine, et tenant dans ses mains une tige de l'herbe sainte du cousa...

** **

« Dès l'aube, qu'il récite debout, les mains jointes et la face tournée vers l'Orient, la sublime prière de la sâvitri exprimée du Véda, jusqu'au soleil levant, et qu'il la récite *dans la même posture* au soleil couchant jusqu'à ce que les étoiles brillent aux cieux.

** **

« Quiconque ne fait pas la prière du soir debout, les mains

jointes en signe de respect et *le visage tourné vers l'Orient,* et ne fait pas celle du soir *dans la même posture tourné du côté du soleil couchant,* doit être comme un impur soudra...

« Qu'il se purifie en faisant ses ablutions la figure tournée du côté de l'Orient... Celui qui mange en *regardant l'Orient* se prépare une longue existence, toute de gloire, de science et de félicité, et obtient la récompense finale... »

Il est inutile de continuer nos citations, ces quelques strophes suffisent pour prouver que la prétendue tradition sémitique de la prière, faite la face tournée vers le soleil levant et le soleil couchant, est une pure tradition indoue, et que c'est en s'inspirant de Manou que Mahomet a dit :

« A Dieu appartient l'orient et le couchant, tournez-vous en priant de ces côtés pour rencontrer sa face, Dieu est immense et il sait tout. »

(Coran, chap. II, verset 109.)

CHAPITRE X.

LA RENAISSANCE INDOUE.

Dans cet ouvrage dont le but est d'attaquer d'un côté cette scolastique officielle, qui en est encore à la Bible comme base de ses études ethnograpniques, et de l'autre les classifications des linguistes franco-allemands qui, sans souci de l'histoire, divisent les peuples d'après les formes mécaniques de leurs langages, au lieu de les grouper d'après leurs communes traditions et la filiation de leurs idées, nous n'avons pas le loisir, on doit le comprendre, de faire sur toutes les stances de Manou un travail semblable à celui que nous venons de donner à propos des *slocas* sur la circoncision, le mode d'écriture des castes reconnues et des tchandalas, le mode de mariage des guerriers et sur les oblations et les prières faites au soleil levant... Lorsque le vieux législateur des Indous, les Védas et tous les ouvrages de l'Inde ancienne seront commentés et étudiés comme ils *doivent l'être*, comme on a commenté et étudié les écrivains de l'antiquité grecque, en les expliquant les uns par les autres, en se faisant grecs pour comprendre les grecs ; uous pouvons prédire que l'humanité sera en mesure de remplacer par des faits les fables ridicules qui encombrent son berceau, et d'écrire enfin une histoire logique de la civilisation.

Ce sera le jour de la Renaissance indoue !

TROISIÈME PARTIE

LA LÉGENDE DE LA GENÈSE DANS L'INDE

*
* *

La Genèse des temples,..... c'est la Genèse du mal, de l'ignorance et de l'esclavage. La science écrira la Genèse du bien, du progrès et de la liberté.

LA LÉGENDE

DE LA

GENÈSE DANS L'INDE

CHAPITRE PREMIER.

LES ARYAS.

Les premiers savants qui s'occupèrent des peuples qui possèdent les Védas, Manou et tous ces monuments de la pensée des âges antiques, qui attendent encore des traducteurs, nommèrent tout simplement ces peuples, *les Indous!*...

Il n'était que logique de leur laisser leur nom, et du reste William Jones, Colebrooke, Strange, pour ne citer que les plus illustres, avaient trop le respect des traditions historiques, pour céder à cette manie toute moderne de fabriquer des noms de peuples pour étayer un système. Dernièrement, un orientaliste appelait les Israélites *les Abrahamides*, et il paraissait fort satisfait de cette découverte... Nous ne savons où la science officielle s'arrêtera sur cette pente, qui conduit la plupart de ceux qui s'occupent des civilisations anciennes à défigurer faits, choses et peuples, par des noms d'emprunt.

Lorsque les Accadiens vinrent coloniser Babylone, dit l'un... Pardon, reprend le second, c'est les Sumériens qu'il faut dire.

Où prenez-vous ces gens-là? s'écrie un troisième, Babylone a été colonisé par les Kasdéens.

Non ! exclame un quatrième, ces peuples se nommaient les Proto-Kasdéens.

Vous n'y êtes point, fait un cinquième, il faut les appeler les Kasdéo-Scythiques... Arrive un sixième qui leur dit : Tous ces peuples n'ont jamais existé, la Chaldéo-Babylonie a été colonisée par les Sémites.

Et tout cela, pour ne pas donner à ces peuples le nom consacré par les siècles et l'histoire : les Chaldéens ou les Chaldéo-Babyloniens.

Il est vrai que si vous dites simplement : Lorsque les Babyloniens réduisirent les Juifs en servitude..., vous êtes compris par tout le monde... Comme il est plus profond au contraire de s'exprimer ainsi : Lorsque les descendants des Proto-Kasdéens asservirent les Abrahamides...

> Ah ! qu'en termes galants ces choses-là sont mises !

certains savants auront besoin avant peu qu'on les traduise en français...

Les Indous de l'antiquité ne pouvaient échapper à cette fureur de baptiser les gens, au lieu de leur laisser le nom de la terre sur laquelle ils se sont développés — India — *la terre du Lotus*, ainsi nommée parce que, d'après les croyances de ses habitants, elle aurait la première, entre toutes les contrées du globe, émergé de l'Océan comme la fleur aimée de Vichnou... Ils ont été appelés, dans le monde officiel de la science, par les uns les Aryas, et par les autres, qui ont voulu tout à fait franciser le nom, les Ariens. Si vous demandez ce que c'est que les Aryas ou Ariens, on vous répond dans l'école :

— Les Aryas sont des peuples de race blanche qui ont conquis l'Inde et qui lui ont apporté la civilisation védique.

Continuons les questions :

D'où venaient ces peuples?

— Des plateaux de l'Asie centrale.

Si vous persistez sur ce ton, on vous apprendra que le berceau de la race dite arienne est la contrée qui s'étend à l'est de la mer Caspienne et sur les rives de l'Oxus.

C'est déjà de là qu'on fait venir les Touraniens et toute la pléiade des Sumériens et des Kasdéo-Scythiques.

Un pareil système paraîtra singulier, pour ne pas dire plus... lorsqu'on saura que cette contrée que nous avons déjà caractérisée à propos des Touraniens, et que l'on donne comme le berceau de la race antique des Indous, ne possède pas une ruine, pas un souvenir, pas le moindre vestige qui permettent une pareille hypothèse. Ni monuments, ni traditions d'aucunes sortes, voilà le bilan de cette terre qui aurait produit la civilisation la plus étonnante des temps anciens. C'est à un point qu'il serait tout aussi logique de faire sortir ces prétendus Aryas des plaines sablonneuses du Sahara.

Un avenir prochain fera table rase de toutes ces élucubrations germaniques conçues dans un but facile à dévoiler. Nos voisins ne font pas de la recherche de la vérité l'objectif de leur science, ils n'ont en vue que l'intérêt de leur race qui, selon eux, est à la tête des nations et qui est destinée à dominer le monde.

Faire aller les peuples blonds à cheveux dorés de l'est de la mer Caspienne dans l'Inde, créer des espèces de Germains sur l'Oxus pour les envoyer conquérir le Gange, attribuer les

Védas et Manou aux races du Nord en les enlevant aux races du Sud... tout cela sert admirablement leurs projets; leurs ancêtres ont ainsi dominé tout l'Orient; toutes les civilisations anciennes sont sorties d'eux; ils vont à leur tour dominer le monde moderne, et préparer les civilisations de l'avenir... Que l'on ne croie pas à un rêve, à un parti pris de notre part, cela s'enseigne dans toutes les universités d'Allemagne, la jeunesse écoute avec enthousiasme ces leçons dans lesquelles on nomme les Aryas-Indous les vieux Germains de l'Oxus et du Gange, et elle se prépare à jouer le même rôle de conquête en Europe. La lutte contre la France désarmée et surprise les a grisés à un point qu'ils se croient poussés en avant par une sorte de fatalisme *naturaliste* que leurs professeurs extraient, à grands renforts de syllogismes, du jeu des forces physiques, seul Dieu qui domine le monde dans cette science nouvelle.

On leur dit, à ces jeunes gens, que l'homme se développe par les seules forces matérielles, qu'il y a fatalement des races supérieures qui ont le droit de dominer le monde, que les Germains, descendants des Aryas, sont, à tous les points de vue, physiologiques et scientifiques, supérieurs aux autres peuples, et qu'ils ont le droit par conséquent d'imposer, même par la force, leur direction... déjà ils disent leur domination.

Cette nouveauté est tout simplement la réédition du vieux système brahmanique, et les Allemands aspirent à jouer le rôle des brahmes, *maîtres de la terre et des hommes*, en Occident.

Qu'on ne s'y trompe pas : On mène les nations avec une croyance quelle qu'elle soit quand on parvient à la faire passer dans les masses.

Les formules religieuses ont fait leur temps, la foi est morte. Les hommes des bords du Rhin s'unissent en ce moment par une formule scientifique qui n'est *pas la science*, mais qu'ils tiennent pour telle... attendant l'heure d'imposer cette suprématie qu'ils s'arrogent avec des doctrines et des moyens qui sont un retour complet à la barbarie.

« Que m'importe le droit? s'écrie l'allemand Max Stirner, je n'en ai pas besoin; ce que je puis acquérir par la force, je le possède et j'en jouis, ce dont je ne puis m'emparer, j'y renonce, et je ne vais pas, en manière de consolation, me pavaner avec mon prétendu droit héréditaire, avec mon droit imprescriptible. »

« Une intelligence plus profonde de l'histoire, ajoute Strauss, nous a appris que c'est l'instinct d'expansion des peuples qui éclate dans l'ambition des conquérants, et qu'ils ne sont que les représentants d'aspirations générales. »

Voilà qui est fait : avec des aspirations générales, on pille les voisins, on vole les richesses amassées par quinze siècles d'industrie, de travail et d'intelligence... et la nation la plus avancée, la nation supérieure est celle qui dévaste, incendie, et s'approprie le mieux le travail des autres...

Et ces cyniques traduisent cela en formules philosophiques.

Et les naïfs, pour ne point leur donner une appellation plus sévère, tous ces prétendus savants français qui se mettent à la remorque des Strauss, des Schopenhauer, des Max Stirner, des Alexandre Ecker et autres, ne voient pas que ces gens-là font de la science de convention pour l'Allemagne, et que faire de la science sur ce terrain avec l'Allemagne, c'est en faire contre la France.

Et voilà pourquoi, alors que William Jones, Colebrooke, Thomas Strange, Princeps, Burnouf, d'accord avec les brahmes et les savants pundits de l'Inde, disaient *les Indous*, les Allemands ont dit *les Arias*.

Les Indous se développant sur les bords du Gange, c'est la civilisation partant du Sud pour remonter vers le Nord, c'est l'homme du soleil et des grandes végétations de l'Orient, allant civiliser le sauvage des steppes de la Tartarie, c'est le passé de l'Egypte, de la Grèce, de l'Italie; ce sont les races indo-européennes, les races latines, la France prêchant le droit humanitaire, le triomphe de la moralité et du devoir contre la force brutale et les instincts des barbares.

Les Aryas se développant sur les rives de l'Oxus et allant conquérir l'Inde, c'est la civilisation partant du Nord pour envahir le Sud, c'est la lumière venant d'Attila, de Tzenguiz-Khan, de Tamerlan, des barbares du moyen âge et des reîtres de 1870, c'est l'instinct d'expansion de la race supérieure qui se répand sur le monde, c'est l'absolution des invasions...

C'est la force qui prime le droit.

C'est l'individualité réduite au rôle de *rouage-esclave* dans l'ensemble, c'est la foule suivant le conquérant, l'homme providentiel. C'est l'éternel despotisme étouffant l'immortelle liberté.

.   .   .   .

Laissons la science allemande et faisons de la science universelle.

En plaçant les Aryas et leur civilisation, au milieu des steppes, des déserts de sable de l'Asie centrale, les inventeurs de ce système ont calculé que l'absence de toute ruine, de toute tradition écrite ou populaire pourrait devenir un argument; cela semble puéril, mais cela est; nous avons entendu un professeur d'Heidelberg soutenir que des bouleversements géologiques avaient tourmenté, à des dates relativement récentes dans l'âge de l'humanité, les contrées habitées anciennement par les prétendus Aryas, et fait ainsi disparaître tous les vestiges de leur primitive civilisation.

Le raisonnement est tout à fait logique à la manière allemande.

Étant donnée une hypothèse, on soutient tous les points

spécieux ou erronés de son opinion par d'autres hypothèses.

Les inventeurs des Aryas sont incapables d'invoquer la moindre preuve historique, aussi ne se laissent-ils jamais aller jusqu'à la discussion, ils imposent leur opinion comme un axiome.

Le mot d'*arya* signifie en sanscrit : *excellent, noble, brave.*

Dans les vieux écrits de la primitive époque antévédique, que les brahmes appellent époque pastorale, cette expression n'a jamais été employée qu'adjectivement. Plus tard, lorsque les différentes peuplades se furent disciplinées sous le joug sacerdotal des brahmes, le mot d'arya devint une épithète accolée communément aux noms des membres de la caste guerrière, les xchatrias, des gouverneurs de province, et des professeurs de science théologique, qui avaient la direction suprême des enfants des castes élevées, jusqu'à seize ans.

Ainsi on disait :

Arya xchatria, noble chef.
Aria gourou, vénérable professeur.

Avec le temps, cette qualification devint un véritable titre de noblesse, interdit à tous ceux qui n'appartenaient pas aux deux castes sacerdotale et royale.

Dans leurs chants, les poëtes appelèrent plus tard la nation indoue tout entière du nom d'Arya, mais alors ce mot redevenait un simple qualificatif ; c'était l'expression de *noble, civilisé,* appliqué aux peuples de l'Inde, en opposition avec celle de *guhaka, barbare,* que les Indous, comme les Grecs, appliquaient aux peuples étrangers.

Nous mettons au défi tout orientaliste sérieux de nous montrer un seul texte ancien ou moderne, prouvant qu'à une époque quelconque de leur histoire, dans le passé comme dans le présent, les Indous aient considéré cette expression d'Aryas comme leur nom de race, un seul texte qui démontre la prétendue invasion des peuples fabuleux de l'Oxus.

Il est un texte de Manou qu'il n'est pas permis d'ignorer :

« Couroukchetra, Matsya et le pays de Pantchala, qui recevra aussi le nom de Canya-Coubja (montagne de la vierge), Sourasvaca, aussi appelé Mathoura, forment la contrée de Brahmarchi, située près de celle de Brahmavarta. »

Ces deux contrées de Brahmarchi et de Brahmavarta, appelées dans l'Inde le pays des hommes vertueux, sont indiquées par l'histoire et la tradition comme étant les provinces que les brahmes regardent comme leur berceau.

Brahmarchi et Brahmavarta sont situés au centre même de l'Indoustan, entre le Gange et le Godavéry.

On voit ce que valent ces histoires d'Aryas et de brahmes guerriers envahissant l'Inde par l'Indus et venant soumettre les populations agricoles de ce pays...

On rougirait d'inventer de pareilles fables s'il s'agissait de traditions historiques modernes... Tout semble permis quand il s'agit de l'Orient.

Causant un jour avec un *savant titré* que l'on prétend être une des colonnes des sciences indianistes, nous lui citions sur une question qui nous divisait, l'autorité d'un savant pundit, que l'illustre William Jones ne nommait qu'avec respect, et qui est un des commentateurs les plus autorisés de Manou. Nous voulons parler de Collouca-Batta.

— Hé ! monsieur, nous fut-il répondu, tous vos pundits et tous vos brahmes ne sont pas des autorités que nous admettions dans la science.

Voilà où nous en sommes.

Celui qui nous parlait ainsi eût été fort embarrassé de résoudre les problèmes qui encombrent les premiers siècles de notre histoire... Mais, sans avoir quitté les rives de la Seine, il avait la prétention d'enseigner aux Indous, aux brahmes, qui passent leur vie dans l'étude des antiquités nationales, comment il fallait comprendre leur propre histoire, et commenter leurs législateurs et leurs livres sacrés...

CHAPITRE II.

UN DISTIQUE DU POETE PARASOURAMA.

Nous venons de le dire : pour les brahmes qui possèdent l'histoire de leur pays depuis les époques antédiluviennes jusqu'à nos jours, par une suite non interrompue de traditions, il n'y a pas d'Aryas, il n'y a que des Indous, c'est-à-dire des peuples possédant une civilisation qui est née et s'est développée sur les bords du Gange et du Godavéry, les deux fleuves sacrés de l'Indoustan.

La tradition aryanne sur les bords de l'Oxus est un non-sens au point de vue de l'histoire, de la géographie et de l'ethnographie.

Quant aux traditions touraniennes et sémitiques, elles ne sont que le produit du rayonnement de la tradition indoue.

Nous avons démontré que les plaines stériles de l'Asie centrale n'ont jamais pu engendrer des civilisations durables, et que la foule des peuplades, ayant des langues différentes, qui tour à tour y ont jeté un bien fugitif éclat n'ont pu venir que de l'Inde, qui, avec son énorme population parlant soixante-quinze dialectes, ses extraordinaires conceptions religieuses et philosophiques, sa législation, ses castes, ses luttes des rois et des prêtres, ses révolutions serviles, ses émigrations périodiques, est la seule contrée de l'antiquité qui, à l'égard des autres peuples de l'Orient, offre tous les caractères ethnographiques d'une incontestable maternité.

Nous avons vu la science officielle se noyant dans des classifications imaginaires, inventant des peuples, imaginant des systèmes là où, selon nous, il n'y a que de l'histoire à apprendre, des faits à observer, des manuscrits indous à traduire...

Répétons jusqu'à satiété la parole du savant indianiste Halled :

« Peu de peuples ont des annales plus incontestables que celles des Indous. »

On ne conteste pas que ces peuples ne soient les plus anciens que notre globe ait supportés, dans la période géologique actuelle... Qu'attend-on pour porter la lumière dans ces immenses dépôts de manuscrits que récèlent toutes les vieilles pagodes de l'Indoustan ?

Voyez déjà les assyriologues ! Avec quelques inscriptions découvertes dans les ruines de la Chaldéo-Babylonie, inscriptions qui, à chaque pas, dénotent des coutumes, des usages encore vivants dans l'Inde actuelle, ils font rayonner la civilisation chaldéenne au sud jusqu'en Égypte, au nord jusque sur les côtes de la Finlande.

Il y a à peine deux siècles, c'était la Grèce qui avait civilisé le monde ancien. Puis est venu le tour de l'Égypte. On fouille maintenant l'Assyrie, et tout ce que l'on découvre porte l'empreinte magique de la vieille terre des brahmes. Est-ce que cette marche progressive, se dirigeant fatalement vers le grand foyer commun, ne prouve pas la vérité de cette opinion que nous soutenons :

Tous les peuples anciens descendent par voie d'émigration des plaines fertiles qui s'étendent de l'Himalaya au cap Comorin et de l'Indus au Gange.

Les différentes légendes indoues que nous allons étudier sur la création et le déluge, comparées aux traditions *dites* touraniennes et sémitiques sur les mêmes sujets, vont nous permettre de clore le débat par une série de preuves telles qu'aucun fait historique ne pourrait en offrir de plus concluantes.

Le poëte Parasourama a dit :

« Où vont ces nuages qui s'échappent de l'Hymavat [1] ?

« Ils portent l'eau des montagnes sacrées aux enfants de la terre du Lotus [2], qui s'en sont allés par delà les déserts et les mers. »

1. Himalaya.
2. L'Inde. — Les ouvrages indous fourmillent d'allusions aux grandes émigrations du passé.

CHAPITRE III.

LES LÉGENDES DE LA CRÉATION DE L'HOMME.

Les légendes indoues sur la création sont de trois natures différentes.

Les premières, que nous appellerons *Légendes scientifiques*, font partie des croyances des brahmes savants, inconnues du vulgaire.

Les secondes, que nous désignerons sous le nom de *Légendes sacerdotales*, ont été fabriquées par les prêtres au profit de leur domination politique et religieuse.

Les troisièmes enfin, que nous nommerons *Légendes fabuleuses*, sont écloses dans l'imagination des poëtes.

Il n'y a pas une nation dans le monde, appartenant à la race blanche, qui ne retrouve là l'origine de ses mythes génésiques.

CHAPITRE IV.

LÉGENDES FABULEUSES.

LA LÉGENDE DU HARI-POURANA.

Nous avons déjà donné dans « la Bible dans l'Inde » une de ces légendes poétiques. Rappelons-la en deux mots, car elle a été copiée servilement par les auteurs de la genèse hébraïque.

Adhima et Héva, créés par Brahma, furent placés par lui dans l'île de Ceylan, avec défense de quitter sans sa permission cette splendide contrée. Adhima, tourmenté par le désir de parcourir la terre qu'ils habitent, entraîne sa femme à sa suite, et va faire une excursion sur la grande terre de l'Indoustan qu'ils apercevaient de leur île.

Un pont naturel de rocher entre Ceylan et la grande terre leur offre un passage tentateur.

A peine ce désir est-il accompli, malgré les résistances d'Héva *qui craint de désobéir au Seigneur*, que le pont qu'ils venaient de traverser s'écroule, et les deux voyageurs se trouvent nus sur une terre sablonneuse et stérile, qui de leur île cependant leur était apparue couverte de végétation et d'animaux de toutes espèces.

Tout cela n'était qu'un mirage que le chef des rakchasas —

démons, — jaloux de l'œuvre de Brahma, avait suscité pour les engager à la désobéissance.

Adhima se désolait, Héva invoque le Seigneur, et Brahma pardonne à l'homme en faveur de sa compagne, qui ne l'a suivi que par amour, et n'a pas, après la faute, désespéré du créateur.

Mais le Dieu leur annonce qu'ils ont perdu le paradis de délices où il les avait placés, qu'ils devront travailler la terre et souffrir pour reconquérir le ciel, et en même temps il leur promet d'envoyer Vichnou, la seconde personne de la trinité, s'incarner dans le sein d'une vierge, pour venir purifier la race humaine de la faute commise par ses premiers pères.

Tel est le résumé très-succinct de cette belle légende, que les émigrations d'esclaves et de parias qui ont peuplé les contrées dites sémitiques ont défigurée à plaisir.

De là l'invention de la pomme et du serpent, et la faute attribuée à l'initiative de la femme, pour légitimer l'esclavage imposé à leurs mères par les grossiers habitants de l'Euphrate et du Jourdain.

On nous fait encore agenouiller devant ce passé-là! Les siècles prochains ne pourront faire accorder la grandeur scientifique du siècle de la vapeur et de l'électricité avec l'absurdité des fétiches religieux qu'il conserve.

Voici la légende du *Hari-Pourana* :

Le Hari-Pourana est un poëme en l'honneur de Vichnou, seconde personne de la trimourti, qui jouit d'une réputation d'antiquité égale à celle des Védas et de Manou.

Dans cet ouvrage Vichnou est considéré comme le principe créateur manifesté du Dieu suprême, et spécialement le père des êtres animés.

DESCENTE DE VICHNOU SUR LA TERRE.
Création de l'homme et de la femme.

« O sublime esprit créateur, daigne accorder le pardon de leurs péchés, la purification de leurs souillures à tous ceux qui dans le monde t'offrent eu ce moment le sacrifice et prononcent ton nom.

***

« Tu es d'une nature spirituelle, tu es la lumière par excellence, tu n'es point sujet aux misères et aux passions humaines.

***

« Tu es éternel, tu es tout-puissant, tu es la pureté même, tu es le refuge des créatures et leur salut, tu possèdes toutes les sciences, tu es l'essence du Véda, tu es la figure de la vérité et de la prière.

***

« C'est à toi qu'on doit adresser tous les sacrifices, tu disposes de tous les biens du ciel et de la terre, tu conserves tout et peux tout détruire en un instant.

***

« Le bonheur et le malheur, la joie et la douleur, l'espérance et la crainte, tout est entre tes mains, tout dépend de toi, tu es l'objet de tous les vœux des hommes, et tu es en même temps le prestige qui leur fascine la vue, qui les attire vers l'infini.

***

« Tu exauces leurs prières et satisfais leurs désirs. Tu les

combles de biens et fais réussir toutes leurs entreprises. Tu les
purifies de leurs fautes et leur accordes une place au swarga.

⁎

« Tu es présent dans les trois mondes. Tu as trois esprits,
trois corps, trois visages, et le nombre trois fait ton essence.
Écoute ces chants excellents que j'adresse à Vichnou.

Invocation à la déesse Nari [1].

« Je t'adore, ô déesse. Tu es l'essence la plus pure de
Brahma. Tu es la mère du monde. Tu es la créatrice, la conservatrice et la destructrice de toutes choses.

Invocation à l'eau lustrale.

« Eau consacrée par les cinq parfums et la prière, tu es
pure, que tu proviennes de la mer, des fleuves, des étangs ou
des puits, purifie mon corps de toute souillure.

⁎

« Ainsi qu'un voyageur fatigué par la chaleur trouve du
soulagement à l'ombre d'un arbre, ainsi puissé-je trouver en
toi, eau sacrée, le soulagement de mes maux et la purification
de mes péchés.

⁎

« Eau consacrée, tu es l'essence du sacrifice, le germe de
la vie ; c'est dans ton sein que sont éclos tous les germes, que
se sont formés tous les êtres.

---

1. Nari est la vierge immortelle, mère des dieux et des hommes, elle
représente le principe-mère enfermé dans l'essence divine de Swayambhouva, l'Être existant par lui-même.

« Je t'invoque avec la même confiance que celle d'un enfant; qui, à la vue de quelque danger, va se jeter entre les bras d'une mère qui le chérit tendrement. Purifie-moi de mes péchés, et purifie tous les hommes avec moi.

« Eau consacrée! dans le temps du Pralaya-Chao-Brahma, la sagesse suprême, Swayambhouva, l'être existant par ses seules forces, existait sous ta forme. Tu étais confondue en lui.

« Tout à coup il parut sur les vagues immenses qui sillonnaient l'infini, et il se créa une forme pour se révéler et sépara les terres d'avec les eaux qui, réunies en un seul lieu, formérent le vaste océan.

« L'être irrévélé, Brahma, qui se reposait dans le vague de l'éther immense, tira de sa propre substance Brahma aux trois visages qui créa le ciel, la terre, l'air et les mondes inférieurs.

« Eau consacrée, tu es le réservoir de la vie, la source de tout ce qui existe, et c'est dans ton sein que Brahma s'étend pour se reposer dans l'infini quand vient la grande nuit de la nature.

Invocation à la terre.

« O terre, tu es notre mère à tous, tu protéges le laboureur qui te déchire le sein avec sa charrue. Tu fournis en abondance la nourriture de tous les êtres. Fille de Vichnou, écoute les chants excellents que j'adresse à ton père.

Invocation aux mondes supérieurs.

« Adoration au swarga-loca, au bouhou-loca, au bouvaha-loca, au mhahaha-loca, au djavaha-loca, au japaha-loca et au sattia-loca [1].

Invocation aux mondes inférieurs.

« Adoration au magdala-loca, au saladala-loca, au bachadala-loca, au soundala-loca, au vedala-loca, à l'adala-loca et au pattala-loca [2].

Invocation au soleil.

« Aum [1] ! Adoration au soleil :

« Je t'adore, ô sublime lumière de Dieu, œil de la vérité suspendu à la voûte des cieux !

« Je t'adore, ô toi que les sages ont toujours regardé comme le signe suprême de la puissance céleste.

« Je t'adore, ô toi qui es la vie, la force, la vertu, la vérité, le Véda, la prière et la figure de l'être suprême.

1. Divisions du swarga ou ciel — loca en samscrit lieu, a formé le latin *locus.*

2. Divisions de mondes inférieurs, entre le ciel et l'enfer.

3. Aum, monosyllabe sacré dont chaque lettre est l'image d'une des trois personnes de la trinité   A — U — M.
Brahma-Vichnou-Siva.

*
* *

« Aum ! Adoration au soleil.

Prière.

« Dieu soleil, vous êtes l'image de celui qui existe par ses propres forces. Vous êtes Brahma à votre lever, Vichnou à midi et Siva à votre coucher. Roi du jour, vous brillerez dans l'air comme une pierre précieuse. Vous êtes l'image de la Trimourti, le témoin de toutes les actions qui se font sur la terre ; vous êtes l'œil du monde, la mesure du temps ; c'est vous qui réglez le jour et la nuit, les semaines, les mois, les années, les cycles, les calpas, les yougas, les saisons, les ayanas, le temps des oblations et de la prière ; vous êtes le seigneur des neuf plaintes, vous absolvez les péchés de ceux qui vous invoquent et vous offrent des sacrifices ; vous dissipez les ténèbres partout où vous vous montrez. Dans l'espace de soixante gadhias, vous parcourez sur votre char la grande montagne du nord qui a quatre-vingt-dix millions cinq cent dix mille yodjanas d'étendue. Je vous loue et vous adore de tout mon pouvoir ; daignez me faire éprouver les effets de votre bonté et de votre miséricorde en m'accordant le pardon de tous mes péchés et le séjour de la félicité suprême après ma mort. — Cette prière est extraite par le poëte du Védanta-Sara, recueil d'invocations brahmaniques.

Invocation au feu.

« O feu, écoutez cette parole excellente :

« Épargnez mes ennemis, mais brûlez ceux qui disent du mal des Védas.

« Le nombre de mes péchés est comparable au sable des rivages. Ils rempliraient les gouffres profonds des mers.

« J'implore ta miséricorde, sois pour moi un moyen de salut, purifie-moi de mes souillures.

« O feu, viens ici, j'ai besoin de toi pour le sacrifice. Image de l'esprit de l'éternel Brahma, viens par ta présence purifie-les pindas [1] sacrés.

***

« O feu, vous êtes la prière universelle ; c'est par votre flamme divine qu'elle monte aux pieds de Swayambhouva ; faites que par votre entremise tous les péchés que j'ai pu commettre par pensée, par paroles, et par actions me soient remis.

Invocation à Vichnou.

« L'homme qui est pur, ou qui est impur, ou qui se trouve dans une situation périlleuse quelle qu'elle soit, n'a qu'à invoquer *Celui* qui a les yeux du lis d'étang [2], pour être pur au dedans et au dehors, et être sauvé.

« O Vichnou !

« Je vais chanter ta manifestation dans la nature visible, et la naissance de l'homme formé par tes mains. »

(— La première partie de cette invocation à Vichnou passe dans l'Inde pour aussi efficace que la prière de la sàvitri, et le mystérieux monosyllabe Aum. En voici le texte original d'après le Nittia-Carma, ou rituel des cérémonies et prières brahmaniques.

Apavitraha pavitraha sarva vastam
Gatopiva yasmaret pounkarikacham
Sabahiabhiam tara Souchihy.

---

1. Les pindas sont des galettes de riz que le brahme consacre pendan le sacrifice et qu'il fait manger aux assistants pour les purifier de leurs fautes.
2. La fleur du lotus dédiée à Vichnou.

Les brahmes qui se vouent plus particulièrement au culte de Vichnou qu'à celui des deux autres personnes de la trinité, et qui pour cela sont appelés *vichnouvistes* — *vichnavas* — font vœu de réciter tous les jours cette prière pendant un certain nombre d'heures.

A cet effet, le jour de leur *initiation*, en même temps que le prêtre brahme leur répand sur la tête l'huile consacrée, ils prononcent à haute voix le vœu suivant :

« Aujourd'hui, jour de l'Oupanayana, voulant éloigner de moi tout danger, faire des progrès dans la vertu, et obtenir après ma mort les délices du swarga, je fais vœu de réciter l'invocation à Vichnou chaque jour, pendant une heure, au lever du soleil, et une heure au coucher. Je mérite les plus affreux tourments du naraca si je manque jamais à ce serment. »

D'autres font vœu de prononcer cette prière cent fois la matinée et cent fois le soir. Ils se servent alors du chapelet que tout brahme porte à sa ceinture, pour compter ses prières — .)

C'est par des invocations à la grande cause première, à Swayambhouva, le Dieu irrévélé, au soleil, à l'eau, au feu, aux mondes supérieurs et inférieurs, que tous les poëtes indous préludent à leurs chants génésiques ; c'est après avoir invoqué le germe universel et toutes ces forces inconnues de la nature qui se développent par son influence, qu'ils abordent leurs sujets.

Avant de continuer la traduction de ce curieux document du Hari-Pourana, nous demandons au lecteur la permission d'ouvrir une parenthèse pour dire quelques mots des poëmes indous en général.

Nous donnons à ces réflexions la forme du chapitre, afin

qu'elles ne soient pas, eu égard à leur importance scientifique considérable, noyées au milieu de matières. De telles erreurs ont cours en Europe sur les choses qui touchent à l'Inde, que nous saisissons avec empressement toutes les occasions qui se présentent de les signaler.

Nous ne savons quand la science officielle — celle qui élève en serre chaude au collége de France des indianistes académiques, qui soutiennent par exemple que Brahma n'a jamais eu d'autels dans l'Inde, — nous ne savons, disons-nous, quand cette science voudra bien reconnaître que la civilisation de l'Inde *est un fait*, qu'elle a conservé tous ses monuments religieux, littéraires, philosophiques et scientifiques, que les brahmes savants des pagodes, et les castes élevées vivent encore comme au temps des Védas et de Manou, que par conséquent cette civilisation repousse *les hypothèses ingénieuses* et *les inventions subtiles*, et qu'il n'est pas permis de faire là œuvre d'imagination, comme sur les briques assyriennes et tablettes du palais d'Assur-Bhani-Pal.

L'Inde ne dort pas enfouie sous le sable. Mais ce que nous savons, c'est que l'on ne fera de l'indianisme sérieux qu'en allant s'inspirer aux rives du Godavéry et du Gauge de l'esprit de cette civilisation.

CHAPITRE V

LES POEMES INDOUS.

Ce chapitre, nous l'avons dit, n'est qu'une parenthèse, nous le ferons le plus court possible, pour ne pas interrompre les récits légendaires du Hari-Pourana.

Les deux langues primitives de l'Inde ancienne sont le *sanscrit*, langue sacrée, et son dérivé immédiat, le *pali*, idiome vulgaire.

Les indianistes prétendent que le *pali* ancien n'existe plus.

Les brahmes soutiennent que le *pali*, en tant que langue unique, n'a jamais existé.

Suivant eux le mot *pali* doit se traduire ainsi : *le parler des castes inférieures.* Ce ne serait donc pas le nom d'une langue particulière, mais bien celui des nombreux idiomes nés du sanscrit que parlent depuis l'antiquité la plus reculée les différentes castes et tribus inférieures.

Au temps de Kapila, c'est-à-dire il y a plus de dix mille ans, le nombre de ces idiomes était supérieur à cent. La centralisation brahmanique et royale, les invasions en ont fait disparaître quelques-uns.

Il en reste encore dans l'Inde soixante et quinze! Au milieu de cette variété de langage, les croyances religieuses, les mœurs, les coutumes sont restées les mêmes pour tous les peuples, protégées d'un côté par le pouvoir religieux des brahmes, et de l'autre par l'institution des castes.

Mais si la base n'a jamais été ébranlée, si les principes imposés par la domination religieuse n'ont pas varié sur le terrain orthodoxe, cette immobilité n'a pas été imposée à la poésie, et pourvu que le rapsode respectât l'essence même de la divine srouti — révélation, — il lui était loisible de donner libre carrière à son imagination, et de célébrer comme il l'entendait Dieu, les esprits intermédiaires, les forces de la nature, les exploits légendaires des héros et les milliers de dieux inférieurs.

C'est pour cela que l'Inde possède des quantités innombrables de poëmes, sur les mêmes matières, les mêmes faits, portant les mêmes titres, chantant les mêmes dieux, et qui, identiques et orthodoxes quant au fond, varient dans les détails et les développements poétiques.

Il y a dans l'Inde, nous l'avons déjà dit autre part, *plus de douze cents textes des Védas, et plus de trois cent cinquante textes de Manou*, sans compter le *Wriddha-Manava* que les brahmes n'ont pas encore voulu livrer parce qu'il commence par les deux slocas suivants :

« Après avoir accompli les austérités les plus méritoires, les vertueux maharchis furent transportés face à face devant le Seigneur des créatures, et lui ayant dit : O toi qui n'as pas eu de commencement et n'auras pas de fin, sagesse éternelle, daigne nous apprendre *le secret des choses*. Le Seigneur répondit :

« Écoutez, vertueux maharchis, qui par vos austérités méritoires avez mérité de monter jusqu'à moi, je vais vous enseigner comment s'est formé le *périssable de l'impérissable*, et d'où vient cet univers, mais sachez que *la parole qui va être dite* ne pourra être révélée au vulgaire. »

Malgré d'étroites relations d'amitié, malgré l'autorité qui s'attachait à nos fonctions de magistrat, nous n'avons pas été plus heureux que nos devanciers, et nous n'avons pu obtenir des brahmes autre chose que quelques fragments de cet antique ouvrage, que les pundits mettent au-dessus des Védas, car selon eux ces ouvrages ne seraient que le développement symbolique de la révélation primitive contenue dans le *Wriddha-Manava*.

Eh bien, tous ces textes des Védas et de Manou, de tous points semblables comme doctrines, diffèrent sensiblement dans le détail des faits, des cérémonies et surtout dans les épisodes héroïques.

Les autres ouvrages sacrés ou héroïques offrent entre eux des variantes plus sensibles encore.

C'est précisément dans ces variations innombrables, respectant toujours cependant, ainsi que nous venons de le dire, le principe même des croyances, qu'il faut chercher le secret de ces nombreuses traditions qui se sont répandues dans le monde à la suite des émigrations indoues, traditions qui, en portant le même cachet d'origine, sont élevées ou vulgaires, suivant que les émigrants qui les ont apportées sur un sol nouveau, où elles se sont encore transformées, furent des xchatrias, des vaisyas, des soudras ou des esclaves.

Un seul pays, l'Égypte, fut colonisé par une émigration de brahmes et de xchatrias, vaincus dans des luttes d'ambition sous la direction de Manou-Véna, qui est le Manès ou Ménès de l'histoire; c'est ce qui explique que de tous les panthéons et de tous les gouvernements hiératiques de l'antiquité, ceux de l'Égypte ressemblèrent le plus aux conceptions religieuses et civiles de l'Inde.

Il n'y a que les brahmes savants et les pundits qui ont pâli pendant un demi-siècle sur leurs innombrables manuscrits, ayant à leur secours les huit à dix dialectes savants qu'il faut connaître, qui soient capables de faire la lumière dans cette nuit profonde de ce mystérieux passé.

Il faut aller leur demander leur science.

Que dire de l'indianisme officiel qui se contente d'un texte unique, qui n'est même pas complet, des Védas, de Manou, des Pouranas, des Sastras et des quelques autres ouvrages qu'on étudie en Europe, et qui dit, imprime et professe qu'il en possède assez pour juger l'Inde...

Si la bibliothèque d'Alexandrie avec *ses neuf cent mille volumes* n'avait pas été brûlée, combien aurait-il fallu de siècles pour tout traduire et tout commenter...

Il n'y a pas qu'une seule bibliothèque dans l'Inde, il y en a autant que de pagodes.

Les brahmes évaluent à sept millions le nombre des manuscrits qui existent actuellement dans les temples de Ceylan et de l'Indoustan, sur toutes les branches des connaissances humaines.

Combien faudra-t-il de générations d'indianistes sérieux pour dégager partout la légende, le fait fabuleux, les invocations, les prières qui encombrent tous ces ouvrages, et donner au monde l'esprit même de la science brahmanique !

L'œuvre sera pénible, longue, difficile, est-ce une raison pour ne la pas entreprendre ?

Lorsqu'on a voulu étudier notre histoire du moyen âge, l'appuyer par des documents sérieux, porter les investigations de la science sur les capitulaires de nos rois, déchiffrer des manuscrits qui ne datent que de quelques siècles... on a créé l'École des chartes.

Eh bien, la question que nous posons est celle-ci : cette École pourrait-elle étudier les antiquités de la France à trois mille lieues de distance sans voir nos monuments artistiques, nos vieux édifices, sans compulser nos manuscrits originaux ?

Il n'est pas un homme sensé qui oserait le prétendre. Pourquoi alors cette prétention d'étudier à trois mille lieues de l'Inde la plus colossale civilisation du monde ancien, civilisation qui s'est mue et se meut encore au milieu d'un monde, d'idées, de systèmes, de coutumes et de détails de toutes espèces, auxquels on ne peut être initié que sur le sol ?

Et comment voulez-vous traduire si vous ne possédez pas une science exacte de toutes ces choses qui sont l'essence même de la vie d'un peuple ?

Un exemple entre mille :

Il y a dans l'Inde une prière célèbre qui se nomme *la gaïatry*.

Une foule d'indianistes l'ont traduite, et pas un de la même manière.

Voici trois traductions empruntées à des indianistes différents... Nous ne voulons pas les nommer pour ne pas être accusé de faire des personnalités sans nécessité ; nous ne sommes pas, en effet, en présence d'un système que l'on peut attaquer en nommant l'auteur, mais bien en face d'une question *fort délicate de savoir*.

Première traduction.

« Adorons la lumière de Dieu, plus grand que vous, ô soleil ! Cette lumière dirige notre esprit.

*
* *

« Le sage considère cet astre comme une preuve suprême de la divinité. »

Deuxième traduction.

« Adorons la lumière de ce soleil, le Dieu de toutes choses qui dirige nos pas.

****

« Le sage voit dans cet œil suspendu à la voûte des cieux l'image de la nature. »

Troisième traduction.

« Adoration au soleil dont la lumière éclatante est le seul Dieu qui dirige notre esprit.

****

« Que ce signe suprême nous conduise vers la vertu en ce monde, et vers la divinité en l'autre. »

Voici maintenant le texte de la gaïatry qui a donné lieu à ces traductions :

« *Tat savitourou varaniam bhargo devassiah dimahi Zyo yona pratcho dayat.* »

Il est facile de voir à la lecture de ces trois morceaux, sans prendre parti pour l'un ou pour l'autre, que chaque traducteur a fait sa version dans le sens des idées qu'il soutient d'après ses convictions personnelles.

La première traduction émane d'un indianiste spiritualiste.

La seconde d'un matérialiste qui, pour étayer son système, veut à toute force prouver que les Indous adoraient la matière, et pour cela il fait le soleil seul Dieu de la nature.

Quant à la troisième version, elle semble émaner d'un indifférent, puisque, après avoir dans le premier couplet *fait du soleil le seul Dieu qui dirige notre esprit*, dans le second il en fait *un signe qui conduit l'homme à la divinité.*

C'est un indianiste éclectique qui veut contenter tout le monde, aussi est-il juste de dire que c'est celui des trois qui a le plus mal traduit.

Nous n'attaquons pas, nous constatons.

Hé bien! avec de pareilles traductions, ne sommes-nous pas fondés à dire, en face d'innombrables manuscrits que l'Inde ancienne nous a légués, en face surtout de leurs divergences nombreuses et des commentaires de toutes natures qui encombrent les véritables textes, que ce n'est pas ainsi qu'on reconstituera l'Inde ancienne, non pour les brahmes qui connaissent leur pays et n'ont nul besoin de notre science, mais pour l'Europe ?

Quand créera-t-on une école des chartes sanscrites, non au collège de France où l'on épelle l'immortelle langue des Védas, comme des élèves de huitième font du latin, mais dans le sud de l'Indoustan, où bibliothèques et traditions ont échappé à toutes les invasions?

Le distique que nous venons de donner a été traduit par nous de la manière suivante :

« Adoration à la lumière du soleil que l'Être suprême envoie diriger nos actions.

« Ce signe est pour le sage l'image de la divinité. »

Nous n'avons pas la prétention d'affirmer que notre traduction vaut mieux que les autres, nous disons simplement qu'elle a reçu l'approbation des brahmes, nos maîtres.

Le chant dont nous allons donner la suite est extrait du Hari-Pourana de la bibliothèque de la pagode de Chelambrum,

dans le Carnatic. Nous spécifions ainsi, car l'expression de
Hari-Pourana signifie chant, poëme, en l'honneur de Vichnou, et toutes les pagodes possèdent des Hari-Pouranas qui,
quoique identiques par le fond et la doctrine, diffèrent par les
détails et les épisodes poétiques : l'un chante Vichnou créateur
des hommes, un autre, Vichnou conservateur ; un autre,
Vichnou médiateur, mais tous conservent la même légende
génésique. Ces différences n'enlèvent rien à l'antiquité des
unes et des autres ; de même les chants religieux du christianisme sont des plus variés sur les mêmes sujets sans cesser pour
cela d'être orthodoxes.

CHAPITRE VI.

INVOCATION A VICHNOU MANIFESTÉ.

LA CRÉATION DU HARI-POURANA.

« De toutes parts, les eaux s'étaient séparées de la terre, le jour de Brahma commençait. L'immortel germe fécondait la nature, *l'homme de péché* Vasouki, terrassé par Indra, avait été chassé du ciel avec la troupe des dévas révoltés [1] ; précipité dans les mondes inférieurs, le chef des rakchasas luttait contre les desseins de Brahma.

*
* *

« Pour le salut de la création, la propagation de la vie, la naissance du bien et l'anéantissement du mal, l'immortel Vichnou sortit du sein d'une fleur de lotus, sur la nappe immense des eaux, et il chassa le vieil homme, l'homme de péché, rakchasa maudit, dans le naraca — enfer. »

(Voici le portrait de cet homme de péché, du démon, que nous extrayons du *Sama-Véda.*)

« Le meurtre d'un brahme en forme la tête ; la boisson, des

1. La révolte des esprits qui passa dans le panthéon grec sous le nom de combat des Titans, et dans la légende chrétienne sous le nom de révolte des anges.

liqueurs enivrantes, les yeux ; le vol, et celui de l'or en particulier, le visage ; le meurtre d'un *gourou* — directeur spirituel — les oreilles ; celui d'une femme, le nez ; celui d'un taureau, les épaules ; l'enlèvement de la femme d'autrui, la
poitrine ; l'avortement volontaire, le cou ; l'oppression du juste
et de l'innocent, le ventre ; la violence exercée contre une personne qui a imploré notre protection, le nombril ; médire de
son *gourou*, violer une vierge, trahir le secret qu'on nous a
confié, faire périr celui qui a mis en vous sa confiance, en
sont les parties honteuses et les cuisses ; les petits péchés en
sont les poils.

« Cet homme de péché est d'une taille gigantesque et d'une
figure horrible ; il est de couleur noire, il a les yeux hagards
et étincelants, les pieds fourchus ; il fait le supplice des
hommes. »

(Sama-Véda.)

Tous les ouvrages de pratique vulgaire du catholicisme sont
pleins de phrases dans le genre de celle-ci :

Il faut chasser l'homme de péché.

Il faut dépouiller le vieil homme.

Quant à l'homme noir, d'une taille gigantesque, d'une figure
horrible, aux yeux hagards et étincelants, aux pieds fourchus,
et qui est chargé de torturer les hommes, le rakchasa maudit,
le diable en un mot du Sama-Véda, il a régné pendant dix-
huit siècles sur la mythologie de Rome, et la terreur qu'il inspirait a plus contribué que l'amour de Dieu à faire répandre
abondamment sur ses alliés une pluie de dons pieux, de
riches offrandes et de donations...

Son rôle est bien effacé aujourd'hui !

Quantum mutatus ab illo...

Autrefois il était d'un rapport satisfaisant ; de grosses fermes,
abondamment pourvues de serfs attachés à la glèbe, à chaque

instant étaient offertes par de hauts barons à trois poteaux, qui, après avoir rançonné les juifs, les colporteurs, et brûlé quelques provinces, se dépouillaient de leurs rapines par peur de la grande marmite, de l'homme cornu, fourchu et poilu...

Les rois donnaient des chasubles d'or, des vases de vermeil, des châsses enrichies de rubis; ils passaient, comme Henri d'Allemagne, pendant trois jours les pieds dans la neige pour se faire relever d'une excommunication qui les livrait à l'*homme du péché*... la plèbe donnait la dîme de ses sueurs... C'était le bon temps !

Puis il est arrivé un moment où le peuple, comme un mineur qui fait annuler à sa majorité toutes les donations, tous les engagements obtenus de son incapacité, par dol, fraude et captation,.. a repris son bien, a prétendu travailler pour son propre compte; le diable a eu beau geindre, crier, montrer sa grande fourche, faire ses grimaces les plus horribles, menacer du feu éternel... on lui a ri au nez...

Et maintenant si on lui donne encore quelques sous pour sa famille, c'est par un restant d'habitude, et souvent par pitié. Avant un siècle, nul ne pourra plus se soustraire aux charges de la vie sociale; qui voudra vivre devra travailler, soldat aujourd'hui pour défendre son foyer, citoyen demain pour l'enrichir... Et le *diable*, proprement couché dans son tombeau, dormira oublié dans la poussière des superstitions disparues.

Le respect s'en va, l'égoïsme gagne, où allons-nous, grands dieux ! Bientôt il n'y aura plus que des hommes, et la parole de Virgile :

> *Sic vos non vobis nidificatis aves,*
> *Sic vos non vobis mellificatis apes,*
> *Sic vos non vobis parietis oves.*

ne sera plus de mise.

Les oiseaux ne feront leurs nids que pour eux ; pour elles
seules les abeilles feront leur miel ; les brebis ne donneront
leur croît qu'à ceux qui les auront élevées, soignées, aimées et
nourries. Les parasites seront chassés du nid, et les frelons de
la ruche ; la charrue et le marteau seront les rois du monde.

Il n'y aura plus moyen de vivre, comme le bienheureux
saint Joseph Labre, en demandant l'aumône sur les marches
ou dans l'intérieur d'un temple.

« *En vérité, je vous le dis, ce sera l'abomination de la de-
solation.* »

Que le lecteur veuille bien excuser les parenthèses dont
nous encombrons parfois les textes indous, il est des rapprochements que nous ne pouvons résister à faire.

Nous poursuivons :

« Lorsque le Dieu rayonnant de lumière vit que la terre s'é-
tait couverte de fleurs, de verdure et d'épaisses forêts, et que
des milliers d'animaux y vivaient selon leur nature, que l'air
était peuplé d'oiseaux, que les fleuves et l'Océan, réservoir
immense des eaux, étaient garnis de poissons.

« Il vit que l'œuvre de la création était achevée ; il prit une
tige de cousa [1], et, ayant fait une oblation, il adora Swayambhouva, le principe immortel qui existe par lui-même.

« Et ayant pris une particule des cinq principes, — l'air,
l'éther, l'eau, le feu, et le fluide pur ogasa, — qu'il réunit aux
cinq principes de perception, et aux cinq principes de l'intelligence, il pétrit le tout ensemble et le divisa en deux parts.

1. Herbe sacrée des brahmes en mémoire de ce fait.

« Ayant soufflé sur ces deux parts dans lesquelles étaient réunis les cinq principes de matière subtile, et les principes de perception et d'intelligence, il leur donna la vie, et ainsi la femme et l'homme furent créés.

« Immortel Vichnou, 'divin Pouroucha-mâle céleste, toi qui fécondes la nature entière, manifestation visible de l'immortel Brahma, père des dieux et des hommes, je vais dire ta puissance, ta grandeur, ta bonté, pour qu'à tous ceux qui répéteront ces chants excellents qui te sont consacrés, tous les péchés soient remis, et que le swarga leur soit ouvert à l'heure de leur dernière transformation... »

Après cette invocation à Vichnou, destinée à rappeler sommairement que l'homme lui doit la vie, le Hari-Pourana commence un chant en l'honneur des perfections de Dieu que nous ne donnerons pas ici, car il n'a plus aucun rapport avec le sujet qui nous occupe.

Retenons bien que, d'après cette légende, Vichnou anime l'homme et la femme d'un souffle, après avoir formé leurs corps avec les principes subtils de la matière, unis aux principes immortels de l'intelligence.

CHAPITRE VII.

LA CRÉATION DE L'HOMME DU SIVA-POURANA.

Le *Siva-Pourana* est un poëme en l'honneur de Siva, troisième personne de la trinité. Les invocations du Prœmium, au principe immortel, au feu, au soleil, à l'eau, etc., sont conçues dans le même goût que celles du Hari-Pourana ; il est donc inutile d'en donner une seconde édition.

Il est curieux de remarquer que, dans l'Inde, chacune des personnes de la trinité, Brahma, Vichnou, Siva, a ses adorateurs particuliers, et comme les trois dieux se confondent dans l'unité pour les brahmes théologiens, adorer Brahma, c'est adorer Zyaus, le dieu suprême, dans sa faculté fécondatrice universelle ; Vichnou, c'est adorer le dieu unique dans sa faculté créatrice et conservatrice ; et Siva représente le culte du même esprit supérieur dans sa faculté modificatrice et transformatrice. Il est admis également qu'en rendant ses hommages à un des trois dieux on les adresse aussi à tous.

Le Siva-Pourana attribue la création de l'homme à Siva dans la prière suivante :

Prière à Siva.

« O Siva, vous êtes le dieu du feu, que mes péchés soient détruits par vous comme l'herbe jaunie des jungles est détruite par le feu. C'est par votre souffle puissant qu'Adhima et Héva [1], les ancêtres *de cette race d'hommes* [2], ont reçu la vie et ont couvert la terre de leurs descendants.

***

« O Siva, vous êtes la prière, car c'est vous qui avez inter-. cédé le Seigneur de toutes choses, lorsque nos premiers pères furent chassés par leur désobéissance du séjour délicieux où croît l'arbre sacré *assouata*.

***

« Vous êtes le sacrifice, vous êtes la rédemption, le suprême espoir des hommes, car c'est vous qui les arrachez aux griffes des rakchasas — démons maudits, — à l'heure de la dernière transmigration.

***

« Vous êtes, ô Siva, le directeur suprême de tout ce qui existe, car c'est par vous que cet univers se modifie, se trans-forme, et donne constamment la vie aux milliers d'êtres de toutes espèces qui le composent.

***

« Écoute favorablement ces chants que j'adresse à tes perfections infinies; c'est de toi que le radieux soleil tient tout son éclat, à toi que les sept planètes doivent leur existence; tu es l'écueil de l'infini, la lumière des espaces éternels; fais que l'eau des ablutions soit toujours pure, les pindas du sacrifice [3]

---

1. En sanscrit Adhima signifie *le premier homme*, et Héva, le complément de la vie.

2. Les Indous reconnaissent une foule de races d'hommes antérieures à l'espèce actuelle dont l'avénement de chacune aurait fait disparaître la précédente.

3. Petites galettes de farine de riz ou de riz cuit que les brahmes consacrent à l'autel pendant le sacrifice et distribuent aux assistants.

toujours délicieux, et que la vertu ne disparaisse jamais de ce monde qui périrait sans ton secours. »

Après cette invocation, comme dans le Hari-Pourana, le poëte passe aux récits légendaires des exploits du Dieu.

Dans cette prière, le Siva-Pourana attribue à Siva la création du premier couple humain, et établit que c'est par son intercession que les hommes ont été relevés de la faute originelle.

Brahmanistes, vichnouvistes et sivaïstes, tout en faisant hommage de la création à leur dieu particulier, c'est-à-dire à l'une plutôt qu'à l'autre des facultés de Swayambhouva, l'être existant par lui-même, sont, comme on le voit, parfaitement d'accord sur la tradition.

L'*assouata*, ou arbre sacré, appelé en tamoul *arassa-maram*, en téliga *ravy-manou*, en kanara *arouly-mara* [1], est le *ficus religiosa* ou figuier des pagodes. Tous les temples dans l'Inde sont entourés d'une ceinture de ces arbres qui forment ce que l'on appelle le *bois sacré*.

Les temples de l'Égypte, de la Judée, de la Grèce et de Rome étaient construits également au milieu des bois sacrés.

C'est sous l'ombrage de l'*assouata* que les brahmes enseignent en se promenant la théologie et la philosophie à leurs élèves, aussi cet arbre est-il connu également sous le nom d'*arbre de la science*.

La Grèce eut aussi sa secte de péripatéticiens, ainsi nommés parce qu'ils professaient en se promenant.

On ne peut toucher à aucune coutume du monde ancien, sans constater immédiatement qu'elle existait de toute antiquité dans l'Inde.

Diogène et toute la catégorie des cyniques sont issus direc-

---

1. Ce sont les trois langues savantes en usage dans le sud de l'Indoustan.

tement des fakirs indous, qui ne voulaient des biens de ce monde qu'un peu d'eau pure, une poignée de graines pour vivre et un peu d'ombre pour se reposer.

Et toutes ces coutumes que nous signalons à chaque pas ne sont pas le résultat de faits isolés, elles forment un tout mmense qui a constitué cette extraordinaire civilisation brahmanique qui, après avoir rayonné sur le monde, a encore eu la force d'imposer à l'Europe la plupart de ses traditions.

Redisons-le à satiété ; étudier les peuples anciens indépendamment les uns des autres, les grouper en civilisations différentes, ignorer leurs rapports constants, refuser d'admettre qu'ils vécurent tous sur un fond commun, et qu'au plus ancien appartient l'*initiative*, c'est faire la même besogne scientifique que le prétendu érudit qui, dans huit à dix mille ans d'ici, étudierait les peuples de l'Europe disparue, en niant les rapports de constitutions sociales, de législations, de traditions religieuses, de philosophie et de science qui les unissaient, et qui chercherait à prouver que les races slaves, germaines, celtes, saxonnes et latines n'ont rien eu de commun au XIX° siècle comme croyances et traditions.

Supposez, dans la suite des siècles, l'Amérique et l'Europe transformées en déserts, et de nouveaux habitants, ignorants du passé, substitués aux anciens... Tout à coup des fouilles faites dans les deux contrées font découvrir des monuments semblables, des inscriptions identiques, mais transcrites dans des langues différentes..., nous voyons d'ici les luttes des savants durer des siècles ; chacun pour se singulariser créerait des civilisations à part, inventerait des peuples qu'on appellerait des Proto-Colombiens, parce que le nom de Colombie se serait conservé dans une inscription... et la science officielle à coup sûr ferait venir les peuples d'Europe d'Amérique, si cette dernière contrée se trouvait à cette époque la plus peuplée et la plus florissante.

Celui qui s'aviserait de terminer le débat, en déclarant que tous ces peuples ont eu une origine commune, un même berceau, et qu'il n'y a pas eu de civilisations différentes, opposées même, se ferait honnir de la bande et repousser de la congrégation.

C'est ce qui se passe de nos jours à propos des peuples anciens.

En science ethnographique et philosophique comme en politique, la sagesse humaine n'admet pas encore qu'on ne soit ni d'un groupe ni d'un parti, qu'on refuse d'être le soldat d'un système, et que l'on s'isole pour étudier *le vrai* et *le bien*.

Chacun tire sur la sentinelle perdue... jusqu'au jour où les ennemis viennent ramasser le fusil du mort, et s'en servir à leur tour.

Vous aurez beau faire et beau dire, un avenir prochain prouvera qu'il est un axiome pour les sciences ethnographiques comme pour les sciences exactes, et que l'axiome ethnographique peut se formuler à peu près ainsi :

Tous les peuples de la race blanche sont partis d'un foyer commun, avec un fond commun de traditions, et ils se sont ensuite développés, suivant les latitudes, nuançant leur peau, transformant leurs types, modifiant leurs idées, sans perdre leur cachet d'origine, sans changer les principes de leurs conceptions.

Les prêtres ont attribué ce fait indiscutable à la révélation. Les philosophes rationalistes ne voient là qu'un fait de sélection naturelle et sociale, qu'un fait de filiation obéissant à des lois fatales au point de vue matériel et psychologique, lois qui ont le progrès pour but... avec Dieu au commencement et à la fin de la route.

CHAPITRE VIII.

LA GENÈSE SACERDOTALE.

Nous pourrions multiplier les citations de ces légendes poétiques de l'Inde ancienne, sur les primitives traditions génésiques, car la vieille contrée brahmanique n'a pas qu'une Bible informe pour tout legs de son antiquité, comme les populations prétendues sémites ; elles varieraient peu dans leur esprit, et quoi que l'on fasse on sera bien obligé de reconnaître que les traditions chaldéennes et hébraïques sur le même sujet sont tirées des conceptions indoues.

A côté de ces inventions poétiques, le prêtre brahme qui avait besoin de consolider sa domination en la faisant remonter jusqu'à Dieu a placé une autre légende.

Voici cette genèse singulière qui, pour des siècles, créa dans le monde le droit divin *du prêtre* et *du roi*, les castes et l'esclavage.

La création est accomplie :

« Pour la propagation de la race humaine, de *sa bouche*, de *son bras*, de sa cuisse, de son pied, le souverain maître produisit le brahme, le xchatria, le vaysia et le soudra.

*
* *

« Pour la conservation de cette création entière, l'être souverainement glorieux assigna des occupations différentes à ceux qu'il avait produits de sa bouche, de ses bras, de sa cuisse et de ses pieds.

*_**

« Il donna en partage aux brahmes l'étude et l'enseignement des écritures sacrées, l'accomplissement du sacrifice, la direction des sacrifices offerts par d'autres, le droit de donner et celui de recevoir.

*_**

« Il imposa pour devoir aux xchatrias de protéger le peuple, d'exercer la charité, de faire la guerre, d'étudier les livres saints sous la direction des brahmes, et de ne pas abuser des plaisirs des sens.

*_**

« Soigner les bestiaux, donner l'aumône, sacrifier, étudier les livres saints, faire le commerce, prêter à intérêt, labourer la terre, sont des fonctions allouées au vaysia.

*_**

« Mais le souverain maître n'assigne aux soudras qu'un seul office, celui de servir les classes précédentes sans déprécier leurs mérites.

*_**

« Par son origine qu'il tire du membre le plus noble, parce qu'il est né le premier, parce qu'il possède la sainte Écriture, le brahme est, de droit, seigneur de toute la création.

*_**

« Tout ce que le monde renferme est la propriété du brahme ; par primogéniture et sa naissance éminente, il a droit à tout ce qui existe.

*
* *

« Le brahme ne mange que ce qui lui appartient, ne reçoit comme vêtement que ce qui est déjà à lui ; en faisant l'aumône avec la chose d'autrui, il ne donne que ce qui lui appartient. C'est par la générosité des brahmes que les autres hommes jouissent des biens de ce monde. »   (MANOU.)

De même que la genèse poétique de l'Inde fut adoptée par toutes les traditions religieuses de l'antiquité, de même la genèse sacerdotale fut copiée par tous les législateurs anciens, qui virent là un admirable moyen de despotisme.

Chez les Égyptiens, la loi assignait à chacun sa condition qui se perpétuait de père en fils ; on ne pouvait avoir deux professions ni en changer ; chaque tribu avait un quartier désigné pour son domicile particulier, et les personnes d'une autre caste ne pouvaient s'y établir. Les castes sacerdotales et militaires jouissaient de grands priviléges qui se perpétuaient et se transmettaient de père en fils, et la seule différence que l'on puisse signaler entre les Indous et les Égyptiens, consistait en ce que, chez ces derniers, toutes les castes, toutes les professions étaient honorées, tous les métiers, jusqu'aux plus bas, n'avaient rien d'avilissant, ce que nous savons de leur histoire nous le fait du moins présumer ainsi ; tandis que chez les Indous, il existe des professions et des métiers auxquels les préjugés du pays avaient peu à peu attaché un tel opprobre, que ceux qui les exerçaient étaient universellement méprisés par les castes qui avaient en partage des fonctions plus relevées dans l'opinion publique.

Nous devons croire cependant qu'il n'en était pas ainsi dans la haute antiquité, d'après le sloca de Manou que nous venons de citer :

« Mais le souverain maître n'assigne aux soudras qu'un seul office, celui de servir les *autres* classes, sans *déprécier leurs mérites.* »

Cécrops avait divisé le peuple d'Athènes en quatre tribus ou castes, et le législateur Solon eut égard à cette division et la confirma dans ses lois.

Numa Pompilius divisa également les Sabins et les Romains en plusieurs castes.

Les Chaldéens avaient transporté en Babylonie les quatre castes de la mère-patrie, et ces divisions s'observent encore en Tartarie chez tous les peuples de l'Asie centrale. Quelle preuve plus frappante pourrait-on donner de la filiation indoue de tous ces peuples, que de montrer que toutes leurs traditions religieuses et civiles se rattachent étroitement à l'Inde !

CHAPITRE IX.

LA GENÈSE SCIENTIFIQUE DES PUNDITS ET DES BRAHMES SAVANTS.

En intercalant dans Manou, pour les besoins de leur domination, la Genèse sacerdotale, qui créait des classes différentes d'hommes d'après leur naissance, les Brahmes négligèrent de faire disparaître du vieux législateur ainsi que du Bagavatta et d'une foule d'autres ouvrages poétiques, philosophiques ou scientifiques une foule de textes qui démontrent surabondamment comment les anciens pundits de l'Inde poussèrent loin leurs études sur l'homme et la nature.

Un grand nombre de ces textes ont déjà été cités par nous dans nos diverses études, nous allons les réunir ici pour en composer ce que nous appelons la Genèse scientifique de l'Inde.

« Quand la durée du pralaya-chao fut à son terme, le seigneur existant par lui-même — Swayambhouva — et qui n'est pas à la portée des sens externes, rendant perceptible ce monde avec les cinq éléments, et les autres principes, resplendissant de l'éclat le plus pur, parut et dissipa l'obscurité. »

« Celui que l'esprit seul peut percevoir, qui échappe aux organes des sens, qui est sans parties visibles, éternel, l'âme de tous les êtres, que nul ne peut comprendre, déploya sa propre splendeur.

⁎

« Ayant résolu dans sa pensée de faire émaner de sa substance les diverses créatures, il produisit d'abord les eaux, dans lesquelles il déposa un germe.

⁎

« Ce germe devint un œuf brillant comme l'or, aussi éclatant que l'astre aux mille rayons, et dans lequel le germe universel naquit sous la forme de Brahmä, le principe de tous les êtres [1]. »

(MANOU, liv. Ier.)

« Lorsque ce monde fut sorti de l'obscurité, les principes élémentaires subtils produisirent la semence végétale qui anima d'abord les plantes ; des plantes, la vie passa dans des corps fantastiques qui naquirent dans la boue des eaux ; puis, par une série de formes, et d'animaux différents, arriva jusqu'à l'homme. »

(*Bagavatia*.)

« Il passera successivement par les végétaux, les vers, les insectes, les poissons, les serpents, les tortues, les bestiaux et les animaux sauvages, tel est le degré inférieur.

⁎

« Telles ont été déclarées depuis Brahma jusqu'aux végétaux, les transmigrations qui ont lieu en ce monde. »

(MANOU, liv. I et XII.)

---

1. Brahmä avec un tréma sur la lettre finale est ici un nom neutre qui signifie le germe universel. Lorsque ce mot est un des qualificatifs ou des noms du Dieu unique, il s'écrit simplement Brahma.

22

« Les végétaux révèlent une multitude de formes à cause de leurs actions précédentes ; ils sont entourés d'obscurité, mais ils sont doués d'une âme intérieure et ressentent le plaisir et la peine. »

(MANOU, liv. Ier.)

« L'eau s'élève vers le soleil en vapeurs ; du soleil elle descend en pluie ; de la pluie naissent les végétaux ; de ces végétaux les animaux. »

(MANOU, liv. III.)

« Chaque être acquiert les qualités de celui qui le précède, de sorte que, plus un élément est éloigné dans la série, plus il a de qualités. »

(MANOU, liv. Ier.)

Ces textes nous permettent de dire que l'opinion scientifique de l'Inde ancienne, sur la création universelle, fut : que le principe matériel et le principe de vie se sont unis dans l'eau sous l'influence de la chaleur, et que l'être animé a progressé par les seules forces de la nature en s'élevant graduellement d'un type inférieur à un type supérieur, depuis la monade première jusqu'à l'homme.

Certaines anthropologistes modernes, disciples de Lamarck et de Darwin, en rééditant cette théorie, la donnent comme une *nouveauté* née du dernier état des sciences naturelles. Il y a vingt mille ans et plus peut-être que les pundits et les brahmes enseignent cette doctrine aux initiés dans l'intérieur des pagodes.

Les disciples de Kapila et de Vyasa vont plus loin même que Manou ; ils ne voient dans Brahma que le nom du germe universel, nient l'existence d'une cause première, et prétendent que tout, dans la nature, ne s'est développé que par des forces matérielles et fatales.

Écoutez cette parole par laquelle Vyasa termine son ouvrage sur le Maya— l'illusion de la vie.

« Toutes les croyances religieuses ne font qu'obscurcir l'intelligence de l'homme, en cherchant à la dégager de la matière, le culte des divinités, sous l'allégorie duquel on a caché le respect des lois naturelles, chasse la vérité au profit des superstitions les plus basses....»

(Vyasa-Maya

Ne dirait-on pas que cette phrase est écrite d'hier ?

Telles furent les croyances scientifiques des initiés, croyances que les savants pundits de l'Inde actuelle ont encore développées.

Les superstitions religieuses du panthéon brahmanique n'indiquent pas plus le niveau philosophique de l'Inde ancienne, que l'on ne pourrait juger de l'état actuel de la science en Europe par les rites vulgaires du christianisme.

Nous demandions un jour à un brahme de la pagode de Chelambrum, qui appartenait à l'école sceptique naturaliste de Vyasa, s'il croyait à l'existence de Dieu ?

Il nous répondit en souriant :

Aham-eva-param Brahma.

Je suis moi-même un Dieu.

Qu'entendez-vous par là ?

J'entends que chaque être sur la terre, si petit qu'il soit, est une portion immortelle de l'immortelle matière.

On pourra déchiffrer toutes les briques cuites que certains assyriologues appellent pompeusement les *livres* de la bibliothèque d'Assur-Bhani-Pal, on ne trouvera rien dans le passé assyrien et chaldéo-babylonien qui se rapproche de ces conceptions élevées auxquelles les matérialistes modernes n'ont rien pu ajouter.

Scepticisme de Pyrrhon, naturalisme de Lucrèce, système de Darwin, tout se retrouve dans ces textes extraordinaires dont les auteurs se perdent dans la nuit du passé antéhistorique.

Et dire qu'il est encore des gens qui attribuent l'initiation de l'Inde à la poésie, à la philosophie, à la science, aux grossiers nomades des bords du Tigre et de l'Euphrate, à cette foule de tribus diverses, possédant des langages différents dont parlent Bérose, Eschyle et Hérodote, à ces esclaves enfin échappés de l'Égypte, qui sont devenus les Hébreux !

CHAPITRE X.

LA FLEUR DE LOTUS.

UN TEXTE DE L'AGROUCHADA-PARIKCHAI.

L'*Agrouchada-Parikchai* est un ouvrage de sciences occultes réservées aux initiés seuls, qui contient de nombreux
commentaires de l'*Atharva-Véda*.

On sait que la fleur de lotus, ou lis des étangs, est revêtue
dans l'Inde d'un caractère sacré ; il n'y a pas un sacrifice dans
les pagodes, pas une cérémonie particulière de naissance ou
de mariage, où cette fleur ne joue un des principaux rôles.

Dans le langage pompeux du rite religieux, on la nomme :

La bien-aimée de Vichnou,

La mère des dieux et des hommes,

La matrice du germe universel,

La fleur de purification,

La pensée de Swayambhouva.

Le texte suivant va nous donner l'explication de ce symbole :

« Lorsque l'Être existant par lui-même, l'immortel Brahma
Swayambhouva, laissa tomber, à l'expiration du pralaya, le
germe de tout ce qui existe au sein des eaux, le premier être
vivant, qui apparut sur la vaste plaine liquide, fut la fleur de

lotus, de son sein fécondé par la pensée éternelle naquirent tous les végétaux, et de ces végétaux tous les êtres animés, c'est pour cela que cette fleur divine a reçu le nom de mère des dieux et des hommes... »

L'ouvrage que nous citons, et que nous ne suivrons pas dans de plus amples développements, indique ensuite les nombreuses manières d'honorer la fleur aimée de Vichnou. Toutes les sculptures et peintures des pagodes nous montrent ce Dieu, emblème allégorique du germe universel, sortant au milieu des eaux du sein d'une fleur de lotus.

Le lotus est donc l'emblème de la création naturelle produisant les plantes d'abord et ensuite les animaux, les uns procédant des autres.

On voit que le principe même de la sélection naturelle date de loin.

CHAPITRE XI.

L'HERBE DARBA.

Cette herbe pousse surtout dans les lieux marécageux et humides [1] ; les brahmes officiants du culte vulgaire en ont toujours chez eux, et ils ne font, comme pour le lotus, aucune cérémonie où elle ne soit employée.

Selon les légendes allégoriques indoues, elle aurait, dans l'œuvre de la création, poussé immédiatement après la fleur de lotus, et présenterait le même sens symbolique que cette dernière.

Quelques gouttes de rosée s'étant échappées du sein fécondé du lis des étangs, l'herbe darba se mit à croître avec une telle rapidité, que bientôt la terre entière en fut couverte.

Les brahmes la vénèrent comme étant la seconde production du germe universel ; à ce titre elle reçoit des sacrifices, et est considérée comme possédant la vertu de tout purifier.

Une fête annuelle, instituée pour honorer cette herbe divine qui apparut à l'aurore de la création, se célèbre encore aujourd'hui, au huitième jour de la lune de septembre. En lui offrant des sacrifices ce jour-là, on procure l'immortalité et le bon-

---

1. Famille des borraginées.

heur à dix de ses ancêtres; on voit de plus sa postérité croître avec rapidité, car l'herbe darba, la seconde plante du règne végétal, est le second ancêtre de tout ce qui existe.

Ici la croyance scientifique se noie dans les superstitieuses allégories des temples.

CHAPITRE XII.

LE SALAGRAMA.

Nous terminerons ces récits génésiques par l'explication de la légende du *Salagrama*.

Il y a dans l'Inde une secte peu nombreuse qui se nomme la secte Lagana-Sastra. Ses partisans n'admettent ni différence de conditions parmi les hommes, ni l'autorité des Védas et de Manou, ni la suprématie des brahmes, ni les préceptes religieux concernant la souillure et le péché.

Nous avons fait de vaines recherches pour retrouver l'origine de cette petite communauté qui ne compte que quelques milliers d'adeptes dans le sud du Deccan, accusés par les autres Indous de se livrer à la pratique des sortiléges et des charmes.

Tout nous fait supposer cependant qu'ils doivent leur existence à quelque ancienne tribu des djéïnas, qui, lors de la séparation de ces derniers d'avec les brahmes autoritaires, vint se réfugier dans les montagnes de l'Indoustan méridional, et vécut isolée des autres.

Les sectateurs du Lagana -Sastra racontent que, quand Vichnou vint sur la terre avec mission de l'Être suprême de créer l'espèce humaine, il se borna à ramasser deux petites pierres qu'il trouva à ses pieds et les ayant lancées sur les bords d'un marécage, le premier homme et la première femme sortirent de la boue humide comme par enchantement.

Cette légende est repoussée par les brahmes orthodoxes; mais ce qui nous ferait croire qu'il n'en a pas toujours été ainsi, c'est que cette pierre, appelée salagrama, est extrêmement vénérée dans l'Inde entière où elle est connue sous le nom de pierre de Vichnou.

C'est une sorte de coquille fossile, ovoïde, striée, ombiliquée et ornée d'arborisations, dans le genre des *nautilites;* celles qui ont le plus d'arborisations sont les plus estimées.

Tous les brahmes sont obligés d'avoir une de ces pierres en leur possession, et elle se transmet de père en fils comme une relique de famille dont il ne faut jamais se dessaisir.

On lit dans l'Atharva-Véda :

« Que toute maison de brahme où le salagrama ne se trouve point, soit considérée comme aussi impure qu'un cimetière.

« Que le riz qu'on y apprête et la nourriture qu'on y prend soient aussi souillés que les déjections d'un chien. »

Dans le culte superstitieux et vulgaire des basses castes, il n'y a rien de plus efficace pour obtenir la rémission de ses péchés, quelque énormes qu'ils soient, que de posséder de l'eau dans laquelle on a fait tremper le salagrama; il suffit pour cela de faire les trois ablutions du front, des lèvres et du creux de l'estomac avec cette eau sacrée.

Les bas officiants des pagodes font un commerce journalier et lucratif de cette eau, que chaque Indou tient à posséder dans sa demeure, pour détourner les mauvais présages et chasser les malins esprits.

Lorsque cette eau se compose d'eau du Gange et d'eau lustrale — eau bénite — et qu'on y a fait tremper le salagrama pendant neuf jours, il n'est aucune purification, même celle

des plus grands crimes, qu'elle n'ait le pouvoir d'accomplir.
Aussi les prêtres la vendent-ils en conséquence.

Celui qui en garde toujours dans sa maison est sûr d'y voir
régner l'abondance ; non-seulement il obtiendra le pardon de
tous ses péchés passés, présents et à venir[1], et se procurera un
bonheur constant en ce monde, mais encore après sa mort il
ira d'emblée jouir des délices du swarga — ciel.

Il y a de pieux Indous qui se ruinent en achats de cette eau
merveilleuse, qui a le pouvoir également de faire sortir les
ancêtres du naraca — enfer.

Dans les castes qui enterrent leurs morts au lieu de les
brûler, nombre d'Indous ne se fiant pas à leurs héritiers sur ce
point, laissent des rentes importantes aux desservants des
pagodes pour qu'un certain nombre de fois l'an les béats personnages viennent asperger de cette eau sainte le lieu où
reposent leurs dépouilles.

Il faut voir avec quel sérieux imperturbable les *fraters* vont
en procession arroser leurs morts. Nous en avons vu annoncer
aux parents que les mânes du défunt avaient déjà la moitié du
corps hors de l'enfer , et qu'à la prochaine aspersion ils
sortiraient tout à fait des griffes du diable pour s'envoler au
séjour des bienheureux... Il n'est pas rare alors de voir les
pauvres gens se cotiser, vendre une vache ou un lopin de terre
pour procurer à leur ancêtre une aspersion immédiate, et,
dans ce cas, l'officiant, qui a empoché une bonne aubaine,
annonce gravement qu'il vient de voir l'âme du parent déli-
vrée monter au swarga dans le corps d'un pigeon ou d'un
milan.

Les brahmes savants et les pundits méprisent souverainement les brahmes du culte vulgaire, et s'éloignent le plus possible de ces grossières jongleries, mais ils n'osent ouvertement

---

[1] Comme dans les indulgences de Rome.

montrer leur dégoût, à cause de l'empire extraordinaire que ces desservants exercent sur la foule.

Si vous êtes tentés de rire... songez qu'il n'y a pas que dans l'Inde que *les aspersions, la délivrance des âmes en punition temporaire, et une bonne place au swarga* se tarifent et se payent à beaux deniers comptants, sortes de valeurs religieuses auxquelles ont souscrit en cette vie pour être remboursé dans l'autre... Le ciel et le bon Dieu sont mis en actions!

Nous retrouverons le salagrama à propos des traditions diluviennes.

CHAPITRE XIII.

LE NARAMÉDHA[1] OU SACRIFICE DE LA CRÉATION.

Chaque matin, après avoir fait ses ablutions la face tournée
du côté du soleil levant, le brahme doit offrir le sacrifice du
Naramédha, ou sacrifice au germe créateur. Et voici les prières
qu'il prononce en consacrant les pindas — gâteaux — de
l'offrande :

« Adoration à Vichnou !
« Adoration à Vichnou, souverain maître et conservateur
de cet univers, dispensateur des grâces célestes.
« Adoration à Vichnou !

« Adoration à Brahma !
« Adoration à Brahma qui a créé les huit millions quatre
cent mille espèces de créatures vivantes, dont la dernière est
l'homme.
« Adoration à Brahma !

« Adoration à Siva !
« Adoration à Siva qui préside aux transformations et aux

1. Ce sacrifice est aussi appelé sarva-wedha, ou sacrifices à toutes les
forces de la nature.

modifications continuelles des êtres, qui assiste les hommes à leur mort et les conduit au swarga.

« Adoration à Siva !

« Adoration à Christna !

« Adoration à Christna qui s'est incarné dans le sein d'une vierge mortelle pour venir gouverner les hommes, leur enseigner la bonne loi et ramener le règne du bien sur la terre.

« Adoration à Christna !

« Adoration au Germe universel !

« Adoration au Principe universel de la vie, d'où sont émanés tous les êtres.

« Adoration au Germe universel !

« Adoration à la Fleur de Lotus !

« Adoration à la Fleur de Lotus qui a été la première manifestation de Swayambhouva, l'Être existant par lui-même sur la terre.

« Adoration à la Fleur de Lotus !

« Adoration à Hyranyagharba !

« Adoration à Hyranyagharba, à celui qui est sorti de la matrice d'or et dont l'esprit flottait sur les eaux — naryana.

« Adoration à Hyranyagharba !

« Adoration à l'infini !

« Adoration à l'infini que nul ne peut comprendre, et qui est rempli par la pensée du Grand Tout.

« Adoration à l'infini !

***

« Adoration aux éléments !

« Adoration aux éléments, au feu, à l'eau, à l'air, à l'éther, au temps, aux saisons, an cycle actuel.

« Adoration aux éléments !

***

« Adoration à la vie !

« Adoration à la vie qui se perpétue dans la mort ; la mort est la naissance suprême.

« Adoration à la vie !

***

« Adoration au fluide Ayasa !

« Adoration au fluide Ayasa ; c'est par ce fluide pur, que Vichnou conservateur lance sur l'univers, que la nature est en communication constante avec la divinité.

« Adoration au fluide Ayasa !

***

« Adoration à Nari !

« Adoration à Nari, la mère des dieux et des hommes, la vierge immortelle, épouse du divin Pouroucha — mâle céleste — qui a produit Viradj.

« Adoration à Nari !

***

« Adoration au Djambou-Dwipa [1].

« Adoration au Djambou-Dwipa, qui est la première terre sortie des eaux, et sur laquelle se trouve situé le mont Mérou [2] — Maha-Mérou — qui a sauvé la race sacrée lors du

---

1. Le continent indou dans la mythologie brahmanique.

2. Montagne où s'est arrêtée l'arche de Vaivaswata, lors du déluge. Un des pics élevés de l'Himalaya.

grand pralaya. — Ce mot est pris ici dans le sens de déluge.

« Adoration au Djambou-Dwipa !

« Adoration au Djambou-Vruekcha !

« Adoration au Djambou-Vruekcha, à l'arbre qui a mille yodjanas de hauteur et autant d'étendue, aux pieds duquel les quatre grands fleuves qui arrosent la terre sacrée prennent leur source.

« Adoration au Djambou-Vruekcha !

« Adoration au pays Dravida !

« Adoration au pays Dravida , dans lequel habitent les hommes vertueux qui parlent la langue arava-tamoul.

« Adoration au pays Dravida.

« Adoration aux huit points du monde !

« Adoration à Indra à l'est, qui porte le Vadjira, à qui le rouge est dédié et dont l'emblème est l'éléphant.

« Adoration à Agni au sud-ouest, qui porte le Cheky à qui le violet est dédié et dont l'emblème est le bélier.

« Adoration à Yama au sud, qui porte le Danda à qui l'orange est dédiée et dont l'emblème est l'ibis.

« Adoration à Neiritia au sud-est, qui porte le Kontah à qui le jaune est dédié et dont l'emblème est le buffle.

« Adoration à Varouna à l'ouest, qui porte le Patcha à qui le blanc est dédié et dont l'emblème est le crocodile.

« Adoration à Vahya au nord-ouest, qui porte le Danajah à qui le bleu est dédié et dont l'emblème est la gazelle.

« Adoration à Kouvéra au nord, qui porte le Trissoula à qui rose est dédiée et dont l'emblème est le cheval.

« Adoration à Isania au nord-est, qui porte le Kadga, à qui le vert est dédié et dont l'emblème est le taureau [1].

« Adoration aux huit points du monde! »

*
* *

« Pounia-Avatchana.

« Évocation de la vertu. »

Après ces adorations à tous les créateurs et à toutes les choses créées, le brahme termine ce sacrifice par la consécration des pindas et l'évocation de la vertu.

Pour les pindas — gâteaux sacrés — il s'exprime ainsi :

« O Vichnou, vous qui vous êtes incarné dans le sein de la vierge Devanaguy, et qui avez vécu parmi nous sous le nom de Christna, daignez descendre sur l'autel et purifier cette offrande.

« Faites que ces pindas sacrés soient pour tous ceux qui en mangeront la nourriture des forts. »

Il distribue alors aux assistants les gâteaux qu'il a consacrés.

Pour l'évocation de la vertu, l'officiant s'y prend de la manière suivante :

Après avoir purifié l'autel avec un peu d'eau pure, le visage à demi tourné du côté de l'Orient, il place à l'endroit qu'il vient de sanctifier une feuille de bananier, et sur cette feuille un grand vase en cuivre rempli d'eau filtrée avec soin. Il jette alors dans cette eau une poignée de sel précédemment lavé et blanchi, ainsi qu'une pincée des cinq parfums, un peu de safran en poudre, et il récite l'invocation suivante :

---

1. Toutes les armes dont il est ici question sont des écussons fantastiques, symboles d'astronomie, que nous n'avons pu déchiffrer.

« Eau lustrale, devenez aussi propice que l'eau sacrée du Gange, soyez l'asile de la vertu, et purifiez ce que vous toucherez de toute souillure. »

Ceci fait, le brahme jette sur les assistants, avec une sorte d'éponge fixée à un manche de bois de sandal, quelques gouttes de cette eau lustrale; le sacrifice est terminé.

Et comme pour l'eau du salagrama, la vente de l'eau de purification commence.

Ce sacrifice ne s'offre ainsi que pour les castes vulgaires; le sarvaméda, qui est aussi un sacrifice à la création, est plus élevé et plus philosophique; nous en avons rendu compte dans *la Bible dans l'Inde*. Il est réservé aux seuls brahmes.

FIN.

Nota. — Dans le second volume de ces études actuellemen sous presse :

Fétichisme — Polythéisme — Monothéisme
(suite de la *Genèse de l'Humanité*),

nous examinons les traditions diluviennes de l'Inde, ainsi que les traditions génésiques des Touraniens, Chaldéens et Sémites. Et après avoir rattaché toutes ces légendes à la primitive légende indoue, nous terminons par l'étude des trois états religieux de Fétichisme, Polythéisme et Monothéisme, par lesquels la science officielle fait passer les peuples primitifs.

TABLE DES MATIÈRES

TROISIÈME PARTIE.

LA LÉGENDE DE LA GENÈSE DANS L'INDE, CHEZ LES CHALDÉENS ET LES HÉBREUX.

FIN DE LA TABLE DES MATIÈRES.

SAINT-QUENTIN, — IMPRIMERIE JULES MOUREAU.

DU MÊME AUTEUR

SAINT-QUENTIN. — IMPRIMERIE JULES MOUREAU.

www.ingramcontent.com/pod-product-compliance
Lightning Source LLC
LaVergne TN
LVHW021129200726
843510LV00001B/22